Patentes Farmacêuticas na União Europeia: Estratégias (Anti)Concorrenciais e Aplicação do Direito da Concorrência

COLEÇÃO DE ESTUDOS DE DIREITO INTELECTUAL
TOMO VIII

Patentes Farmacêuticas na União Europeia: Estratégias (Anti)Concorrenciais e Aplicação do Direito da Concorrência

2023

Ália Amadá
Mestre em Direito pela Faculdade de Direito da Universidade de Lisboa

APDI
Associação Portuguesa de Direito Intelectual

ALMEDINA

PATENTES FARMACÊUTICAS NA UNIÃO EUROPEIA: ESTRATÉGIAS (ANTI)CONCORRENCIAIS E APLICAÇÃO DO DIREITO DA CONCORRÊNCIA

AUTOR
Ália Amadá

EDITOR
EDIÇÕES ALMEDINA, S.A.
Avenida Emídio Navarro, 81, 3D
3000-151 Coimbra
Tel.: 239 851 904 · Fax: 239 851 901
www.almedina.net · editora@almedina.net

DESIGN DE CAPA
EDIÇÕES ALMEDINA, S.A.

PRÉ-IMPRESSÃO
EDIÇÕES ALMEDINA, S.A.

IMPRESSÃO E ACABAMENTO
ACD Print, S.A.

Agosto, 2023

ISBN
978-989-40-1391-4

DEPÓSITO LEGAL
519381/23

ALMEDINA | GRUPOALMEDINA

NOTA PRÉVIA

A presente obra corresponde, com algumas alterações e atualizações, à dissertação de mestrado apresentada na Faculdade de Direito da Universidade de Lisboa em março de 2021, no âmbito do curso de Mestrado em Direito e Ciência Jurídica na especialidade de Direito Intelectual.

Esta obra foi galardoada com o Prémio Professor Doutor José de Oliveira Ascensão 2021, facto que muito me orgulha, sendo o prémio instituído pela Associação Portuguesa de Direito Intelectual em honra do saudoso Mestre, a quem é devido muito em várias áreas da Ciência Jurídica, e de quem tive o privilégio de ser aluna.

Esta dissertação foi discutida e aprovada com a classificação de 17 valores, a 21 de dezembro de 2021. O júri que apreciou esta prova era presidido pelo Prof. Doutor Dário Moura Vicente e integrava o Prof. Doutor Miguel Moura e Silva (Orientador), o Prof. Doutor João Espírito Santo (Arguente) e o Prof. Doutor Lourenço Vilhena de Freitas (Vogal). A todos reitero o meu agradecimento, e ao Prof. Doutor João Espírito Santo expresso o meu reconhecimento pela distinta arguição que contribuiu para a revisão do presente texto.

Reservo uma palavra de especial apreço ao meu orientador, o Prof. Doutor Miguel Moura e Silva, pelo apoio que me transmitiu ao longo da elaboração da dissertação e na respetiva revisão, bem como, por me ter honrado com o prefácio desta obra.

Naturalmente, toda a responsabilidade pelos erros e omissões que possam subsistir neste texto são exclusivamente da minha responsabilidade.

À Associação Portuguesa de Direito Intelectual agradeço o reconhecimento da obra, com o já referido prémio, o que possibilitou a sua publicação.

Espero desta forma proporcionar um instrumento de trabalho que possa ser útil para o progressivo estudo e desenvolvimento deste tema.

Lisboa, 20 de março de 2023.

Ália Amadá

PREFÁCIO

Como pode a defesa da livre concorrência conviver com a existência de direitos exclusivos como os que caracterizam a propriedade intelectual? Afinal de contas, ao atribuir um direito exclusivo que protege o princípio ativo de um medicamento, não estaremos a criar um monopólio, com o inerente poder de excluir a concorrência e prejudicar os consumidores pelo aumento dos preços acima do custo (marginal) de produção? Não ficaria a sociedade melhor caso tais inovações pudessem ser difundidas a um preço próximo do custo marginal de produção desse medicamento?

Estas são questões que se colocam a quem estuda o tema da relação, nem sempre fácil, entre a defesa da livre concorrência e os direitos de propriedade intelectual. Para lhes dar resposta é necessário, todavia, considerar os fins do Direito da Concorrência, que não se esgotam na promoção da eficiência a curto prazo, antes se prolongam à defesa da eficiência dinâmica – seja pela criação de novos produtos ou serviços ou pela inovação nos modos de produção ou prestação e até de comercialização e marketing – e também o raciocínio utilitarista que subjaz aos direitos de propriedade intelectual (referimo-nos aos direitos de expressão patrimonial) – promover a inovação através da concessão de um direito exclusivo de aproveitamento da inovação, com contrapartidas para a sociedade (e.g., divulgação dos princípios subjacentes a uma invenção, no caso das patentes) e por um período limitado de tempo.

A obra que prefaciamos, representa o labor académico da Mestre Ália Mohamade Amadá, desenvolvido para conclusão do grau de

Mestre em Direito – Especialidade de Direito Intelectual. O texto contribui para uma melhor reflexão sobre as questões apresentadas, situando-as no contexto das patentes farmacêuticas. Esta é uma área extremamente rica, onde existe já abundante jurisprudência das instâncias judiciais da União Europeia, que a Autora domina e explana de forma clara e sistematizada, assim contribuindo para uma melhor compreensão dos termos em que se tem discutido esta difícil relação. Não se limitando a uma análise formalista do tema, a Autora apresenta-nos ainda os desafios colocados pelo recurso das empresas farmacêuticas a um conjunto de estratégias usadas por aqueles atores, de modo a maximizar ou estender até temporalmente o alcance dos respetivos direitos, adulterando, deste modo, o compromisso visado pelo legislador e comprometendo objetivos de saúde pública em matéria de acessibilidade do maior número de consumidores através dos medicamentos genéricos, entre outros.

Este trabalho é, por isso, um valioso contributo para uma melhor ponderação dos valores em jogo, advogando uma intervenção cautelosa, mas decisiva, do Direito da Concorrência, para proteger os próprios objetivos da propriedade intelectual contra os potenciais abusos resultantes de estratégias empresariais anticoncorrenciais. À Autora deixo os meus parabéns pelo relevante mérito demonstrado e pelo justo reconhecimento que esta obra teve ao ser premiada com o Prémio Professor Doutor José de Oliveira Ascensão 2021, saudoso Mestre a quem tanto devemos, neste como noutros domínios da Ciência Jurídica.

Lisboa, 27 de março de 2023

MIGUEL MOURA E SILVA
Professor Associado da Faculdade de Direito da Universidade de Lisboa

ABREVIATURAS

Art. – *Artigo*
Arts. – *Artigos*
AIM – *Autorização de Introdução no Mercado*
ATUP – *Acordo relativo ao Tribunal Unificado de Patentes*
BBP – *Bloqueadores da bomba protónica*
CCP – *Certificado Complementar de Proteção*
CPI-1940 – *Código da Propriedade Industrial, aprovado pelo Decreto-Lei nº 30679, de 24 de agosto de 1940*
CPI-1995 – *Código da Propriedade Industrial, aprovado pelo Decreto-Lei nº 16/95, de 24 de janeiro*
CPI-2018 – *Código da Propriedade Industrial, aprovado pelo Decreto-Lei nº 110/2018, de 10 de dezembro*
CPE – *Convenção da Patente Europeia de 1973*
CRP – *Constituição da República Portuguesa*
EEE – *Espaço Económico Europeu*
GBP – *Great Britain Pound*
I&D – *Investigação e desenvolvimento*
JO – *Jornal Oficial da União Europeia*
PCT – *Tratado de Cooperação em Matéria de Patentes, de Washington, de 19 de junho de 1970*
TFUE – *Tratado de Funcionamento da União Europeia*
TG – *Tribunal Geral*
TJ – *Tribunal de Justiça*
TRIPS – *Trade-Related Aspects of Intellectual Property Rights*
UE – *União Europeia*
USD – *United States Dollars*
Vd. – *Vide*

MODO DE CITAR

As obras citam-se pelo autor, título, editora, local de publicação, data de publicação e, quando necessário, pela página. Nas referências seguintes o nome do autor e título são abreviados e suprime-se a editora, o local e data de publicação.

As decisões judiciais são citadas pelo tribunal, data, número de processo e partes. Nas referências seguintes as decisões judiciais são citadas pelo nome das partes ou parte. A designação Tribunal Geral da União Europeia será utilizada para efeitos de referir as decisões proferidas antes de 2009 quando este órgão judicial se denominava Tribunal de Primeira Instância.

Os atos normativos da União Europeia são citados pelo tipo, número e data de publicação, sendo também indicado o Jornal Oficial de publicação. Nas referências seguintes suprime-se a data e o Jornal Oficial de publicação.

As traduções, salvo indicação de outra fonte, são da responsabilidade da autora.

INTRODUÇÃO: MEDICAMENTOS, PATENTES E CONCORRÊNCIA

Durante o último século a indústria farmacêutica foi alvo de desenvolvimentos e avanços científicos significativos, continuando a evolução a verificar-se atualmente e a um ritmo constantemente crescente. Esta situação levou os sistemas nacionais de propriedade intelectual a introduzirem alterações nas suas regras de modo a que, em face desta realidade, fosse fixado o objeto possível de patente, bem como, critérios de patenteabilidade a cumprir pelas invenções submetidas a registo nos casos em que se reportavam a produtos com propriedades terapêuticas ou processos para fabricar tais produtos.

O exercício do direito de patente no mercado interno da UE encontra-se sujeito às normas vigentes na UE, designadamente, as normas da concorrência que regulam os termos em que o direito de patente pode ser exercido no mercado, de modo a garantir que não se verificam restrições ao comércio entre os Estados-membro. Com referência à análise concorrencial do exercício do direito de patente cujo objeto consiste em medicamentos, verificamos que não existe normativo ou jurisprudência estabelecida e constante que dite os critérios para apreciar e aferir se tal exercício do direito de patente consiste numa prática lícita ou numa prática anticoncorrencial. Com efeito, a doutrina atual aponta incoerências na jurisprudência a nível da apreciação da factualidade, bem como, quanto à subsunção da factualidade a previsões normativas. Acresce que não há consenso na doutrina relativamente à qualificação de determinadas práticas como sendo lícitas ou anticoncorrenciais.

Esta inexistência de critérios orientadores uniformes para a apreciação de estratégias do exercício do direito de patente farmacêutica pode originar assimetrias a nível da aplicação do direito da concorrência a práticas no setor farmacêutico e, no limite, pode prejudicar a efetividade das normas da concorrência ao não sancionar práticas anticoncorrenciais, bem como, pode também originar situações em que as práticas em apreço não são subsumidas às normas jurídicas adequadas, ou seja, não são corretamente qualificadas e, nesse sentido, ser prejudicada a atividade no mercado das empresas visadas ao sujeitá-las, indevidamente, a penalizações.

Com o presente estudo, propomo-nos a abordar as questões em torno das práticas (anti)concorrenciais alicerçadas em patentes de medicamentos e procuramos extrair da jurisprudência existente coordenadas, que não existem de momento, e que poderão servir de padrão para a apreciação de casos em que sejam aplicáveis as normas da concorrência para, deste modo, determinar critérios orientadores uniformes para a análise concorrencial de estratégias do exercício do direito de patente farmacêutica. Isto com o objetivo de possibilitar a identificação de situações de práticas anticoncorrenciais através das quais se excluem concorrentes do mercado mediante o exercício indevido do direito de patente e distinguir estas situações daquelas em que se verificam práticas lícitas em que há o recurso justificado ao regime das normas de propriedade intelectual para assegurar um nível ótimo de proteção, em termos comerciais, de fármacos inovadores.

Referindo-nos à atribuição de direitos de propriedade intelectual que conferem a exclusividade comercial de produtos farmacêuticos, as questões em torno deste tema são já conhecidas, *i.e.*, se os esforços e resultados de investigação e desenvolvimento (doravante I&D) nesta área devem ser recompensados com a atribuição do exclusivo por via da propriedade intelectual e, neste sentido, assegurar a proteção de interesses económicos de natureza privada concretizados em fármacos novos, ou se, pelo contrário, deve ser recusada a patenteabilidade de medicamentos e, neste sentido, garantir a proteção da saúde pública que consiste num interesse público superior e que, como tal, se sobrepõe aos interesses de ordem económica de natureza privada.

A atribuição de direitos exclusivos de propriedade intelectual desenvolveu-se em três fases distintas, nomeadamente, a fase nacional, durante o século XIX, a fase internacional, desde o final do século XIX até à década de 90 do século XX, e em seguida deu-se a fase de globalização[1]. Na fase nacional, os direitos de propriedade intelectual conferiam proteção no território de um país, ou seja, apenas a nível interno e, neste sentido, surgiram as leis nacionais relativas a invenções e sinais distintivos, podendo ser apontados, nesta fase, o *Patent Act* de 10 de abril de 1790 nos E.U.A. e a Lei Francesa de 7 de janeiro 1791, ambos tratando da atribuição de exclusivos relativamente a invenções. Na fase internacional, em virtude do desenvolvimento do comércio internacional e necessidades daí decorrentes, designadamente, a existência e manutenção do comércio legal, surgem os primeiros instrumentos internacionais, independentemente de os direitos conservarem o seu cariz nacional. Surge, designadamente, a Convenção de Paris para a Protecção da Propriedade Industrial, de 20 de março de 1883, que consiste no primeiro instrumento a abordar de modo autónomo, no plano internacional, a propriedade intelectual. Na fase de globalização, o comércio internacional adquire índole mundial, em função do desenvolvimento de novas tecnologias que propiciaram o comércio a uma escala global, e surge a necessidade de uma proteção com um pendor mais garantístico dos direitos de propriedade intelectual no contexto internacional e não somente numa determinada circunscrição geográfica. É neste contexto de globalização que surge o Acordo que cria a Organização Mundial do Comércio, assinado a 15 de abril de 1994, e que tem como anexo o Acordo sobre os Aspectos dos Direitos de Propriedade Intelectual Relacionados com o Comércio (doravante TRIPS da sigla inglesa *Agreement on Trade-Related Aspects of Intellectual Property Rights* que é a designação frequentemente usada) que contempla regras detalhadas sobre a proteção de propriedade intelectual. O TRIPS já contemplava o tema da proteção da saúde pública e este aspeto foi reforçado, no âmbito da 4ª Conferência Ministerial da Organização Mundial do Comércio, com a Declaração de Doha sobre a Saúde Pública de 14 de novembro de 2001. Esta Declaração abordou determinados temas relacionados com patentes farmacêuticas, designadamente, a possibilidade de os membros da Organização

[1] Cfr. AA. VV. – *Código da Propriedade Industrial Anotado* (CAMPINOS, António e GONÇALVES, Luís M. Couto, Coordenadores), 2ª edição revista e atualizada, Almedina, Coimbra, 2015, p. 19-20.

Mundial do Comércio poderem conceder licenças compulsórias de patentes de medicamentos e definir os termos em que tais licenças seriam concedidas.

Na União Europeia (doravante UE), desde 1963, antes da fase da globalização supra referida, que se verificava uma progressiva harmonização dos sistemas nacionais de patentes com a Convenção de Estrasburgo[2], e esta concertação foi aprofundada em 1973 com a Convenção da Patente Europeia[3] (doravante CPE) que propugna a proteção de invenções em todos os domínios da tecnologia. A CPE criou o Instituto Europeu de Patentes que, ainda que não consistindo numa organização da UE, conta com a participação dos 27 Estados-membro da UE, para além de outros países do continente europeu. No contexto da UE, a CPE atuou como instrumento harmonizador das legislações nacionais dos Estados-membro a nível de proteção de patentes[4], dado que as disposições da CPE vigoram no território de todos os Estados-membro e as legislações nacionais devem ser conformes à CPE.

Após o Tratado da União Europeia em 1992, e no âmbito da integração europeia e da consolidação do mercado interno, foram adotados regulamentos que atribuem títulos de registo de propriedade intelectual, especificamente, marcas e desenhos com validade em todos os Estados-membro da UE, e foram também aprovadas diretivas em diversas matérias que promoveram a aproximação da legislação dos Estados-membro.

Atualmente, a UE tem competência para harmonizar as legislações dos Estados-membro em matéria de propriedade intelectual, podendo, *ex vi* art. 118º do Tratado sobre o Funcionamento da UE (doravante TFUE), criar "títulos europeus, a fim de assegurar uma proteção uniforme dos direitos de propriedade intelectual na União"[5], bem como, proceder "à instituição de regimes de autorização, de coordenação e de controlo centralizados ao nível da União"[6].

[2] A Convenção data de 27 de novembro de 1963 e foi assinada pelos Membros do Conselho da Europa com a finalidade de harmonizar os requisitos substantivos de patenteabilidade.

[3] *Vd.* §7.2.2 infra para análise desenvolvida sobre o regime da patente europeia.

[4] Cfr. VICENTE, Dário Moura – *A Tutela Internacional da Propriedade Intelectual*, Almedina, 2019, p. 157.

[5] Art. 118º do TFUE.

[6] *Idem.*

Cumpre referir que não obstante os esforços no sentido da harmonização do regime jurídico da propriedade intelectual, ainda não existe verdadeiramente um regime jurídico de patentes da UE como existe, por exemplo, o direito da concorrência europeu. Neste sentido, os direitos de patente nacionais concedidos pelos Estados-membro, e inerente regime jurídico, têm prevalência no seio da UE.

Tendo presente os estádios de desenvolvimento dos textos legais de proteção de propriedade intelectual, importa agora delimitar conceptualmente a expressão "*propriedade intelectual*" no âmbito do direito da UE, expressão essa que é usada indistintamente nos diversos instrumentos jurídicos nacionais, da UE e internacionais.

Desde logo, cumpre referir que não abordamos o tema da natureza jurídica do direito que incide sobre o bem imaterial intelectual, por não ser o objeto do presente estudo, e utilizamos a expressão *propriedade intelectual* nos mesmos termos em que a mesma é usada nos diversos textos legais que versam sobre este tema a nível nacional, da UE e internacional, *i.e.*, a expressão é usada para identificar os bens que são protegidos sob a égide do regime jurídico da propriedade intelectual.

Sufragamos uma noção ampla de *propriedade intelectual* que consiste no produto, da atividade criativa do intelecto humano, que se apresenta como afirmativo da capacidade inventiva humana[7] que pode ser materializada sob as formas de *afirmação técnica*[8] (patente, modelo de utilidade, topografias de circuitos integrados), *afirmação estética*[9] (desenho, modelo) *afirmação distintiva*[10] (marcas, logotipos, indicações geográficas, denominações de origem) e *afirmação expressiva*[11] (obras literárias, científicas e artísticas)[12]. O direito da propriedade intelectual consiste na

[7] Cumpre referir que a noção que apresentamos identifica os tipos de afirmação da capacidade criativa humana e o correspondente tipo de ativo de propriedade intelectual que os mesmos constituem para efeitos de proteção jurídica, não tratando esta definição de identificar os mecanismos que permitem acionar a proteção destes ativos.

[8] A expressão é de Couto Gonçalves referida em Gonçalves, Luís M. Couto – *Manual de Direito Industrial: Propriedade Industrial e Concorrência Desleal*, 8ª edição – Atualizada de acordo com o Novo Código da Propriedade Industrial, Almedina, 2019, p. 28.

[9] *Idem.*

[10] *Idem.*

[11] A expressão é nossa, usamo-la por considerar que o autor de obras intelectuais *expressa*, *i.e.*, *manifesta* o seu intelecto nas obras que cria.

[12] A noção lata *propriedade intelectual* é também sufragada por Sofia Oliveira Pais, referindo a Autora que entende "com a jurisprudência e doutrina dominantes, dever ser o conceito

proteção jurídica que recai sobre a propriedade intelectual, sendo de salientar que em termos de proteção jurídica, a *afirmação técnica, estética* e *distintiva* encontra-se sob o regime designado propriedade industrial, *i.e.*, recaem sob estes bens direitos de propriedade industrial, enquanto que a *afirmação expressiva* se encontra sob o regime do direito de autor e direitos conexos, *i.e.*, recaem sobre estes bens direitos autorais e direitos conexos. Sendo que tanto os direitos de propriedade industrial como os direitos autorais e direitos conexos conferem o exclusivo de exploração económica dos bens imateriais sobre os quais incidem.

O presente estudo incidirá sobre o direito exclusivo de patente, mais especificamente, sobre patentes cujo objeto de proteção consista em medicamentos[13], ficando os restantes direitos de propriedade intelectual fora do presente estudo, podendo, contudo, ser mencionados a título incidental.

Para efeitos da análise do tema em estudo, referir-nos-emos às disposições da CPE para identificação do regime normativo aplicável às questões de patentes farmacêuticas *sub judice* na medida em que, como já referimos, o direito nacional de todos os Estados-membro deve ser conforme à CPE, pelo que se justifica aludir à CPE neste contexto.

A CPE estipula no art. 52º, nº 1 que serão concedidas patentes europeias para invenções, em todos os domínios da tecnologia, desde que sejam novas, impliquem atividade inventiva e sejam suscetíveis de aplicação industrial. Adicionalmente, a CPE estipula no art. 53º, al. c) que não se incluem nas exceções à patenteabilidade os produtos, em particular substâncias ou composições, usados em métodos de tratamento cirúrgico ou terapêutico do corpo humano ou animal, bem como, métodos de diagnóstico aplicados ao corpo humano ou animal. Neste sentido, nos termos da CPE, os medicamentos consistem em objeto

«direito de propriedade intelectual» interpretado de modo amplo, dirigindo-se à proteção da actividade intelectual nos mais diversos domínios, designadamente industrial, literário e artístico" (Pais, Sofia Oliveira – *Entre Inovação e Concorrência: em Defesa de um Modelo Europeu*, Dissertação de Doutoramento em Direito, Universidade Católica Editora, 2011, p. 35-37). Cumprindo referir que é uma noção lata de *propriedade intelectual* que está presente no TRIPS, abrangendo esta sete tipologias de direitos, em concreto, direitos de autor e direitos conexos, marcas, indicações geográficas, desenhos ou modelos industriais, patentes, topografias de circuitos integrados e informações não divulgadas.

[13] A expressão *medicamentos* é delimitada infra (*vd.* §1.1).

possível de patente, não integrando o elenco de exceções à patenteabilidade, e sendo, portanto, suscetíveis de proteção através do registo de patente para a obtenção de direito de exclusivo de comercialização[14].

Cumpre referir que em Portugal verificou-se uma mudança profunda do Código de Propriedade Industrial de 1940 (doravante CPI-1940), aprovado pelo Decreto nº 30679 de 24 de agosto de 1940, para o Código da Propriedade Industrial de 1995 (doravante CPI-1995), aprovado pelo Decreto-Lei nº 16/95, de 24 de janeiro. Em concreto, o CPI-1940 excluía a patenteabilidade de medicamentos e de produtos da indústria química[15] e o CPI-1995 passou a incluir no âmbito da patenteabilidade os produtos farmacêuticos e os produtos da indústria química[16].

Não obstante a concessão do direito de exclusividade de patente, os direitos conferidos pelo registo da patente de medicamento não são absolutos, porque, entre outros fatores, existe a limitação temporal de vinte anos de vigência da patente[17].

[14] Para análises desenvolvidas quanto à possibilidade de patentes sobre medicamentos, por não ser o objeto do presente estudo, remetemos para MARQUES, João Paulo Fernandes Remédio – *Medicamentos versus Patentes, Estudos de Propriedade Industrial*, Coimbra Editora, 2008.

[15] O art. 5º, nº 3 do diploma dispunha que não podiam ser objeto de patente "[...] os produtos e preparados farmacêuticos, destinados ao homem ou aos animais [...]". Os motivos da orientação do CPI-1940 consistiam na proteção da saúde pública e interesses públicos e este intento foi veiculado na exposição de motivos na proposta de lei apresentada à Câmara Corporativa a 25 de novembro de 1937 e, inclusive, estava em linha com as soluções adotadas à data no estrangeiro. Cumpre referir que a impossibilidade de patentear produtos químicos e farmacêuticos em Portugal teve efeito no desenvolvimento da indústria farmacêutica nacional visto que possibilitou o fabrico e comercialização de fármacos que não estavam patenteados em Portugal, sendo que este mesmo cenário também se verificou no estrangeiro.

[16] O art. 48º, nº 2 do diploma dispunha que estas matérias não integravam as limitações quanto ao objeto de patente. A necessidade de alterar a orientação da legislação nacional foi despoletada pela adesão de Portugal à CPE (com entrada em vigor a 1 de janeiro de 1992), pela adesão ao Tratado de Cooperação em Matéria de Patentes, mais conhecido por PCT da sigla inglesa *Patent Cooperation Treaty* (com entrada em vigor a 24 de novembro de 1992), e pela adesão ao TRIPS (com entrada em vigor a 1 de janeiro de 1996). Saliente-se que em 2003, com o Código da Propriedade Industrial de 2003, aprovado pelo Decreto-Lei nº 36/2003, de 5 de março, o objeto de patente foi alargado e passou a incluir qualquer domínio tecnológico, designadamente, bioquímica, genética e tecnologias de informação, posto que se verifiquem os demais requisitos de registo.

[17] O prazo de vinte anos de vigência do registo de patente foi o modelo fixado no art. 33º do TRIPS e foi aceite pela generalidade de países em que se verifica a proteção de invenções por via de patente.

De modo a contrair esta inexistência de direitos absolutos no tempo, a indústria farmacêutica tem vindo a desenvolver estratégias de patenteamento e de comercialização para prolongar a exclusividade das suas invenções pelo maior período de tempo possível. As estratégias relacionadas com o prolongamento da longevidade temporal de patentes farmacêuticas são designadas de *evergreening*[18] e podem ser utilizadas, pelas empresas de *medicamentos de referência*[19], com o efeito prejudicial de protelar ou, inclusivamente, impedir a comercialização de *medicamentos genéricos*[20]. As estratégias relacionadas com a comercialização dos medicamentos patenteados são, de um modo geral, executadas com recurso a acordos de licença e distribuição, acordos *pay for delay*[21], *enforcement* de patentes e *patent linkage*[22].

Além do limite temporal, existem outras limitações com base, *inter alia*, no direito da concorrência, conforme já referimos supra, que regulam os termos em que o direito de patente pode ser exercido no mercado, de modo a garantir que não se verifiquem restrições ao comércio entre os Estados-membro da UE. Em concreto, o art. 101º do TFUE proíbe acordos entre empresas, decisões de associação de empresas e práticas concertadas que sejam suscetíveis de afetar o comércio entre os Estados-membro e que tenham por objetivo ou efeito restringir a concorrência. O art. 102º do TFUE proíbe a exploração abusiva de posição dominante no mercado interno ou numa parte substancial deste, na medida em que tal seja suscetível de afetar o comércio entre os Estados-membro. Sendo que o Regulamento (CE) nº 1/2003, de 16 de dezembro de 2002[23], capacita a Comissão Europeia (doravante Comissão) e as Autoridades Nacionais da Concorrência a aplicarem as normas concorrenciais do TFUE.

No âmbito da aplicação das normas da concorrência ao setor farmacêutico, o Relatório da Comissão Europeia do Inquérito Setorial de 2009 sobre o setor farmacêutico (doravante Relatório Final CE – 2009)[24]

[18] A delimitação conceptual de *evergreening* é tratada infra (*vd.* §16.2).

[19] A expressão *medicamento de referência* é delimitada infra (*vd.* §1.1).

[20] A expressão *medicamento genérico* é delimitada infra (*vd.* §1.1).

[21] A delimitação conceptual de acordos *pay for delay* é tratada infra (*vd.* §16.5.1).

[22] A delimitação conceptual de *patent linkage* é tratada infra (*vd.* §16.6.1).

[23] JO L 1 de 04/01/2003.

[24] Disponível no website da Comissão em https://ec.europa.eu/competition/index_en.html.

destacou estratégias de patenteamento defensivas como constituindo, possivelmente, práticas anticoncorrenciais nos termos do art. 102º do TFUE. No seguimento deste relatório, foram emitidos, entre 2010 e 2016, oito relatórios anuais de monitorização de *patent settlements*[25] entre empresas de medicamentos de referência e empresas de medicamentos genéricos com a finalidade de entender a utilização deste tipo de acordos e identificar aqueles que atrasam a entrada no mercado de medicamentos genéricos, em prejuízo do consumidor e em violação do direito da concorrência da UE.

Na sequência do supra referido Relatório Final CE – 2009, foi elaborado o Relatório da Comissão Europeia sobre a aplicação das regras da concorrência no setor farmacêutico (2009-2017) (doravante Relatório Final CE – 2009-2017)[26]. Este relatório teve como objetivo responder às preocupações manifestadas por instituições da UE que as práticas anticoncorrenciais de empresas farmacêuticas pudessem comprometer o acesso a "medicamentos essenciais e inovadores, vendidos a preços acessíveis"[27], bem como, fornecer uma visão geral de como a Comissão e os órgãos competentes dos Estados-membro aplicaram, no período em análise, o direito da concorrência da UE no setor farmacêutico.

Cumpre referir que nos E.U.A. também se verifica uma preocupação relativamente à entrada de fármacos genéricos no mercado e inerente acesso a medicamentos a preços acessíveis pelos pacientes. Foi neste sentido que a Food and Drug Administration dos E.U.A., sob a liderança do Comissário Scott Gottlieb, anunciou em 2017 o *Drug Competition Action Plan* que seria implementado para "ajudar a remover as barreiras ao desenvolvimento de medicamentos genéricos e à entrada no mercado num esforço para estimular a concorrência para que os consumidores possam ter acesso aos medicamentos de que precisam a preços acessíveis"[28]. Este plano atuaria em três eixos, em concreto: **a)** "melhorar a eficiência do processo de desenvolvimento, revisão e aprovação de

[25] Disponíveis no website da Comissão em https://ec.europa.eu/competition/sectors/pharmaceuticals/archive/index.html.

[26] Disponível no website da Comissão em https://ec.europa.eu/competition/index_en.html.

[27] Relatório Final CE – 2009-2017, p.1.

[28] Comunicado da Food and Drug Administration dos E.U.A. disponível no website da Food and Drug Administration dos E.U.A. em https://www.fda.gov/drugs/guidance-compliance-regulatory-information/fda-drug-competition-action-plan#efficiency.

medicamentos genéricos"[29], **b)** "maximizar a clareza científica e regulatória em relação a medicamentos genéricos complexos"[30] e **c)** "fechar brechas que permitem que as empresas de medicamentos de referência «manipulem» as regras da FDA de maneira a atrasar a competição de genéricos pretendida pelo Congresso"[31]. De salientar que uma das primeiras medidas implementadas com este plano consistiu em publicar uma lista de fármacos sem patente e sem exclusividade e sem genéricos aprovados. Desde a data do anúncio deste plano a Food and Drug Administration dos E.U.A. tem continuamente emitido relatórios e publicações periódicas das atividades levadas a cabo na implementação do plano[32].

Na UE, perante o confronto entre o princípio da liberdade de circulação de mercadorias e os direitos de propriedade intelectual, foi adotada a solução presente no art. 36º do TFUE que harmoniza os interesses em presença ao consentir que a proteção da propriedade intelectual[33] consubstancie uma exceção ao princípio da liberdade de circulação de mercadorias, desde que tal não represente nem constitua um meio de discriminação arbitrária nem qualquer restrição dissimulada ao comércio entre os Estados-membro. Neste sentido, o TFUE propugna a livre circulação de mercadorias. Contudo, não admite que este fim seja obtido com recurso a meios que possam lesar os titulares de direitos de propriedade intelectual[34], não podendo os titulares destes direitos usar os mesmos como instrumento ou obstáculo à realização do mercado interno.

Pelo que o TFUE estipula que os direitos de propriedade intelectual nacionais, designadamente, patentes, sejam respeitados na UE e considera que o exercício destes direitos é lícito quando tem a finalidade de

[29] *Idem.*

[30] *Idem.*

[31] *Idem.*

[32] As atualizações sobre a implementação do plano estão disponíveis no website da Food and Drug Administration dos E.U.A. em https://www.fda.gov/drugs/guidance-compliance-regulatory-information/fda-drug-competition-action-plan#efficiency.

[33] O art. 36º do TFUE menciona "propriedade industrial e comercial". Na nossa opinião consideramos ser de aplicar uma *interpretação extensiva* no sentido de incluir sob a égide desta norma toda a propriedade intelectual. *Vd.* neste sentido o Acórdão do Tribunal de Justiça de 8 de junho de 1971 no Processo 78/70 – Deutsche Grammophon c. Metro-SB-Grossmärkt que subsumiu o direito de autor e direitos conexos à norma em apreço.

[34] Cfr. AA. VV., *Código da Propriedade Industrial Anotado*, p. 33.

realizar o conteúdo do direito em questão[35]. Não obstante, em virtude das normas concorrenciais supra referidas, estes direitos não podem ser exercidos de modo a restringir ou falsear a concorrência entre os Estados-membro.

Os direitos de propriedade intelectual são, reiteradamente, equiparados a monopólios ou a posições dominantes, contudo, na UE, o Tribunal de Justiça (doravante TJ) adota uma posição prudente e requer sempre um exame ao mercado para determinar se existe efetivamente uma situação de posição dominante[36], sendo que é neste âmbito que surge o direito da concorrência para atuar como mecanismo de correção e assegurar "um equilíbrio entre os objetivos da propriedade intelectual, ou seja, por um lado, a proteção da inovação e o incentivo ao investimento na investigação e desenvolvimento e, por outro, o acesso público à inovação e ao conhecimento científico"[37].

A análise de práticas comerciais por parte de titulares de patentes no sector farmacêutico é pautada por diversas especificidades na medida em que consiste numa área em que há lugar à aplicação de vários corpos normativos, designadamente, propriedade intelectual, *i.e.*, patentes e certificados complementares de proteção, regulamentação de acesso ao mercado, *i.e.*, autorização de introdução no mercado (doravante AIM), normas de prescrição a pacientes, sistemas legais de fixação de preço e de regimes de reembolso, bem como, normas da concorrência. Pelo que o funcionamento da concorrência e sistemas de preços de medicamentos é influenciado pelo resultado da combinação destes fatores.

Na UE têm vindo a aumentar progressivamente as investigações e subsequentes sanções a práticas anticoncorrenciais, envolvendo direitos de propriedade intelectual, por parte de empresas do sector farmacêutico, apontando-se a título de exemplo os seguintes casos:

- o caso Boehringer Ingelheim de 2011 em que a Comissão concluiu uma investigação[38] relativamente ao registo de patentes não meritórias sobre novos tratamentos para uma patologia específica que

[35] A delimitação conceptual de *conteúdo do direito de patente* é tratada infra (*vd.* §7.1.1 e 15.1).

[36] Cfr. Silva, Miguel Moura e – *O Abuso de Posição Dominante na Nova Economia*, Dissertação de Doutoramento em Direito, Almedina, Coimbra, 2010, p. 462.

[37] *Idem.*

[38] Comunicado de impressa da Comissão de 6 de julho de 2011 disponível no website da Comissão em https://ec.europa.eu/commission/presscorner/home/en.

alegadamente poderiam bloquear ou atrasar a entrada no mercado de medicamentos concorrentes, tendo as empresas envolvidas celebrado um acordo que eliminou os alegados bloqueios e a Comissão decidiu não prosseguir com o processo;

- o caso Johnson & Johnson e Novartis de 2013, em que a Comissão[39] aplicou coimas no valor de 10,8 milhões de euros à Johnson & Johnson e de 5,5 milhões de euros à Novartis por motivo de celebração de acordo com objetivo restritivo da concorrência em virtude do qual era atrasada a entrada no mercado da versão genérica do analgésico *fentanilo*[40];
- o caso Servier de 2014, em que a Comissão[41] aplicou coimas no total de 427,7 milhões de euros à farmacêutica francesa Servier e a cinco produtores de medicamentos genéricos (Niche/Unichem, Matrix/Mylan, Teva, Krka e Lupin) por motivo da celebração de acordos tendentes ao adiamento da entrada no mercado de versões genéricas do fármaco para pressão arterial *perindopril*[42] e
- o caso GlaxoSmithKline de 2016 no Reino Unido, em que a Autoridade Nacional da Concorrência do Reino Unido[43] aplicou coimas no total de 44,99 milhões de libras esterlinas (sensivelmente 56,3 milhões de euros) à GlaxoSmithKline e a três potenciais concorrentes (IVAX, Generics (UK) e Alpharma) por motivo de celebração de acordos tendentes ao adiamento da entrada no mercado de versões genéricas do fármaco antidepressivo *paroxetina*,

[39] Decisão da Comissão C (2013) 8870 final de 10 de dezembro de 2013 relativa a um procedimento nos termos do art. 101º do TFUE no Processo AT.39685 – Fentanilo.

[40] As empresas sancionadas não recorreram da decisão.

[41] Decisão da Comissão C (2014) 4955 final de 9 de julho de 2014 relativa a um procedimento nos termos do art. 101º e art. 102º do TFUE no Processo AT.39612 – Perindopril (Servier).

[42] O montante total das coimas foi reduzido para 315 milhões de euros no Acórdão do Tribunal Geral de 12 de dezembro de 2018 no Processo T-691/14 – Servier SAS, Servier Laboratories Limited e Les Laboratoires Servier c. Comissão Europeia.

[43] Decisão da Competition and Markets Authority de 12 de fevereiro de 2016. A decisão está em recurso no tribunal com competência em matéria de concorrência no Reino Unido (Competition Appeal Tribunal), sendo que este submeteu questões prejudiciais ao TJ no Processo C-307/18, Generics (UK) Ltd., GlaxoSmithKline Plc, Xellia Pharmaceuticals APS, Alpharma LLC, Actavis UK Ltd. e Merck KGaA / Competition and Markets Authority cujo acórdão foi pronunciado a 30 de janeiro de 2020.

- o caso Teva de 2021 em que a Comissão abriu uma investigação para aferir se a Teva abusou de posição dominante com referência ao fármaco acetato de glatirâmero para esclerose múltipla, comercializado sob o nome copaxone, ao submeter e desistir sucessivamente de pedidos de patentes divisionários sobre o fármaco em questão causando o atraso da entrada no mercado de empresas de genéricos concorrentes, sendo também objeto da investigação a possibilidade da Teva ter adotado uma campanha de comunicação a instituições e profissionais de saúde para prejudicar o uso de produtos concorrentes[44].

A importância e atualidade do tema é confirmada pelo facto de a Comissão ter elaborado relatórios setoriais, conforme supra referido, em 2009 e 2017 ao mesmo tempo em que surgiam litígios administrativos e judiciais no setor envolvendo o exercício de direitos de propriedade intelectual sem que, contudo, existissem diretrizes estabelecidas e constantes para a apreciação de estratégias de exercício do direito de patente farmacêutica de forma a aferir se tais estratégias consistem em práticas concorrenciais ou anticoncorrenciais.

Consideramos assim evidenciada a importância e atualidade do tema e sendo justificada a escolha do mesmo.

Na Parte I faremos um enquadramento geral da interseção entre medicamentos, estratégias de patentes e direito da concorrência na UE de modo a contextualizar a problemática de práticas (anti)concorrenciais alicerçadas no exercício do direito de patente farmacêutica. Procuramos também elencar as formas de exercício do direito de patente em que mais frequentemente se colocam questões de índole concorrencial.

A Parte II apresenta os requisitos de registo de patentes farmacêuticas e quais os direitos concedidos com o registo, bem como, as limitações impostas ao direito de patente com base em diversos corpos normativos.

Na Parte III apresentamos e analisamos três processos judiciais referentes ao exercício do direito de patente no âmbito da comercialização de medicamentos na UE e, neste contexto, procuramos identificar as

[44] Comunicado de impressa da Comissão de 4 de março de 2021 disponível no website da Comissão em https://ec.europa.eu/commission/presscorner/home/en.

questões concorrenciais em torno do exercício do direito de patente no âmbito de práticas comerciais no setor farmacêutico.

A Parte IV analisa a interação entre o Direito da Propriedade Intelectual e o Direito da Concorrência na UE e apresenta critérios para a análise de estratégias (anti)concorrenciais alicerçadas no exercício do direito de patentes farmacêuticas de modo a determinar se a estratégia em questão é concorrencial ou anticoncorrencial. Procuramos também analisar as formas de exercício do direito de patente em que mais frequentemente se colocam questões de índole concorrencial.

Na conclusão faremos um apontamento dos tópicos que analisámos e retomaremos as principais linhas desta investigação com relevo para a questão de introduzir uma análise concorrencial do exercício do direito de patente, cujo objeto consista em medicamentos, para aferir se um determinado exercício do direito de patente farmacêutica consubstancia uma prática anticoncorrencial ou concorrencial.

PARTE I
PANORÂMICA DA INTERSEÇÃO ENTRE MEDICAMENTOS, ESTRATÉGIAS DE PATENTES E DIREITO DA CONCORRÊNCIA NA UNIÃO EUROPEIA

§ 1. MEDICAMENTOS E MERCADO INTERNO

1.1. Delimitação conceptual de "medicamento" na União Europeia

A expressão *medicamento* é entendida na aceção do art. 1º, ponto 2) da Diretiva 2001/83/CE[45], de 6 de novembro de 2001, que define *medicamento* como "a) toda a substância ou associação de substâncias apresentada como possuindo propriedades curativas ou preventivas relativas a doenças em seres humanos; e b) toda a substância ou associação de substâncias que possa ser utilizada ou administrada em seres humanos com vista a estabelecer um diagnóstico médico ou a restaurar, corrigir ou modificar funções fisiológicas ao exercer uma acção farmacológica, imunológica ou metabólica, ou a estabelecer um diagnóstico médico"[46]. Doravante, quando nos referirmos a *medicamento* será com o significado que aqui mencionamos, sendo que as expressões *fármaco* e *produto farmacêutico* serão usadas com o mesmo significado que *medicamento* e a expressão *patente farmacêutica* referir-se-á a patente cujo objeto de proteção consista em medicamentos.

[45] JO L 311 de 28/11/2001.

[46] Em Portugal, o Estatuto do Medicamento, aprovado pelo Decreto-Lei nº 176/2006, de 30 de agosto, está em linha com a Diretiva 2001/83/CE. Da análise ao art. 3º, nº 1, al. kk) do Estatuto do Medicamento conclui-se que há uma conceção subjetiva de medicamento (produtos *apresentados* como possuindo as referidas propriedades) e uma conceção objetiva (produtos que possam ser *usados ou administrados* para os referidos fins), neste sentido Gorjão-Henriques, Miguel, Pinheiro, Paulo – *Direito do Medicamento*, Coimbra Editora, 2009, p. 35.

A expressão *medicamento de referência* é entendida na aceção do art. 10º, nº 2, al. a) da Diretiva 2001/83/CE, que define *medicamento de referência* como "medicamento autorizado, nos termos do artigo 6º, em conformidade com o disposto no artigo 8º", *i.e.*, medicamento que obteve autorização de introdução no mercado com base na totalidade dos documentos necessários, designadamente, resultados dos ensaios farmacêuticos pré-clínicos e clínicos[47]. Doravante, quando nos referirmos a *medicamento de referência* será com o significado que aqui mencionamos.

A expressão *medicamento genérico* é entendida na aceção do art. 10º, nº 2, al. b) da Diretiva 2001/83/CE que define *medicamento genérico* como "medicamento com a mesma composição qualitativa e quantitativa em substâncias activas, a mesma forma farmacêutica que o medicamento de referência e cuja bioequivalência com este último tenha sido demonstrada por estudos adequados de biodisponibilidade"[48]. Doravante, quando nos referirmos a *medicamento genérico* será com o significado que aqui mencionamos.

O *medicamento,* seja ele de *referência* ou *genérico,* assume uma importância primacial na vida das pessoas ao constituir um instrumento para aceder e manter a saúde, integridade física e psicológica e, nesse sentido, a qualidade de vida. Pelo que para a sociedade que depende, designadamente, da produtividade das pessoas que a integram, verifica-se também em relação a ela a importância fundamental do medicamento, cabendo-lhe velar pelo acesso aos medicamentos necessários para assegurar a qualidade de vida das pessoas[49].

1.2. Regulamentação do sector farmacêutico

No âmbito da criação do mercado interno, o domínio da saúde pública foi uma das áreas visadas, em particular os produtos farmacêuticos, com o objetivo de adoção de políticas comuns e harmonização jurídica que

[47] Em Portugal, o Estatuto do Medicamento reproduz esta conceção no art. 3º, nº 1, al. pp), ao definir *medicamento de referência* como "medicamento que foi autorizado com base em documentação completa, incluindo resultados de ensaios farmacêuticos, pré-clínicos e clínicos".

[48] Em Portugal, o Estatuto do Medicamento, no art. 3º, nº 1, al. vv), reproduz esta definição de medicamento genérico.

[49] Cfr. Antunes, Aquilino Paulo da Silva – *O acesso a medicamentos em Portugal: uma análise jurídico-económica,* Dissertação de Doutoramento em Direito, AAFDL Editora, 2020, p. 17.

permitissem a comercialização de medicamentos no mercado interno ao abrigo das liberdades de circulação dos fatores de produção[50].

A primeira iniciativa normativa consistiu na aprovação da Diretiva 65/65/CEE do Conselho[51], de 26 de janeiro de 1965, relativa à aproximação das disposições legislativas, regulamentares e administrativas, respeitantes às especialidades farmacêuticas, tendo esta Diretiva estabelecido as bases do direito do medicamento da UE. Os considerandos da Diretiva referiam que a regulamentação em matéria de produção e distribuição das especialidades farmacêuticas devia ter como objetivo essencial a proteção da saúde pública, contudo, este objetivo devia ser atingido por meios que não travassem o desenvolvimento da indústria farmacêutica e as trocas dos produtos farmacêuticos na Comunidade Económica Europeia. No entanto, não obstante o objetivo harmonizador, a Diretiva em apreço não adotou medidas unificadoras, tendo afirmado "o princípio da autorização nacional"[52] como condicionante para a comercialização de fármacos nos Estados-membro, o que surgiu como antagónico ao conceito de mercado interno de medicamentos.

A harmonização jurídica nesta área principiou na década de 70 do século XX com diretivas harmonizadoras referentes a políticas da UE e a requisitos de autorização de introdução no mercado (doravante AIM) de medicamentos para uso humano e procedimentos em geral.

No final da década de 80 do século XX até meados da década de 90 foram produzidas diversas normas que regulamentavam, designadamente, a distribuição por grosso, a publicidade, um procedimento centralizado para obtenção de AIM de medicamentos para uso humano e a criação da Agência Europeia de Medicamentos.

Em 2001 verificaram-se alterações profundas com a aprovação da Diretiva 2001/83/CE que estabeleceu um código da UE relativo aos medicamentos para uso humano e surgiram também diretivas sobre vários temas, designadamente, ensaios clínicos (Diretiva 2001/20/CE[53]), boas

[50] Relativamente à atribuição da UE em matéria de medicamentos para uso humano, por não ser o objeto deste estudo, remetemos para Gorjão-Henriques, Miguel – *Atribuição e Harmonização na União Europeia: o caso dos medicamentos*, Dissertação de Doutoramento em Direito, Almedina, 2018.

[51] JO 22 de 09/02/1965.

[52] Gorjão-Henriques – *Atribuição e Harmonização*, p. 128.

[53] JO L 121 de 01/05/2001.

práticas de fabrico (Diretiva 2003/94/CE[54]) e boas práticas clínicas (Diretiva 2005/28/CE[55]).

Em 2007 também se verificou a adoção de diversos normativos referentes a tipologias específicas de medicamentos para uso humano, designadamente, medicamentos órfãos, medicamentos de terapia avançada e medicamentos pediátricos.

Pelo que atendendo ao supra exposto, conclui-se que existe um corpo normativo que consiste no direito do medicamento da UE que regula aspetos de, designadamente, produção, distribuição, utilização, publicitação, comercialização e sistemas de preços, sendo um dos objetivos prementes do direito do medicamento da UE, a eliminação de entraves ao comércio de medicamentos no mercado interno de modo a que não existam obstáculos nesta área que possam, eventualmente, ter uma incidência direta sobre o funcionamento do mercado interno.

1.3. Patentes farmacêuticas e aplicação do direito da concorrência

A Carta dos Direitos Fundamentais da União Europeia[56] reconhece, no art. 16º, a liberdade de empresa, o que, em temos concretos, se concretiza na liberdade de exercício de atividade económica ou comercial, bem como, na liberdade contratual[57] em conformidade com o princípio de uma economia de mercado aberta e de livre concorrência, nos termos do art. 119º, nº 1 do TFUE.

A Carta dos Direitos Fundamentais da União Europeia reconhece também, no art. 17º, o direito de propriedade ao abrigo do qual é protegida a propriedade intelectual, o que, em temos concretos, se concretiza no direito ao respeito dos bens próprios[58], sendo a propriedade intelectual um dos aspetos do direito de propriedade que, inclusive, merece referência expressa em função da relevância que tem vindo a adquirir, abrangendo a propriedade literária e artística e direitos conexos, bem

[54] JO L 262 de 14/10/2003.

[55] JO L 91 de 09/04/2005.

[56] Na versão consolidada publicada no JO C 202/389 de 07/06/2016.

[57] Cfr. Anotações Relativas à Carta dos Direitos Fundamentais, publicada no JO C 303/17 de 14/12/2007, que, embora não tenham em si força de lei, consistem num instrumento de interpretação destinado a clarificar as disposições da Carta.

[58] Cfr. Anotações Relativas à Carta dos Direitos Fundamentais.

como, o direito de patente, direito de marca e outros direitos de propriedade intelectual.

As referidas normas da Carta dos Direitos Fundamentais da União Europeia consagram a liberdade de iniciativa económica privada, a par da iniciativa pública. Sendo que estas liberdades são concretizadas mediante a produção e comercialização de bens, bem como, o fornecimento de serviços no mercado interno, operando as empresas num mercado eficiente e em condições concorrenciais normais de acordo com o já referido princípio de uma economia de mercado aberto e de livre concorrência nos termos do art. 119º, nº 1 do TFUE.

No âmbito do exercício da liberdade de empresa, cumpre referir que a proteção de ativos de propriedade intelectual, designadamente patentes, surgiu na sequência da necessidade de proteção dos meios de "afirmação económica da identidade da empresa em mercado aberto e com produção em massa"[59], efetivando-se a proteção através de, designadamente, atribuição de direitos privativos relativamente a produtos e processos que representassem inovação tecnológica. Em rigor, é inerente à iniciativa económica privada a monopolização dos respetivos resultados[60] pelos meios legalmente permitidos, particularmente, o direito de patente de medicamento de modo a assegurar o exclusivo de exploração comercial de medicamentos desenvolvidos por uma organização empresarial no âmbito do exercício da sua liberdade de empresa.

A iniciativa económica privada tem, inclusivamente, assento constitucional em Portugal, pelo que cumpre referir a legislação nacional, mais especificamente, determinadas disposições da Constituição da República Portuguesa (doravante CRP). O art. 61º, nº 1 da CRP postula que a "iniciativa económica privada exerce-se livremente nos quadros definidos pela Constituição e pela lei e tendo em conta o interesse geral". Ora é justamente a *liberdade de empresa* que está em causa nesta disposição da CRP[61].

[59] AA. VV., *Código da Propriedade Industrial Anotado*, p. 18.

[60] Neste sentido, MEDEIROS, Rui e MIRANDA, Jorge – *Constituição Portuguesa Anotada, Tomo I*, p. 1214.

[61] Cfr. MENDES, Evaristo – "*Liberdade de Empresa, Concorrência e Direito Industrial. Enquadramento Geral*", in VICENTE, Dário Moura (Coordenador), *Estudos Jurídicos em Homenagem a Manuel Oehen Mendes: Propriedade Intelectual, Contratação e Sociedade da Informação*, Almedina,

A liberdade de empresa estatuída na CRP, enquanto liberdade jusfundamental, encerra em si quatro eixos estruturantes do seu conteúdo, nomeadamente:

- **liberdade de concorrência** – no sentido de liberdade de concorrer economicamente no mercado disputando, com os concorrentes, os clientes recetores dos produtos e serviços introduzidos no mercado;
- **liberdade de comunicação comercial** – no sentido de liberdade de expressão no mercado sobre a atividade produtiva cujos resultados são introduzidos no mercado;
- **liberdade contratual** – no sentido de liberdade de celebração de negócios jurídicos, bem como, a utilização de outros mecanismos jurídicos;
- **princípio de apropriação dos resultados da atividade** – no sentido de detenção da propriedade sobre o produto (material e imaterial) da atividade exercida e inerente legitimidade para a respetiva exploração comercial[62].

É no âmbito do princípio de apropriação dos resultados da atividade, sejam eles materiais ou imateriais, através dos mecanismos legais existentes, designadamente, patentes de medicamentos, para a respetiva exploração comercial em termos de exclusividade, que, conforme supra referido, é inerente à iniciativa económica privada[63], que surge a zona de tensão entre, por um lado, a *liberdade de empresa*, na qual se inclui a apropriação de resultados, e, por outro, a *liberdade concorrencial*, na qual se inclui o acesso ao mercado em condições concorrenciais normais.

Saliente-se, contudo, que o caso específico da propriedade intelectual, designadamente patentes farmacêuticas, enquanto mecanismo legal de apropriação de produtos da atividade empresarial, consubstancia uma zona de tensão entre a *liberdade de empresa na vertente de apropriação de resultados* e a *liberdade concorrencial* na medida em propriedade intelectual reserva a exploração comercial de produtos e processos ao respetivo

2022, p. 225. Este Autor refere ainda que à liberdade de empresa se contrapõe a liberdade profissional autónoma estipulada no art. 47º, nº 1 da CRP (cfr. ob. ult. cit., p. 225).

[62] Cfr. ob. ult. cit., p. 225-228.

[63] Neste sentido, MEDEIROS, Rui e MIRANDA, Jorge – *Constituição Portuguesa Anotada, Tomo I*, p. 1214.

titular, impossibilitando qualquer outra empresa de explorar economicamente os mesmos bens.

Sucede que os direitos de liberdade de empresa e de propriedade têm o respetivo exercício condicionado à observância do direito da UE e das legislações nacionais.

Relativamente a Portugal, cumpre referir que o já mencionado art. 61º, nº 1 da CRP postula que a liberdade de empresa e, como tal, os respetivos quatro eixos estruturantes, particularmente a apropriação dos resultados através de, designadamente, registo de patentes farmacêuticas e respetiva exploração comercial, são exercidos "nos quadros definidos pela Constituição e pela lei", *i.e.*, no âmbito da economia de mercado concorrencial legalmente conformada[64].

Relativamente ao direito da UE, especificamente quanto aos direitos de propriedade intelectual, a jurisprudência do Tribunal de Justiça (doravante TJ) no Acórdão de 13 de julho de 1966 no Processo 56/64 e 58/64 – Consten e Grundig c. Comissão fixou, em matéria de marcas, que as normas da concorrência da UE são aplicáveis ao exercício destes direitos ao referir que os "artigos 36º, 222º e 234º do Tratado [atuais 36º, 345º e 351º do TFUE] [...] não se opõem à incidência do direito comunitário no exercício dos direitos nacionais de propriedade industrial"[65] visto que "o artigo 36º, que limita o alcance das normas sobre a liberalização das trocas comerciais [...] não pode limitar o âmbito de aplicação do artigo 85º [atual 101º]"[66].

No âmbito das normas jurídicas da UE, em relação à propriedade intelectual, assumem destaque as normas da concorrência, na medida em que, desde cedo, as normas nacionais referentes à propriedade intelectual foram consideradas, no Acórdão do TJ de 29 de fevereiro de 1968 no Processo 24/67 – Parke e Davis c. Probel, como passíveis de "criar obstáculos quer à livre circulação dos produtos com patente, quer ao mecanismo da concorrência no interior do mercado comum"[67]. De facto,

[64] Mendes – "*Liberdade de Empresa*", p. 228.

[65] Parágrafo 91 do Acórdão do TJ de 13 de julho de 1966 nos Processos apensos 56/64 e 58/64 – Consten e Grundig c. Comissão.

[66] Parágrafo 92 do Acórdão do TJ de 13 de julho de 1966 nos Processos apensos 56/64 e 58/64 – Consten e Grundig c. Comissão.

[67] Parágrafo 6 do Acórdão do TJ de 29 de fevereiro de 1968 no Processo 24/67 – Parke e Davis c. Probel.

as normas da concorrência afiguram-se relevantes porque os direitos de propriedade intelectual, em função do inerente direito de exclusivo, podem ser instrumentalizados para atingir o fim de restringir ou falsear a concorrência, bem como, podem potenciar o abuso de posição dominante[68].

A exploração comercial de direitos de propriedade intelectual poderá comprometer os objetivos visados pelas normas da concorrência da UE na medida em que o exercício de tais direitos consubstancie um ato anticoncorrencial. Pelo que as instituições da UE devem desempenhar a função de assegurar um equilíbrio entre o legítimo exercício de direitos de propriedade intelectual e os interesses das demais entidades presentes no mercado, bem como, o interesse público[69]. É neste sentido, nesta *procura de equilíbrio*, que se verifica a atuação da Comissão com referência ao exercício do direito de patente farmacêutica e com referência às práticas comerciais em geral das empresas de medicamentos de referência e de medicamentos genéricos.

[68] Neste sentido, Silva, Pedro Sousa e – *Direito Comunitário e Propriedade Industrial – O Princípio do Esgotamento dos Direitos*, in *Studia Iuridica 17*, Coimbra Editora, 1996, p. 111-112.
[69] Neste sentido, Oliveira Pais – *Entre Inovação e Concorrência*, p. 34.

§ 2. MERCADO FARMACÊUTICO

2.1. Especificidades do mercado

A indústria farmacêutica encerra particularidades que decorrem desde a incipiência dos seus produtos, *i.e.*, o processo de investigação e desenvolvimento (doravante I&D) de novos fármacos, até à aquisição pelo consumidor final, isto porque as empresas do setor estão envolvidas nas atividades de, *inter alia*, investigação, produção, *marketing* e distribuição dos respetivos produtos.

O quadro legal dos medicamentos, na parte relevante para o presente estudo, é determinado pelas normas jurídicas referentes a propriedade intelectual, AIM, fixação de preços e regime de reembolsos, normas estas que têm uma influência determinante para o funcionamento do mercado de produtos farmacêuticos.

A penetração do mercado por medicamentos genéricos, a preços inferiores, é influenciada por diversos fatores, designadamente, os agentes intervenientes no mercado de produtos farmacêuticos, *inter alia*, pacientes, médicos prescritores e sistemas nacionais de saúde, a fidelização dos consumidores a medicamentos de referência e, sobretudo, a inexistência de barreiras artificialmente criadas por empresas de medicamentos de referência que pretendem conservar uma hegemonia de mercado a nível da disponibilização do produto em questão.

Apresentamos infra os aspetos que consideramos mais determinantes para a estruturação e funcionamento do mercado de produtos farmacêuticos.

2.2. Investigação e desenvolvimento de novos produtos e processos

Os resultados de I&D na área farmacêutica quer se traduzam em descobertas, que se circunscrevem ao plano cognitivo, ou em invenções, que implicam uma transformação técnica da realidade, requerem investimentos financeiros avultados e são, de um modo geral, processos morosos e com um elevado grau de risco e incerteza, sendo que são as próprias empresas de medicamentos de referência que financiam as suas atividades de I&D. E a realidade é que, conforme refere Valentine Korah, "a maioria das tentativas para encontrar a cura para problemas particulares pelas empresas farmacêuticas não funcionam. Daqueles que funcionam, muitos nunca chegam longe nos respetivos ensaios clínicos. Portanto, uma pequena perda é feita na maioria dos medicamentos. Alguns quase chegam ao mercado, mas depois surgem determinados efeitos colaterais e esses custam muito ao inventor. Apenas alguns medicamentos são bem sucedidos e a empresa tem de obter um grande lucro com esses medicamentos para compensar as perdas com os outros, ou a I&D não valerá a pena" [70].

Cumpre salientar que, não obstante o processo de I&D e o seu percurso sinuoso, a atividade das empresas farmacêuticas é altamente lucrativa.

Neste sentido, dados os interesses económicos em presença, a investigação na área farmacêutica atravessou mudanças significativas a partir de 1970[71] e transformou-se de um ambiente de abertura e partilha de conhecimento com o objetivo de desenvolvimento científico para bene-

[70] Korah, Valentine – "*Merck v Primecrown – The Exhaustion of Patents by Sale in a Member State where a Monopoly Profit Could not be Earned*", in *European Competition Law Review, 4*, 1997, p. 272.

[71] A mudança foi desencadeada, *inter alia*, pelo surgimento de técnicas como a tecnologia do ADN recombinante (que "compreende alterar o material genético fora de um organismo para obter características melhoradas e desejadas num organismo vivo ou nos respetivos produtos" – Khan, Suliman *et al.* – "*Role of Recombinant DNA Technology to Improve Life*", in *International Journal of Genomics*, Hindawi Publishing Corporation, 2016, disponível no website de NCBI – National Center for Biotechnology Information em https://www.ncbi.nlm.nih.gov/pmc/articles/PMC5178364/, consultado a 17/09/2017) e a tecnologia de anticorpos monoclonais (que permite produzir em massa anticorpos dirigidos a antigénios específicos – cfr. Peterson, Norman C. – "*Advances in Monoclonal Antibody Technology: Genetic Engineering of Mice, Cells, and Immunoglobulins*", in *ILAR Journal, Volume 46, Issue 3*, 2005, p. 314-319).

fício da humanidade, particularidades paradigmáticas da atividade de investigação académica, para se passar a orientar por tendências comerciais e inerente intuito de aquisição de exclusividade por via do regime da propriedade intelectual[72].

2.3. Sistema de fixação de preços

Conforme já referido, este mercado é alvo de um quadro legal específico, *i.e.*, a comercialização de produtos farmacêuticos envolve a aplicação de diversos corpos normativos que influenciam o funcionamento do mercado.

A estrutura do lado da oferta é caracterizada por integrar as empresas de medicamentos de referência, que procuram recuperar os custos com a I&D, e as empresas de medicamentos genéricos que não incorreram em custos com I&D. Por um lado, existem as empresas de medicamentos de referência que investem em I&D e recorrem ao regime da propriedade intelectual para obtenção de exclusividade comercial, exclusividade essa que proporciona um meio de lidar com a pressão concorrencial. Por outro lado, existem as empresas de medicamentos genéricos que disponibilizam os produtos a um preço inferior comparativamente às empresas de medicamentos de referência, dado que não incorreram em custos de I&D que precisem de recuperar.

Contudo, o exclusivo comercial sobre produtos farmacêuticos tem de ser compatibilizado com a proteção de interesses públicos superiores, designadamente, o acesso a medicamentos, e que, nesse sentido, se sobrepõem aos interesses de ordem económica de natureza privada. Foi no contexto da proteção da saúde pública que surgiram, relativamente à área farmacêutica, o Relatório Final CE – 2009[73] e o Relatório Final CE – 2009-2017[74] com o objetivo de analisar o comportamento do mercado e se se verificavam práticas anticoncorrenciais por parte de empresas farmacêuticas que constituíssem restrições ao comércio entre os Estados-membro da UE.

[72] Neste sentido, SINGH, Kshitij Kumar – "*Patentability of Biotechnology: A Comparative Study with Regard to the USA, European Union, Canada and India*", in AA. VV., *Biotechnology and Intellectual Property Rights – Legal and Social Implications*, Springer, New Delhi, 2015, p. 19.

[73] *Vd.* §4 infra.

[74] *Vd.* §5 infra.

O lado da procura é caracterizado pelo facto de o consumidor final não ser determinante para a estrutura concorrencial do mercado na medida em que as entidades públicas competentes intervêm no processo de fixação de preços e os preços praticados ao consumidor final são comparticipados pelos sistemas nacionais de saúde. Pelo que conforme referiu o Tribunal Geral (doravante TG) no Acórdão de 27 de setembro de 2006 no Proc. T-168/01 - GlaxoSmithKline Services Unlimited c. Comissão, os preços dos medicamentos estão, "em larga medida, subtraídos ao livre jogo da oferta e da procura devido à regulamentação aplicável, e sendo [os preços] fixados ou controlados pelos poderes públicos"[75].

[75] Parágrafo 147 do Acórdão do Tribunal Geral de 27 de setembro de 2006 no Proc. T-168/01 – GlaxoSmithKline Services Unlimited c. Comissão.

§ 3. PROTEÇÃO DE PROPRIEDADE INTELECTUAL NA INDÚSTRIA FARMACÊUTICA

3.1. Tipologia

A indústria farmacêutica beneficia de proteção dos produtos através de diferentes mecanismos, designadamente, **a)** a propriedade industrial protege o exclusivo de exploração comercial dos medicamentos registados como invenções (patente e certificado complementar de proteção), **b)** a AIM confere o exclusivo de disponibilização do medicamento no mercado de um determinado país e consiste num requisito obrigatório para a respetiva comercialização e **c)** a exclusividade de dados assegura, *inter alia*, o sigilo dos dados de ensaios farmacológicos pré-clínicos e clínicos obrigatoriamente apresentados pela empresa do medicamento de referência para obtenção de AIM.

Apresentamos infra uma análise de cada um destes mecanismos legais utilizados para obtenção e manutenção do exclusivo comercial no mercado do setor farmacêutico.

3.2. Patente

O direito de patente confere ao respetivo titular o direito de exclusivo sobre a invenção em questão, ou seja, passa a existir um monopólio de exploração comercial.

Para haver lugar à aplicação do direito de patente e proteção por via das normas jurídicas em questão, é necessário que o *quid* cuja proteção se pretende consubstancie uma invenção patenteável conforme definido no art. 52º da CPE (*i.e.*, invenção de qualquer domínio da tecnologia, incluindo substâncias ou composições da indústria farmacêutica) e que preencha os requisitos de registo previstos nos arts. 54º, 56º e 57º da CPE, nomeadamente, novidade, atividade inventiva e aplicabilidade industrial.

Para uma análise desenvolvida sobre o regime jurídico do direito de patente e sobre as particularidades de patentes farmacêuticas, remetemos para a Parte II infra.

3.3. Certificado Complementar de Proteção

O certificado complementar de proteção (doravante CCP) consiste num mecanismo de prorrogação do prazo de validade da patente cuja proteção recaia sobre medicamentos ou produtos fitofarmacêuticos condicionados, antes da sua comercialização, a um processo de autorização administrativa nos termos da Diretiva 2001/83/CE.

O Regulamento (CE) nº 469/2009[76], de 6 de maio de 2009, estabelece o quadro normativo aplicável ao CCP, sendo que anteriormente esta matéria constava do Regulamento (CEE) nº 1768/92[77], de 18 junho de 1992, que criou o CCP.

Para uma análise desenvolvida sobre o regime jurídico do CCP e as particularidades da sua aplicação a produtos farmacêuticos, remetemos para a Parte II infra.

3.4. Autorização de Introdução no Mercado

Para que um medicamento possa ser disponibilizado no mercado da UE é necessário que a entidade reguladora com as devidas competências conceda uma autorização para o efeito, a autorização em questão consiste na AIM[78-79]. No caso da UE, poderá ser a Agência Europeia do

[76] JO L 152/1 de 16/06/2009.

[77] JO L 182/1 de 02/07/1992.

[78] Para uma análise detalhada dos procedimentos para obtenção de AIM remetemos para Silva Antunes – *O acesso a medicamentos*, p. 373-388.

[79] Refira-se que em Portugal há outros tipos de títulos que permitem a comercialização de fármacos no território nacional, ainda que não concedendo nenhum direito de exclusivo sobre os fármacos em questão, especificamente: **a)** autorização de importação paralela regula-

Medicamento ou os institutos nacionais competentes de cada Estado-membro, nos termos do art. 6º da Diretiva 2001/83/CE.

Nos termos do art. 8º, nº 3, al. i) da Diretiva 2001/83/CE, o pedido de AIM de medicamentos de referência deve ser instruído com os resultados dos ensaios farmacêuticos pré-clínicos e clínicos. Já os pedidos de AIM de medicamentos genéricos podem ser baseados ensaios farmacológicos apresentados no âmbito do processo de obtenção de AIM para o medicamento de referência cuja versão genérica se pretende comercializar, isto nos termos do art. 10º, nº 1 da supra mencionada Diretiva. Cumpre referir que a isenção de apresentação de ensaios farmacológicos não visa beneficiar as empresas de genéricos, visa sim acautelar o interesse público ao evitar a repetição de ensaios em animais e seres humanos[80].

A obtenção de AIM para um medicamento confere um período de exclusividade comercial às empresas de medicamentos de referência relativamente aos medicamentos objeto da AIM, período esse que a Diretiva 2001/83/CE fixa em 10 anos com a possibilidade de prorrogação até 11 anos nos termos do art. 10º, nº 1, 2º e 4º parágrafos da referida Diretiva.

O exclusivo comercial conferido pela AIM impede a introdução no mercado da versão genérica do fármaco e existe independentemente de patentes ou CCPs relativamente ao fármaco sobre o qual recai a AIM.

3.5. Exclusividade de dados

A Diretiva 2001/83/CE introduziu, nos termos do art. 10º, nº 1, o mecanismo de *exclusividade dos dados* de ensaios farmacêuticos pré-clínicos e clínicos mediante o qual a empresa de medicamentos de referência titular da AIM beneficia do direito exclusivo sobre os referidos dados[81], *i.e.*,

da nos arts. 80º a 91º do Estatuto do Medicamento, **b)** autorização de utilização excecional regulada no art. 92º do Estatuto do Medicamento e **c)** autorização de comercialização de medicamento sem autorização ou registo válidos em Portugal regulada no art. 93º Estatuto do Medicamento (cfr. SILVA ANTUNES – *O acesso a medicamentos*, p. 393-401).

[80] Cfr. MARQUES, João Paulo Fernandes Remédio – *Medicamentos versus Patentes, Estudos de Propriedade Industrial*, Coimbra Editora, 2008, p. 169.

[81] Aplica-se também aos casos em que os dados foram comunicados por entidades administrativas estrangeiras (cfr. MARQUES, João Paulo Fernandes Remédio – *"O direito de patentes, o sistema regulatório de aprovação, o direito da concorrência e o acesso aos medicamentos genéricos"*, in

existe uma *exclusividade de dados de AIM* durante o período de oito anos a contar da data da concessão da AIM para o fármaco relativamente ao qual os dados se referem. Cumpre referir que este período de exclusividade de dados existe independentemente de haver ou não patente ou CCP sobre o medicamento, seja porque não foi obtida patente ou CCP ou porque estes já caducaram ou foram invalidados[82].

A *exclusividade de dados de AIM* refere-se ao período de tempo durante o qual as entidades regulatórias não podem divulgar nem utilizar dados de ensaios farmacêuticos para instruir procedimentos de AIM de empresas de medicamentos genéricos em virtude de os dados em apreço consistirem em *dados exclusivos* desenvolvidos em sede de pesquisa científica dirigida à demonstração da eficácia terapêutica de um medicamento[83].

Denominamos este regime, não de proteção de dados, mas sim de *exclusividade de dados de AIM* em virtude de o mesmo atribuir ao titular da AIM um direito exclusivo sobre dados cuja proteção, *i.e.*, efetivação do exclusivo, é assegurada mediante a proteção conferida aos referidos dados pelas entidades regulatórias, com competência na matéria, em função da constituição do Estado no dever jurídico de não divulgar ou utilizar os dados durante o período fixado pelo regime jurídico aplicável[84].

Este regime de proteção deriva do art. 39º, nº 3 do TRIPS que dispõe que os seus Membros devem proteger os dados de ensaios farmacêuticos cuja obtenção envolveu esforço considerável e que têm de ser apresentados por força do regime de aprovação para comercialização, devendo a proteção efetivar-se contra o uso comercial desleal, bem como, na forma de manutenção sob sigilo.

Na UE a *exclusividade de dados de AIM* foi consagrada na Diretiva 2001/83/CE, sendo inferida do disposto no art. 10º, nº 1 quando este menciona que o requerente de AIM não é obrigado a apresentar os dados de ensaios farmacêuticos se demonstrar que o medicamento em apreço é

Associação Portuguesa de Direito Intelectual (org.), *Direito Industrial – Vol. VII*, Almedina, 2010, p. 313).

[82] Cfr. Remédio Marques – "*O direito de patentes*", p. 314-315, e Clift, Charles – "*Data Protection and Data Exclusivity in Pharmaceuticals and Agrochemicals*", in Krattiger, A., *et al.* (Editores) – *Intellectual Property Management in Health and Agricultural Innovation: A Handbook of Best Practices, Capítulo 4.9*, MIHR: Oxford, U.K., e PIPRA: Davis, U.S.A., 2007, p. 433.

[83] Cfr. Clift – "*Data Protection*", p. 433.

[84] Cfr. Remédio Marques – *Medicamentos versus Patentes*, p. 52.

um genérico de um "medicamento de referência que seja ou tenha sido autorizado nos termos do artigo 6º há pelo menos oito anos num Estado-Membro ou na Comunidade"[85], *i.e.*, os dados de ensaios farmacêuticos foram apresentados no âmbito de procedimentos para obtenção de AIM que já foi concedida, no mínimo, há oito anos. Adicionalmente, o Regulamento (CE) nº 726/2004[86], de 31 de março de 2004, que estabelece procedimentos da UE de autorização e de fiscalização de medicamentos para uso humano e veterinário e que institui uma Agência Europeia de Medicamentos, estipula no art. 14º, nº 11, de forma inequívoca, que os medicamentos autorizados ao abrigo das disposições do regulamento "beneficiam de um período de 8 anos de proteção dos dados".

Após o decurso do prazo de oito anos, os dados podem ser acedidos e utilizados por empresas de medicamentos genéricos para efeitos de obtenção de AIM para fármacos genéricos e podem ser utilizados por entidades regulatórias para efeitos de concessão de AIM para medicamentos genéricos.

Este período de *exclusividade de dados de AIM* destina-se a assegurar a recuperação do investimento efetuado em I&D pelas empresas de medicamentos de referência que produzem os ensaios pré-clínicos e clínicos que incluem os dados químicos, toxicológicos e farmacológicos necessários para obter uma AIM[87].

Cumpre salientar que a *exclusividade de dados de AIM* não se confunde com proteção de dados pessoais[88] nem com *know-how* e segredos comerciais[89] e, como tal, não lhes é aplicável o regime de proteção de dados pessoais nem o regime do art. 39º, nº 1 e 2 do TRIPS que se referem especificamente a segredos comerciais.

[85] Art. 10º, nº 1 da Diretiva 2001/83/CE.

[86] JO L 136 de 30/04/2004.

[87] Cfr. REMÉDIO MARQUES – *Medicamentos versus Patentes*, p. 170.

[88] Consiste no regime jurídico aplicável à informação relativa a uma pessoa singular identificada ou identificável (cfr. art. 4º, parágrafo 1) do Regulamento (UE) nº 2016/679, de 27 de abril de 2016, relativo à proteção das pessoas singulares no que diz respeito ao tratamento de dados pessoais e à livre circulação desses dados, publicada no JO L 119/1 de 04/05/2016).

[89] Consiste no regime jurídico aplicável a informações secretas com valor comercial pelo facto de serem secretas e que foram objeto de diligências razoáveis para serem mantidas secretas (cfr. art. 2º, nº 1 da Diretiva (UE) 2016/943, de 8 de junho de 2016, relativa à proteção de know-how e de informações comerciais confidenciais [segredos comerciais] contra a sua aquisição, utilização e divulgação ilegais, publicada no JO L 157 de 15/06/2016).

§ 4. INQUÉRITO SETORIAL DA COMISSÃO EUROPEIA DE 2009 SOBRE A ÁREA FARMACÊUTICA

4.1. Âmbito e finalidades do inquérito

A Comissão leva a cabo inquérito setoriais com base nas competências conferidas nos termos do art. 17º do Regulamento (CE) nº 1/2003[90], de 16 de dezembro de 2002, relativo à execução das regras de concorrência estabelecidas nos arts. 101º e 102º do TFUE. O regulamento em apreço destina-se a assegurar a aplicação eficaz das regras da concorrência da UE e, nesse sentido, permitir desenvolver e implementar uma política de concorrência da UE.

Nos termos do referido art. 17º do Regulamento (CE) nº 1/2003, a Comissão pode realizar inquéritos a determinados setores da economia ou a determinados tipos de acordos em vários sectores da economia e publicar um relatório sobre os resultados do inquérito. De acordo com a disposição em questão, o âmbito do inquérito é vasto, podendo abranger um ou vários setores económicos, consistindo a finalidade na recolha de informação sobre as condições concorrenciais num dado setor, sendo que estas condições não estão, necessariamente, relacionadas com uma infração em concreto. O inquérito pode não chegar a conclusões sobre a violação de normas de concorrência, podendo, no entanto, produzir resultados com base nos quais a Comissão instaure procedimentos contra entidades específicas.

[90] JO L 1/1 de 04/01/2003.

A Comissão tomou a decisão de proceder com o inquérito ao setor farmacêutico a 15 de janeiro de 2008[91] porque decidiu procurar as razões justificativas de indicações que as condições concorrenciais nos mercados de produtos farmacêuticos aparentavam anormalidade dado que menos medicamentos eram introduzidos no mercado e o início da comercialização de medicamentos genéricos apresentava indícios de ser atrasada[92]. O inquérito pretendia escrutinar as "razões subjacentes aos atrasos registados na entrada de medicamentos genéricos no mercado e ao aparente declínio na inovação, conforme medido pelo número de novos medicamentos lançados no mercado"[93].

O Relatório Final CE – 2009 foi emitido a 8 de julho de 2009 e incluía considerações sobre vários aspetos, designadamente, as características do mercado, estratégias de registo de patentes e outras práticas que afetavam a entrada de genéricos no mercado.

4.2. Conclusões do inquérito

4.2.1. Produtos e patentes

A conclusão foi no sentido de a indústria farmacêutica ser das que mais recorre ao registo de patentes para proteger invenções. As patentes deste setor podem ser classificadas como "patente primária" quando o objeto de proteção consiste num princípio ativo de um medicamento ou como "patente secundária" quando o *quid* sobre o qual incide a proteção se trata de, *inter alia*, processos de produção do princípio ativo, de formulações terapêuticas específicas que incluem o princípio ativo ou de formas de dosagem do princípio ativo. Sendo que a classificação em questão, não tendo suporte em textos legais, decorre da prática do setor farmacêutico que agrupa as patentes consoante a ordem cronológica de apresentação como "primeiras" e "segundas".

[91] Cfr. Decisão da Comissão de 15 de janeiro de 2008 relativa ao início de um inquérito ao setor farmacêutico (Processo nº COMP/D2/39.514), disponível no website da Comissão em inglês em http://ec.europa.eu/competition/sectors/pharmaceuticals/inquiry/, consultado a 14/04/2020.

[92] Cfr. website da Comissão em http://ec.europa.eu/competition/sectors/pharmaceuticals/inquiry/, consultado a 14/04/2020.

[93] Cfr. Relatório Final CE – 2009, p. 4.

Os medicamentos *best-sellers* (*mais vendidos*) estão, de um modo geral, associados a diversas patentes cujos pedidos de registo vão sendo apresentados no decurso do ciclo de I&D do produto e após a respetiva introdução no mercado. Com a aproximação do termo de vigência da primeira patente, verifica-se um aumento de pedidos de patente subsequentes que abrangem o mesmo medicamento.

Em matéria de litígios sobre patentes de medicamentos, as empresas de medicamentos de referência alicerçam-se, frequentemente, em patentes que ainda não tinham sido submetidas a registo quando o produto em questão foi lançado.

4.2.2. Concorrência entre empresas de medicamentos de referência e de medicamentos genéricos

A conclusão foi no sentido de as empresas de medicamentos de referência utilizarem mecanismos e adotarem estratégias com vista a aumentar o período e âmbito de proteção conferido pelas suas patentes de modo a distender o período de exclusividade comercial dos seus medicamentos, o que provoca o deferimento da entrada no mercado de medicamentos genéricos.

Patent thickets ou *clusters*

Foi verificado que através da apresentação de múltiplos pedidos para proteger o mesmo medicamento formava-se o *patent thicket* ou *cluster*[94] com o propósito de protelar ou impedir os medicamentos genéricos de entrarem no mercado, sendo que os requerentes das patentes adotam esta conduta estando cientes de que diversos destes pedidos não preenchem os requisitos de registo.

Patentes fracionadas

Foi constatado que através da apresentação de pedidos divisionários, *i.e.*, um único pedido de patente divido em diversos pedidos, cada um sendo submetido ao procedimento de registo individualmente, para proteger o mesmo medicamento, provocava-se uma dilação do tempo em que o Instituto Europeu de Patentes iria decidir sobre a concessão ou recusa do registo.

[94] *Vd.* §16.2.3 infra sobre este conceito.

Produto de segunda geração

Foi verificado que as empresas de medicamentos de referência procedem à apresentação de pedidos de patente para proteger o resultado da investigação incremental que consista em melhorias nos produtos existentes ou novas utilizações terapêuticas e, com base nestas *novas* patentes e *novo* período de vigência, introduzem no mercado os *medicamentos de segunda geração* ou de *seguimento.*

Além destes *novos* pedidos de patente, as empresas em questão também encetavam estratégias de *marketing*, em média 1 ano e 5 meses após perda de exclusividade do produto de primeira geração, no sentido de fidelizar os consumidores ao produto de segunda geração antes do início da comercialização da versão genérica da primeira geração do medicamento.

Contactos e litígios

Foi constatado que as empresas de medicamentos de referência optariam pela via litigiosa, não necessariamente pelo mérito da causa, mas pelo efeito de demover os concorrentes genéricos de entrarem no mercado e, de facto, as empresas de medicamentos de referência desencadearam a maioria dos litígios por meio do envio de cartas de advertência nas quais invocavam as suas patentes.

Acordos de resolução de litígios sobre patentes (*patent settlements*)

Foi apurado que foram celebrados acordos de resolução de litígios sobre patentes referentes a, aproximadamente, 49 fármacos dos quais 31 consistiam em medicamentos com elevado volume de vendas e em relação aos quais já não existia exclusividade comercial. No âmbito destes acordos, sendo a maioria celebrados no contexto de ações judiciais, ficou constrangida a capacidade de as empresas de genéricos comercializarem os seus fármacos. Sendo que uma parte relevante destes acordos contemplava a restrição da comercialização de genéricos e uma transferência de valor, *i.e.*, pagamento, pela empresa de medicamentos de referência à empresa de genéricos, concretizando-se o pagamento de forma direta ou sob a forma de uma licença, de um acordo de distribuição ou de um acordo acessório.

Acordos de entrada antecipada

Constatou-se que as empresas de medicamentos de referência e de genéricos celebraram um número significativo de acordos sobre venda/

/distribuição de fármacos genéricos sendo que uma parte considerável destes acordos foi concluído antes de terminada a exclusividade comercial do fármaco de referência, contemplando a maioria destes acordos uma relação de exclusividade entre as partes. Pelo que estes acordos poderiam, eventualmente, ser usados como forma de antecipar a entrada no mercado de concorrentes genéricos ou como forma de reagir à presença de concorrentes genéricos.

AIM e patentes e exclusividade de dados

Foi verificado que as empresas de medicamentos de referência intervinham nos procedimentos administrativos de concessão de AIM a fármacos genéricos alegando que a AIM atribuída a genéricos era passível de infringir as suas patentes e que a utilização dos dados dos ensaios farmacológicos dos medicamentos de referência para o processo de AIM de genéricos violaria a exclusividade de dados[95]. Na maioria das intervenções nos referidos procedimentos administrativos, bem como, em ações judiciais, a argumentação das empresas de medicamentos de referência não foi aceite, contudo, foi provocado o atraso na entrada no mercado dos fármacos genéricos cujas AIM eram assunto de diferendo.

4.2.3. Concorrência entre empresas de medicamentos de referência

A conclusão foi no sentido de as empresas de medicamentos de referência encetarem práticas individuais ou coordenadas entre si com impacto negativo no que respeita à introdução de novos fármacos no mercado.

Patentes defensivas

A conclusão foi que as empresas de medicamentos de referência adotam estratégias com vista a aumentar o âmbito de proteção das suas invenções e, em certos casos, com vista a obstar às atividades de I&D de concorrentes, *i.e.*, outras empresas de medicamentos de referência.

Estas estratégias aplicadas com o intuito de excluir concorrentes tratam-se de *estratégias defensivas de patenteamento*. A classificação em

[95] *Vd.* §9.1.5 e §16.6 infra para análise desenvolvida sobre o tema de *patent linkage* e AIM de medicamentos genéricos.

questão, não tendo suporte em textos legais, decorre da prática do setor farmacêutico que aponta como defensivas as patentes que não têm subjacente um genuíno intuito de proteger inventos e que têm como real objetivo, *inter alia*, bloquear a atividade de I&D de um concorrente.

As estratégias em apreço podiam ter diversos objetivos, designadamente, obstar a que concorrentes desenvolvam o invento protegido ou fazer com que os concorrentes percam o interesse comercial num princípio ativo ou num alvo terapêutico.

Contactos e litígios

Foi constatado que patentes tituladas por empresas de medicamentos de referência poderiam sobrepor-se a fármacos, a projetos de I&D e a patentes de outras empresas de medicamentos de referência. Em diversos casos a solução foi alcançada através de acordos de licença e nos casos em que não houve acordo foram originados litígios judiciais sendo a maioria resolvidos por acordo entre as partes.

Acordos de resolução de litígios sobre patentes (*patent settlements*)

Verificou-se que as empresas de medicamentos de referência celebraram este tipo de acordos entre si com o objetivo de solucionar litígios em matéria de patentes, sendo que a maioria destes litígios incidia sobre acordos de licença, inclusive, licenças cruzadas.

Acordos de exclusividade e de não concorrência

Constatou-se que as empresas de medicamentos de referência celebraram acordos entre si relativamente à comercialização de fármacos, sendo que os acordos contemplavam obrigações de fornecimento exclusivo, abastecimento exclusivo, concessão de licenças exclusivas ou outra espécie de exclusividade, bem como, obrigação de não concorrência.

4.3. Relatórios anuais de monitorização de *patent settlements* de 2010 a 2016

No seguimento do Relatório Final CE – 2009, a Comissão considerou importante a monitorização contínua dos *patent settlements*, *i.e.*, acordos resolução de litígios sobre patentes entre empresas de medicamentos de referência e empresas de medicamentos genéricos, sendo os acordos destinados à resolução de litígios em torno de infrações ou validade de patentes.

A Comissão também considerou importante monitorizar os acordos que contemplassem restrições que excedessem o âmbito das patentes em causa, seja em termos substanciais[96] ou em termos geográficos[97], bem como, em termos de duração do registo[98], na medida em que tais acordos não estariam associados às patentes em causa.

Também foram considerados relevantes os acordos referentes a situações em que os titulares das patentes em causa teriam a perceção que as patentes, às quais os acordos se referiam, não cumpriam os requisitos de registo e concessão do direito de patente[99].

A Comissão considerou que a monitorização dos acordos em que se verificasse uma *transferência de valor, i.e.*, pagamento, permitiria obter uma perceção mais clara relativamente aos motivos para o recurso a estes acordos e permitiria também assinalar os acordos que provocassem o atraso da entrada no mercado de medicamentos genéricos, em prejuízo dos consumidores e, eventualmente, em violação das normas da concorrência da UE.

Para análise dos acordos, a Comissão categorizou os mesmos do seguinte modo:

- acordos que não restringem a entrada no mercado de empresas de medicamentos genéricos,
- acordos que restringem a entrada no mercado de empresas de medicamentos genéricos e em que não há transferência de valor da empresa de medicamentos de referência para a empresa de medicamentos genéricos e
- acordos que restringem a entrada no mercado de empresas de medicamentos genéricos e em que há transferência de valor da empresa de medicamentos de referência para a empresa de medicamentos genéricos.

[96] *Vd.* §7.1 infra sobre o âmbito substancial de proteção e §15.1 infra sobre o objeto específico da patente.

[97] *Vd.* §7.2 infra para análise desenvolvida relativamente ao âmbito geográfico de proteção.

[98] *Vd.* §7.3 infra para análise desenvolvida quanto ao âmbito temporal de proteção.

[99] *Vd.* §6 infra para análise desenvolvida relativamente aos requisitos de registo de patente farmacêutica.

Os relatórios de 2010 a 2016 proporcionaram estatísticas relativamente a verificação dos acordos em apreço, em concreto, o número de acordos celebrados e respetivos efeitos à entrada no mercado de medicamentos genéricos.

Cumpre destacar o 4º Relatório de Monitorização de *Patent Settlements* (período de janeiro-dezembro 2012) no âmbito do qual foram identificados 100 acordos em Portugal, sendo Portugal o Estado-membro com o maior número de acordos e verificando-se uma acentuada desproporcionalidade com os restantes países da UE, conforme se pode observar no gráfico infra[100].

Figura 3: Número de acordos por Estado-membro (UE 27) (janeiro 2012-dezembro 2012)

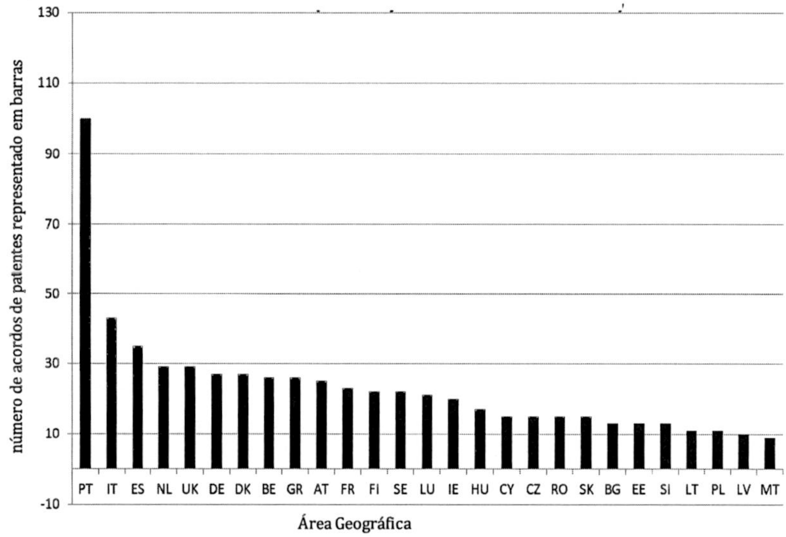

Nota: Acordos referentes a mais do que um Estado-membro são contados como um acordo separado para cada Estado-membro
Fonte: Comissão Europeia, 4º Exercício de Monitorização de Acordos de Resolução de Litígios sobre Patentes

O 4º Relatório de Monitorização em apreço refere que o elevado número de acordos em Portugal estaria relacionado com a entrada em vigor da Lei nº 62/2011, de 12 de dezembro, referente a litígios emergentes de direitos de propriedade industrial – medicamentos de refe-

100 4º Relatório de Monitorização de *Patent Settlements* (período de janeiro-dezembro 2012), p. 9.

rência/genéricos. Nos termos do referido diploma legal as empresas de medicamentos de referência deviam encetar procedimentos arbitrais no prazo de 30 dias da publicação do pedido de AIM por parte de empresas de medicamentos genéricos sob pena de não poderem exercer os seus direitos de propriedade industrial[101]. Pelo que no âmbito destes procedimentos, o litígio cessava, com frequência, por acordo entre as partes mediante o qual o fármaco genérico só entraria no mercado após a caducidade da patente do medicamento de referência.

[101] *Vd.* §9.1.5 e §16.6 infra para análise desenvolvida sobre o tema de *patent linkage* e AIM de medicamentos genéricos.

§ 5. RELATÓRIO DA COMISSÃO EUROPEIA – APLICAÇÃO DAS REGRAS DE CONCORRÊNCIA NO SETOR FARMACÊUTICO (2009-2017)

5.1. Âmbito e finalidades do relatório

Na sequência do Relatório Final CE – 2009 sobre o setor farmacêutico, que já analisámos, foi elaborado o Relatório da Comissão sobre a aplicação das regras de concorrência no setor farmacêutico (2009-2017) (doravante Relatório Final CE – 2009-2017).

O Relatório Final CE – 2009-2017 teve como objetivos fornecer: "– uma visão geral da aplicação do direito da concorrência pela Comissão e pelas autoridades nacionais da concorrência no setor farmacêutico [...]; – uma descrição das características chave do setor que determinam a análise concorrencial [...]; e – uma ilustração, incluindo através de exemplos práticos, de como a aplicação do direito da concorrência contribui para preços de medicamentos mais competitivos [...] e para a inovação e escolha de medicamentos e tratamentos [...]"[102].

5.2. Conclusões do relatório

5.2.1. Aplicação do direito da concorrência no setor farmacêutico

A conclusão foi no sentido de que a aplicação das normas da concorrência, designadamente os arts. 101º e 102º do TFUE, promover a acesso

[102] Relatório Final CE – 2009-2017, p. 6.

a medicamentos inovadores a preços acessíveis para os doentes e sistemas de saúde na medida em que estas normas possibilitam a intervenção em casos particulares contra condutas de empresas que sejam suscetíveis de distorcer a concorrência no setor de produtos farmacêuticos e, como tal, impedir as condições do normal funcionamento do mercado e, em consequência, os preços serem distorcidos. Contudo, as normas da concorrência e respetiva aplicação efetiva surgem como complemento aos diversos enquadramentos normativos no setor em apreço e não substituem medidas legislativas e regulamentares que têm como finalidade a promover o acesso a produtos farmacêuticos e a cuidados de saúde.

Adicionalmente, as empresas do setor devem avaliar se a sua atuação observa as exigências das normas da concorrência, designadamente, os arts. 101º e 102 do TFUE.

5.2.2. Particularidades do setor farmacêutico que determinam a análise concorrencial

A conclusão foi no sentido de ser necessário tomar em consideração as especificidades e dinâmica competitiva do mercado dado que a concorrência é condicionada por diversos fatores, designadamente, as atividades de I&D, os requisitos de AIM, a regulação de preços e estratégias promocionais, sendo necessário analisar todos estes fatores para determinar se uma conduta é ou não anticoncorrencial.

As estruturas da oferta e da procura apresentam especificidades na medida em que há diversos intervenientes e interesses no mercado de produtos farmacêuticos. No lado da procura encontram-se os pacientes, os médicos prescritores, as farmácias, os organismos de reembolso e os sistemas de seguros de saúde. No lado da oferta encontram-se empresas de medicamentos de referência, empresas de medicamentos genéricos, grossistas e diferentes tipos de farmácias.

Adicionalmente, os Estados-membro também têm intervenção neste mercado na medida em que se trata de um setor regulamentado e com a intervenção de diversas entidades públicas que atuam a nível da comercialização, fixação de preços, contratos públicos e aquisição e reembolso de produtos farmacêuticos.

A inovação ostenta particular intensidade no setor, sendo as atividades de I&D orientadas a novas terapias para benefícios acrescidos aos utentes dos produtos e também para fazer face à concorrência dos medicamentos genéricos após o fim da exclusividade comercial conferida pelo registo da patente e da AIM. A prossecução de terapias inovadoras por parte das empresas de medicamentos de referência é motivada pela concorrência no mercado de, designadamente, empresas de medicamentos genéricos, pelo que a existência de concorrentes e de um mercado concorrencial revela-se vital para o surgimento de novos e melhores produtos farmacêuticos.

A existência de direitos de patente sobre medicamentos também tem impacto nos produtos comercializados na medida em que apenas os titulares das patentes podem introduzir no mercado os produtos em questão. Contudo, estes direitos estão sujeitos a uma limitação temporal e quando se verifica a respetiva caducidade passa a existir concorrência de preços mais forte por parte de empresas de medicamentos genéricos que comercializam produtos com o mesmo princípio ativo e dosagens e para as mesmas indicações que os medicamentos de referência.

5.2.3. Aplicação do direito da concorrência para promoção de preços de medicamentos mais competitivos

A conclusão foi no sentido de que a aplicação das normas da concorrência se concretizar em: **a)** atuar contra práticas que dificultam ou atrasam a entrada de medicamentos genéricos no mercado e inerente concorrência de preços, designadamente, acordos *pay for delay*[103], **b)** atuar contra preços excessivamente elevados quando têm por base uma situação de abuso de posição dominante e **c)** controlar concentrações no setor para facilitar e salvaguardar a entrada de medicamentos genéricos e biossimilares no mercado.

Verificou-se também atuação contra manipulação de propostas em concursos hospitalares, repartição do mercado entre farmácias, restrições ao comércio paralelo, entre outras práticas que desembocam em preços mais elevados dos produtos farmacêuticos.

A aplicação do direito da concorrência procura atingir um equilíbrio entre recompensar a inovação e os danos que preços excessivos causam aos consumidores e à sociedade. Esta procura de equilíbrio é precedida de uma análise para determinar se os preços e lucros resultam dos riscos

[103] *Vd.* §13.2.2 e §16.5 infra sobre acordos *pay for delay*.

assumidos para a inovação e se os preços são sujeitos às forças do mercado, designadamente, pela possibilidade de entrada de concorrentes no mercado.

5.2.4. Aplicação do direito da concorrência para promoção de inovação e acesso a escolha de medicamentos e tratamentos

A conclusão foi no sentido de a inovação ser fundamental no setor de produtos farmacêuticos, sendo que a I&D aplicada a novas terapias é crucial para o surgimento de medicamentos para doenças que até ao momento não tinham tratamento, de medicamentos mais eficazes, de novas utilizações para medicamentos já existentes e de processos de fabrico mais eficazes.

Contudo, não obstante a inovação consubstanciar uma força concorrencial importante nos mercados farmacêuticos, as entidades ativas no mercado podem encetar condutas que são prejudiciais à inovação e que podem, inclusivamente, representar violações do direito da concorrência, como por exemplo, a situação de registo de patentes defensivas que visam interferir em projetos de I&D concorrentes. Em determinadas circunstâncias, estas práticas podem representar condutas anticoncorrenciais e especialmente prejudiciais para os consumidores e para os sistemas nacionais de saúde.

A aplicação das normas da concorrência promove o acesso a produtos farmacêuticos inovadores na medida em que corrige a atuação de empresas que agem no sentido de atenuar a pressão concorrencial para inovar, de impedir que outras empresas inovem ou de dificultar a entrada no mercado de produtos inovadores.

Em determinados processos conduzidos pela Comissão a aplicação do direito da concorrência levantou os obstáculos à entrada no mercado de produtos genéricos e, perante a perda de exclusividade comercial, as empresas participantes do mercado de produtos farmacêutico adquirem interesse em inovar ao desenvolver novos e melhores fármacos para se distinguirem da concorrência. E, neste sentido, a aplicação do direito da concorrência promove a inovação farmacêutica, bem como, o acesso à escolha de medicamentos e tratamentos.

PARTE II
DIREITO DE PATENTE FARMACÊUTICA NA UNIÃO EUROPEIA

§ 6. REQUISITOS DE REGISTO DA PATENTE FARMACÊUTICA

6.1. Requisitos substanciais de registo

6.1.1. Objeto possível

O objeto da patente consiste no *quid* sobre o qual incide a proteção, ou seja, a invenção cuja exclusividade se alcança com o registo da patente. Pelo que para haver lugar à aplicação do direito de patente e proteção por via deste regime jurídico, é, primeiramente, necessário que o *quid* cuja proteção se pretende consubstancie uma invenção.

A definição do que consiste uma invenção não consta da legislação nacional nem da UE ou de qualquer convenção internacional com aplicação em Portugal[104]. Não obstante, existem noções propostas pela doutrina, designadamente, SOUSA E SILVA refere que a invenção é a "solução de um problema técnico específico no domínio da tecnologia"[105] que "deve ter por objecto um «ensinamento técnico», ou seja, deve indicar ao perito na especialidade como proceder para resolver um determinado problema técnico utilizando certos meios técnicos"[106]. É também avançada por COUTO GONÇALVES a noção de "ensinamento para uma acção planeada, com a utilização das forças da natureza susceptíveis de

[104] MARQUES, João Paulo Fernandes Remédio – *Direito Europeu das Patentes e Marcas*, Almedina, 2021, p. 156.

[105] SILVA, Pedro Sousa e – *Direito Industrial – Noções Fundamentais*, 2ª edição, Almedina, 2019, p. 48.

[106] Ob. ult. cit., p. 49.

serem dominadas, para obtenção de um resultado causal previsível"[107]. A este respeito, REMÉDIO MARQUES refere que o conceito de invenção é um conceito jurídico indeterminado, sendo um conceito funcional que demarca o âmbito de realidades patenteáveis de acordo com o seu fim[108], prossegue REMÉDIO MARQUES referindo que "As invenções traduzem assim *regras* [...] para a atuação técnica, ou seja, *instruções* dirigidas à ação planeada, sob o uso de *forças naturais controláveis* (pelos seres humanos, conquanto com o auxílio de máquinas ou de programas de computador), a fim de ser logrado um determinado resultado (solução técnica) *repetível* (ou reprodutível) *tantas vezes quantas as necessárias* (repetibilidade), o qual que não seria alcançado sem a referida atuação humana"[109].

Nos Estados-membro da UE, o objeto de patente é delimitado pelo critério de patenteabilidade previsto na CPE, nos arts. 52º e 53º, que, ao definir o que pode e o que não pode ser patenteado, fixa o âmbito de aplicação do direito de patente e define os requisitos a que deve obedecer uma invenção para que possa ser patenteável. Em concreto, o art. 52º, nº 1 da CPE fixa o objeto de patente ao estipular que serão concedidas patentes europeias para invenções, em todos os domínios da tecnologia, desde que sejam novas, impliquem atividade inventiva e sejam suscetíveis de aplicação industrial, desde que não consistam nas matérias excluídas do objeto de patente referidas no art. 52°, n° 2 da CPE. Adicionalmente, o art. 53º da CPE estipula exceções à patenteabilidade, *i.e.*, matérias que integrariam o objeto de patente mas são excluídas por considerações de diversas ordens.

Temos então que, da análise das noções avançadas pela doutrina e das normas supra referidas, uma ***invenção*** consiste em *conhecimentos aplicados de natureza técnica, materializados na forma de regras, que se concretizam numa nova solução à qual é intrínseca um carácter técnico que permite alcançar um resultado particular.*

As invenções da área farmacêutica, consistindo em novas substâncias ou composições, novos processos ou novos usos de substâncias ou composições, que proporcionam propriedades terapêuticas, cumprem o requisito de objeto possível de patente.

107 COUTO GONÇALVES – *Manual de Direito Industrial*, p. 44.

108 Cfr. REMÉDIO MARQUES – *Direito Europeu*, p.157.

109 Ob. ult. cit., p. 157.

Cumpre analisar o objeto das invenções da área farmacêutica submetidas a registo de patente para compreender adequadamente qual o *quid* sobre o qual recai a proteção das patentes farmacêuticas. Consideramos que as invenções desta área podem ser originárias ou derivadas.

A ***invenção farmacêutica originária*** consiste numa nova solução que aplica conhecimentos da técnica relevante para alcançar o resultado particular e cujo âmago integra uma *essência inventiva não existente previamente*. No caso particular da indústria farmacêutica, a invenção originária consiste no princípio ativo ou no processo de produção do princípio ativo.

A ***invenção farmacêutica derivada***, sendo também uma nova solução que aplica conhecimentos da técnica relevante para alcançar o resultado particular[110], baseia-se numa *essência inventiva preexistente* e com ela realiza uma nova invenção cujo resultado particular integra a invenção originária ou refere-se a características da invenção originária. No caso particular da indústria farmacêutica, a invenção derivada consiste em, *inter alia*, processos de produção do princípio ativo, métodos de uso do princípio ativo, mecanismos de ação do princípio ativo, formulações com o princípio ativo e formas de libertação do princípio ativo.

6.1.2. Novidade

Nos termos do art. 54º da CPE, a invenção é considerada nova quando não esteja compreendida no estado da técnica o qual consiste em tudo o que foi tornado acessível ao público por divulgação em pedido de patente, descrição, utilização ou qualquer outro meio. Considera-se que a invenção foi tornada acessível ao público quando a divulgação contenha elementos que possibilite a um perito na especialidade a realização da invenção[111]. Isto significa que divulgações incompletas ou parciais não prejudicam a novidade ainda que tais divulgações integrem o estado da técnica[112].

[110] *Vd.* §6.1.3 infra relativamente à atividade inventiva em geral, com particular aplicação a invenções farmacêuticas derivadas.

[111] Cfr. AA. VV. – *Código da Propriedade Industrial Anotado*, p. 186.

[112] Cfr. Marques, João Paulo Fernandes Remédio – *Biotecnologia(s) e Propriedade Intelectual*, Dissertação de Doutoramento em Direito, Vol. I, Almedina, Coimbra, 2007, p. 571.

A novidade tem carácter absoluto, sendo aferida à escala global, sem sujeição a limites espaciais ou temporais, tendo em conta tudo o que estiver disponível na data de pedido da patente, independentemente das circunstâncias em que a divulgação tenha ocorrido[113].

A aferição da novidade é efetuada através de uma comparação da invenção com o estado da técnica, contudo, em rigor, não é possível determinar que uma invenção é nova, sendo apenas possível determinar se se verifica falta de novidade por confronto com matérias já divulgadas[114].

A data relevante para aferir a novidade é a data do pedido da patente ou a data de prioridade que existe nos casos em que o requerente da patente fez uso do sistema da Convenção da União de Paris[115] o qual pode ser conjugado com o sistema do PCT. Nos casos em que haja uso destes sistemas, a data relevante é a data do primeiro pedido de patente cuja prioridade é reivindicada e o facto de a invenção já ter sido divulgada nesse pedido inicial não obsta a que haja novidade nos pedidos subsequentes a nível internacional.

O art. 55º da CPE prevê um elenco de divulgações que são consideradas como não oponíveis, ou seja, não prejudicam o carácter de novidade da invenção, desde que a divulgação não tenha ocorrido antes dos seis meses que precedem o depósito do pedido de patente europeia e se resultar direta ou indiretamente de: **a)** um abuso evidente em relação ao requerente da patente ou ao seu antecessor de direito ou **b)** do facto de o requerente da patente ou o seu antecessor legal ter exposto o invento em exposições oficiais ou oficialmente reconhecidas nos termos da Convenção Respeitantes às Exposições Internacionais assinada em Paris em 22 de novembro de 1928.

6.1.3. Atividade inventiva

Nos termos do art. 56º da CPE, a invenção envolve atividade inventiva se, para um perito na especialidade, não resultar de uma maneira

[113] Cfr. Sousa e Silva – *Direito Industrial*, p. 57.

[114] *Idem.*

[115] A União Internacional para a Proteção da Propriedade Industrial, de que Portugal foi um dos membros fundadores, foi criada a 20 de março de 1883 pela Convenção da União de Paris e este sistema permite, entre outros aspetos, obter prazos alargados para a proteção internacional de patentes junto da entidade competente de cada país.

evidente do estado da técnica, constituindo o estado da técnica tudo o que foi tornado acessível ao público a nível mundial por qualquer forma de divulgação. Sendo que um perito na especialidade trata-se de "um profissional experiente que tem conhecimentos e capacidades médias e está a par do que era conhecimento geral comum na técnica relevante num determinado momento"[116]. Em rigor, o *perito na especialidade* não é uma pessoa individualizada e identificável num determinado momento, mas sim, uma *figura conceptual* preconizada como detentora de um acervo de conhecimentos de padrão médio numa dada área técnica e atualizada e informada quanto a essa área técnica, não sendo excecionalmente erudita ou talentosa, e que, na prática, pode, inclusivamente, ser constituída por uma equipa e não apenas uma única pessoa[117].

Com este requisito exige-se que a invenção não resulte do progresso científico normal e expectável, atendendo ao acervo de conhecimentos e técnicas já divulgadas, exigindo-se que a invenção represente uma etapa evolutiva comparativamente a tudo o que se integra no estado da técnica.

Verificando-se um certo grau de incerteza, bem como, dificuldades na aplicação deste requisito de atividade inventiva, o Instituto Europeu de Patentes desenvolveu a doutrina do *problem-solution approach*[118] descrita em quatro etapas que devem permitir concluir se o perito na especialidade teria alcançado a mesma solução a que o inventor chegou, ou seja, permite concluir se a invenção resultaria ou não de uma maneira evidente do estado da técnica. As quatro etapas em questão consistem no seguinte:

- "identificar o estado da técnica mais próximo,
- avaliar os resultados técnicos (ou efeitos) alcançados pela invenção reivindicada comparativamente ao estado da técnica mais próximo identificado,

[116] EUROPEAN PATENT OFFICE (org.) –*Case Law of the Boards of Appeal*, 9ª edição, 2019, disponível no website no European Patent Office em https://www.epo.org/law-practice/case-law-appeals.html, consultado a 10/04/2019, *I. PATENTABILITY, D. Inventive step, 8. Skilled person, 8.1. Definition of the skilled person, 8.1.1 Definition.*

[117] Neste sentido Couto Gonçalves – *Manual de Direito Industrial*, p. 71, ao referir que "O perito na especialidade pode ser um especialista ou, em certa tipologia de invenções mais complicadas, uma equipa de especialistas.".

[118] EUROPEAN PATENT OFFICE (org.) –*Case Law of the Boards of Appeal, I. PATENTABILITY, D. Inventive step, 2. Problem and solution approach.*

– definir o problema técnico a ser resolvido sendo o objeto da invenção alcançar esses resultados, e
– examinar se um perito na especialidade, tendo em conta o estado da técnica mais próximo na aceção do nº 2 do art. 54 da CPE, teria sugerido as características reivindicadas de modo a obter os resultados alcançados pela invenção reivindicada"[119].

Assim, a invenção implicará atividade inventiva se passar no teste *problem-solution approach*. Pelo que aferindo a atividade inventiva nestes termos, tanto as invenções farmacêuticas originárias como as invenções farmacêuticas derivadas cumprem este requisito de patenteabilidade[120].

Cumpre referir que constitui indício de existência de atividade inventiva, designadamente, o facto de a invenção obter um aperfeiçoamento nas propriedades, características, ou efeitos proporcionados pelo produto ou processo que se pretende patentear comparativamente às soluções já conhecidas[121], o facto de a invenção representar um progresso técnico ao desenvolver o estado da técnica como por exemplo a produção de efeitos terapêuticos mais fortes ou a substancial diminuição de efeitos secundários[122] e o facto de os peritos na área tentarem infrutiferamente resolver o mesmo problema técnico objeto da patente[123]-[124]. Sendo que estes indícios podem complementar a análise técnica da invenção, podendo ser usados cumulativamente ou alternativamente em função das especificidades dos casos concretos[125].

6.1.4. Aplicabilidade industrial

Nos termos do art. 57º da CPE, a invenção é suscetível de aplicação industrial se o seu objeto puder ser fabricado ou utilizado em qual-

119 *Idem.*

120 Vd. §6.1.1 supra sobre a delimitação conceptual de *invenção farmacêutica originária* e *invenção farmacêutica derivada*.

121 Cfr. Remédio Marques – *Biotecnologia(s), Vol. I*, p. 653 ao referir-se ao efeito terapêutico de substâncias que se pretende proteger como patente.

122 Cfr. Remédio Marques – *Direito Europeu*, p. 214.

123 Cfr. ob. ult. cit., p. 217.

124 A lista de indícios que apresentámos é meramente exemplificativa, podendo verificar-se outros tipos de indícios.

125 Cfr. ob. ult. cit., p. 210.

quer género de indústria ou na agricultura. Este requisito está relacionado com a "homogeneidade e repetibilidade da solução técnica encontrada"[126] e com a "exclusão do mero âmbito privado ou não comercial da sua exploração"[127].

Saliente-se que, no quadro da CPE, é meramente necessário que invenção posso ser *suscetível* de aplicação industrial, no sentido de as regras técnicas para realizar a invenção serem compreensíveis e suscetíveis de execução por um perito na especialidade, não se exigindo que a invenção seja efetivamente produzida na indústria[128].

A exigência de aplicabilidade industrial é cumprida se a invenção pode ser realizada repetidamente em condições constantes[129], sem perder as respetivas características, à escala comercial, ou seja, com intuito lucrativo, sendo o uso privado e não comercial insuficientes para o preenchimento deste requisito.

As invenções da área farmacêutica cumprem este requisito na medida em que as mesmas são executadas, contínua e repetidamente, de modo a obter o mesmo resultado, *i.e.*, os produtos ou processos para fabricar produtos.

6.2. Requisitos formais de registo

6.2.1. Solução para o problema técnico

Conforme já analisado, uma invenção consiste numa solução técnica de um problema específico e estas características, ou seja, o problema e respetiva solução devem, nos termos do art. 78º da CPE, ser suficientemente evidenciados na descrição da invenção constante do caderno de patente, apresentado para efeitos de pedido de registo, de modo a que a invenção possa ser compreendida e executada por um perito na especialidade. O caderno de patente consiste na documentação que é apresentada para efeitos de registo de patente e inclui **a)** o título da invenção, **b)** um resumo da invenção, **c)** uma descrição detalhada do objeto da

[126] Couto Gonçalves – *Manual de Direito Industrial*, p. 73.

[127] *Idem.*

[128] Cfr. Remédio Marques – *Direito Europeu*, p. 230.

[129] Cfr. ob. ult. cit., p. 229.

invenção, **d)** reivindicações das características cuja proteção se pretende obter e **e)** os desenhos necessários para compreensão da invenção.

A descrição da invenção e respetivos desenhos formam a base das reivindicações que, por sua vez, fixam o escopo da proteção conferida pela patente. Neste sentido, é profundamente relevante que a descrição seja completa e não omita ou descreva de forma não clara ou inconsistente qualquer aspeto da invenção, sob pena de tal aspeto ficar fora do âmbito da proteção da patente e poder ser livremente usado por qualquer concorrente.

A descrição deve ser clara e concisa, utilizando linguagem técnica da área, e deve indicar, designadamente, **a)** a área técnica da invenção, **b)** o estado da técnica necessário para compreender a invenção, **c)** o problema técnico que a invenção se destina a solucionar, **d)** a solução substancialmente detalhada, **e)** pelo menos uma forma de executar a invenção e **f)** a aplicabilidade industrial da solução.

Saliente-se que a invenção não tem de ser, obrigatoriamente, apresentada de acordo com o esquema do *problem-solution approach* preconizado pelo Instituto Europeu de Patentes, sendo apenas necessário que a descrição indique as vantagens e melhorias inerentes à invenção.

A descrição de invenções da área farmacêutica deve indicar, no caso de invenção de produto e de segunda utilização, os componentes que compõem o produto e as propriedades terapêuticas inerentes ao mesmo, já no caso de invenções de processo deve indicar as etapas de realização de processo. Em todos os cenários devem ser apresentados dados de eficácia dos produtos ou processos.

6.2.2. Unidade inventiva

Nos termos do art. 82º da CPE, o pedido de registo de patente apenas pode incidir sobre um único conceito inventivo. Isto significa que um pedido de patente não pode incluir invenções "independentes e autónomas quanto ao seu conceito inventivo"[130]. Contudo, o pedido pode incluir um grupo de invenções conectado entre si de modo a formar um único conceito inventivo e, neste caso, será considerado como sendo uma única invenção.

[130] AA. VV. – *Código da Propriedade Industrial Anotado*, p. 231.

Os casos W 48/90[131], de 22 de abril de 1991, e W 50/90[132], de 6 de maio de 1991, ambos na Câmara de Recurso do Instituto Europeu de Patentes, têm relevo para a apreciação da unidade inventiva de produtos farmacêuticos, na medida em que nestes casos foi decidido que, relativamente a compostos químicos, a unidade inventiva não se afere apenas com referência às respetivas características estruturais, tendo que ter também em conta o problema técnico a ser resolvido e se os diversos compostos contribuem para a solução encontrada.

De salientar que quando as reivindicações da patente integram o *agrupamento de Markush*, prática comum nas patentes de produtos farmacêuticos, que consiste em a mesma reivindicação conter alternativas para a execução da invenção, considera-se que existe unidade inventiva se as alternativas são de natureza similar[133]. Sendo a natureza similar aferida em função de (não cumulativamente): **a)** se "todas as alternativas têm uma propriedade ou atividade comum"[134] ou **b)** se "está presente uma estrutura comum, *i.e.*, um elemento estrutural significativo é partilhado por todas as alternativas, ou todas as alternativas pertencem à mesma classe reconhecida de compostos químicos na técnica à qual a invenção pertence" [135].

6.2.3. Suficiência descritiva

Nos termos do art. 83º da CPE, o pedido de patente deve conter, pelo menos, uma forma detalhada de realização da invenção, incluindo as características que são essenciais, de modo a que o perito na especialidade

[131] Cfr. European Patent Office – Case Law, *II. PATENT APPLICATION AND AMENDMENTS, B. Unity of invention, 5. The single general inventive concept, 5.2. Special technical features and inventive character of the single general concept.*

[132] *Idem.*

[133] Neste sentido, European Patent Office – *Guidelines for Examination in the European Patent Office*, 2019, disponível no website do European Patent Office em https://www.epo.org/law-practice/legal-texts/guidelines.html, consultado a 05/09/2019, *Part F – The European Patent Application, Chapter IV – Claims (Art. 84 and formal requirements), 3. Kinds of claim, 3.7 Alternatives in a claim.*

[134] Ob. ult. cit., *Part F – The European Patent Application, Chapter V – Unity of invention, 2. Requirement of unity of invention, 2.2 Examples of groups of inventions, 2.2.2 Plurality of inventions in the same category, 2.2.2.2 Markush grouping (alternatives in a single claim).*

[135] *Idem.*

tenha os parâmetros necessários para executar a invenção[136]. A forma de realização explicada deve contemplar a descrição da estrutura e função ou funções da invenção.

A suficiência descritiva é aferida com base na totalidade do caderno de patente[137] que, conforme já referido, inclui o resumo, a descrição, as reivindicações e os desenhos da invenção. Pelo que todos estes elementos devem descrever e ilustrar a invenção de modo claro e completo de forma a que a mesma possa ser executada por um perito na especialidade.

Considera-se que o pedido sofre de insuficiência descritiva quando, atendendo à totalidade do ensinamento da patente, um perito na especialidade não consegue executar a invenção conforme a mesma está definida nas reivindicações[138].

Refira-se o caso T 206/13[139], de 28 de setembro de 2015, no qual a Câmara de Recurso do Instituto Europeu de Patentes decidiu, no contexto da análise do requisito de suficiência descritiva, que as características técnicas de determinadas reivindicações do pedido de patente *sub judice* não tinham sido suficientemente descritas e que, como tal, não seriam tidas em conta para efeitos de análise do pedido de patente. Neste caso foi também decidido que "o requisito de suficiência descritiva relaciona-se com a invenção definida nas reivindicações, e em particular com a combinação de elementos estruturais e funcionais da invenção reivindicada, e não havia base legal para estender este requisito de modo a incluir outros aspetos técnicos possivelmente associados à invenção (em particular, características ou efeitos técnicos mencionados na descrição) mas que não constam das reivindicações"[140]. Daqui resulta a importância da suficiência descritiva aplicada à totalidade da patente, com particular ênfase às reivindicações, de modo a evitar que alguma característica técnica da invenção fique fora do âmbito de proteção da patente.

136 Cfr. AA. VV. – *Código da Propriedade Industrial Anotado*, p. 212.

137 *Idem.*

138 Cfr. European Patent Office – Case Law, *II. PATENT APPLICATION AND AMENDMENTS, C. Sufficiency of disclosure, 3. Parts of the application relevant for assessing sufficiency of disclosure, 3.1. Application as a whole.*

139 Cfr. European Patent Office – Case Law, *II. PATENT APPLICATION AND AMENDMENTS, C. Sufficiency of disclosure, 3. Parts of the application relevant for assessing sufficiency of disclosure, 3.1. Application as a whole.*

140 Ob. ult. cit., *II. PATENT APPLICATION AND AMENDMENTS, C. Sufficiency of disclosure, 3. Parts of the application relevant for assessing sufficiency of disclosure, 3.1. Application as a whole.*

Com este requisito de suficiência descritiva visa-se obstar à reivindicação de regras técnicas ou efeitos técnicos que não estão acessíveis ao perito na especialidade por não constarem da descrição e visa-se também assegurar que terceiros saibam *ab initio* as atividades que necessitam de consentimento do titular da patente[141].

Caso o pedido de patente não cumpra o requisito de suficiência descritiva, o mesmo pode ser objeto de recusa por parte do Instituto Europeu de Patentes nos termos do art. 97º da CPE.

6.2.4. Tipo de invenções

As invenções podem adotar diferentes formas consoante a respetiva materialização no mundo físico[142] e às diferentes formas corresponde um tipo de patente adequado a proteger eficazmente cada tipo de invenção. Deste modo, existem *invenções de produto* e a correspondente patente de produto, *invenções de processo* e a correspondente patente de processo e *invenções de método de uso de produtos existentes em aplicações específicas* e a correspondente patente de método de uso[143].

As *invenções de produto* são aquelas em que a essência inventiva se materializa numa coisa corpórea[144], *i.e.*, o resultado particular obtido com os conhecimentos aplicados de natureza técnica[145] tem existência material e é suscetível de ser percebido pelos sentidos humanos, como por exemplo uma substância química no caso de patentes farmacêuticas.

As *invenções de processo* são aquelas em que a essência inventiva se materializa em conhecimentos aplicados de natureza técnica concretizados na forma de regras[146] através das quais é obtida uma coisa corpórea[147], como por exemplo um processo para fabricar uma substância química no caso de patentes farmacêuticas.

As *invenções de métodos de uso de produtos ou processos existentes em aplicações específicas* são aquelas em que a essência inventiva se materializa

[141] Neste sentido, Remédio Marques – *Biotecnologia(s), Vol. I*, p. 525.

[142] Cfr. Remédio Marques – *Direito Europeu*, p. 177.

[143] Cfr. ob. ult. cit., p. 177.

[144] *Idem.*

[145] *Vd.* §6.1.1 supra para a definição de *invenção.*

[146] *Idem.*

[147] Cfr. ob. ult. cit., p. 177.

nos efeitos específicos produzidos pela utilização de coisas corpóreas ou conhecimentos aplicados de natureza técnica concretizados na forma de regras já conhecidas[148-149], como por exemplo um novo método de uso de uma substância química de forma a proporcionar um novo efeito terapêutico ou um novo uso de um processo de fabrico já conhecido para fabricar outra substância química. A patente de *método de uso* é direcionada ao "*uso/aplicação específica*"[150] de uma coisa ou processo.

Cumpre salientar que os requisitos substanciais e formais de proteção são indistintamente aplicados a qualquer destas formas de materialização de invenções e correspondentes tipologia de patente[151].

6.2.5. Tipo de reivindicações

O pedido de registo de patente deve conter reivindicações, no mínimo uma, e estas devem definir a matéria, *i.e.*, características técnicas (necessárias para definir o produto, processo ou uso em que se concretiza a invenção) cuja proteção se requer e as mesmas devem ser expostas de forma clara e concisa e terem suporte no texto da descrição. As reivindicações podem ter por objeto uma entidade física (produto, aparelho, máquina, substância ou composição) ou uma atividade física (processo, método ou uso)[152].

A patente pode ter *reivindicações independentes*, que especificam as características técnicas essenciais para a definição da invenção, e *reivindicações dependentes*, que especificam aspetos das características técnicas já constantes do outro tipo de reivindicações.

As reivindicações da indústria farmacêutica consistem, de um modo geral, nas seguintes[153]:

- **reivindicação de produto** – identifica o novo produto farmacêutico;

[148] Cfr. ob. ult. cit., p. 178.

[149] *Vd.* §6.1.1 supra para a definição de *invenção*.

[150] Cfr. ob. ult. cit., p. 178.

[151] Cfr. ob. ult. cit., p. 179.

[152] Cfr. EUROPEAN PATENT OFFICE – Case Law, *II. PATENT APPLICATION AND AMENDMENTS, A. Claims, 1. Basic principles, 1.2. Types of claim.*

[153] As tipologias de reivindicações apontadas não são, necessariamente, aceites em todos os sistemas jurídicos nacionais e regionais.

- **reivindicação de *product-by-process*** – identifica o produto definido nos termos da sua preparação e refere-se a um produto novo;
- **reivindicação de processo** – identifica o novo processo para fabricar o produto farmacêutico;
- **reivindicação de formulação** – identifica a dosagem na formulação do fármaco;
- **reivindicação de mecanismo de ação** – identifica a interação através da qual o produto provoca o efeito farmacológico, imunológico ou metabólico no organismo;
- **reivindicação de formas de libertação** – identifica a forma como o produto desempenha a função num tempo determinado para produzir o efeito terapêutico;
- **reivindicação de método de uso** – identifica o novo uso do produto ou processo farmacêutico aplicado ao tratamento de uma patologia sem consistir, diretamente, numa reivindicação de método de tratamento.

Relativamente a patentes do sector farmacêutico, como supra referido (*vd.* §6.2.2), caso as reivindicações contemplem o *agrupamento de Markush*, é necessário garantir que as alternativas são de natureza similar de forma a que tais alternativas integrem todas o âmbito de proteção da patente.

§ 7. DIREITOS CONFERIDOS PELA PATENTE FARMACÊUTICA

7.1. Âmbito substancial de proteção

7.1.1. Objeto da proteção

Com a concessão do registo da patente, o titular adquire o direito exclusivo sobre a invenção em questão, ou seja, passa a deter um *monopólio de exploração comercial*, podendo impedir terceiros de fazerem uso da sua invenção. Neste sentido, torna-se necessário determinar quais os atos que requerem autorização do titular do direito por atingirem a invenção protegida e distingui-los das utilizações livres, *i.e.*, limitações aos direitos conferidos pela patente que iremos analisar infra[154-155].

Nos termos do art. 69º da CPE, o alcance da proteção, ou seja, o que está abrangido pelo direito exclusivo, é determinado pelo conteúdo das reivindicações que são interpretadas com base na descrição e nos desenhos. Pelo que para aferir se determinada matéria é abrangida pelo objeto de proteção do exclusivo de patente, *i.e.*, analisar se está a ocorrer ou não violação do exclusivo de patente, é nos termos das reivindicações que se deve avaliar a conduta de terceiros, havendo efetiva violação somente se o produto ou processo executado por terceiros estiver abrangido pelas reivindicações.

[154] Cfr. Remédio Marques – *Direito Europeu*, p. 231.

[155] *Vd.* §9 infra sobre as limitações aos direitos conferidos pela patente.

Nos termos do art. 64º da CPE, infrações a patentes europeias devem ser apreciadas em conformidade com as disposições da legislação nacional, pelo que para efeitos da análise do objeto de proteção da patente referimo-nos à legislação nacional aplicada ao caso particular de invenções farmacêuticas. O objeto de proteção do direito de patente em Portugal encontra-se previsto no art. 98º CPI-2018, importando clarificar o significado e abrangência deste preceito.

Remédio Marques considera que o direito de patente contempla um âmbito merceológico de proteção ou exclusivismo merceológico que consiste no "conjunto de actos ou de atividades com escopo mercantil, cuja prática [...] é acto reservado ao titular da patente"[156], designadamente, os "*atos principais* [...] de *fabrico*, a *oferta*, *introdução no mercado*"[157], bem como os "*atos instrumentais* [...], tais como a *importação*, a *armazenagem*, o *transporte*, a *posse* e a utilização do objeto da patente com escopo mercantil"[158]. Considera ainda Remédio Marques que o direito de patente contempla também um âmbito tecnológico de proteção ou exclusivismo da criação que consiste na contribuição criativa do invento, *i.e.*, os elementos caracterizantes do invento que não podem ser reproduzidos ou imitados[159] que estão detalhados nas reivindicações e descrição da patente[160]. O Autor especifica que relativamente a patentes biotecnológicas existe um âmbito biotecnológico ou material de proteção e um âmbito tecnológico de proteção[161], consistindo o âmbito biotecnológico na extensão da proteção da patente a "*certas matérias biológicas obtidas, por reprodução ou multiplicação, a partir da matéria biológica patenteada ou às matéria biológica obtidas a partir da matéria biológica obtida diretamente por modo da execução do processo biotecnológico patenteado*"[162]. Da posição do Autor podemos extrair que o âmbito de proteção da patente contempla a reserva da prática exclusiva dos elementos distintivos e criativos do invento.

Tomando como ponto de partida a posição de Remédio Marques, importa clarificar a forma como os ***elementos distintivos e criativos do invento*** são protegidos pelo âmbito de proteção da patente.

[156] Remédio Marques – *Biotecnologia(s), Vol. I*, p. 722 e ss.

[157] Remédio Marques – *Direito Europeu*, p. 232.

[158] *Idem.*

[159] Cfr. Remédio Marques – *Biotecnologia(s), Vol. I*, p. 722.

[160] Cfr. Remédio Marques – *Direito Europeu*, p. 231.

[161] Cfr. Remédio Marques – *Biotecnologia(s), Vol. I*, p. 723.

[162] Remédio Marques – *Direito Europeu*, p. 232.

Consideramos que os elementos distintivos e criativos da invenção são abrangidos pelo objeto de proteção do direito de patente previsto no CPI-2018 nas modalidades de ***âmbito tecnológico de proteção*** e ***âmbito material de proteção***.

O art. 98º, nº 1 do CPI-2018, que reproduz o art. 69º da CPE, consagra o ***âmbito tecnológico de proteção*** que consiste no exclusivo da contribuição criativa inerente à patente e previamente inexistente, estando devida e suficientemente descrita nas reivindicações, descrição e desenhos do pedido de patente. Esta contribuição criativa consiste nos *conhecimentos aplicados* de natureza técnica que se concretizam num resultado particular, *i.e.*, os ensinamentos técnicos que indicam como proceder para resolver um problema técnico[163].

O art. 98º, nº 2 do CPI-2018, consagra o ***âmbito material de proteção*** que consiste no exclusivo do *resultado particular* produzido pela utilização dos *conhecimentos aplicados* de natureza técnica[164].

A combinação do *âmbito tecnológico de proteção* e do *âmbito material de proteção* consubstancia o alcance da proteção conferida pelo direito de patente. Aplicando este alcance de proteção a patentes farmacêuticas temos que:

- o *âmbito tecnológico de proteção* protege particularmente a invenção de processo de fabrico de fármacos cujas reivindicações[165] consistem em reivindicação de processo e reivindicação de *product-by-process*, e
- o *âmbito material de proteção* protege particularmente a invenção de produto farmacêutico e de método de uso cujas reivindicações[166] consistem em reivindicação de produto, reivindicação de *product-by-process*, reivindicação de formulação, reivindicação de mecanismo de ação, reivindicação de formas de libertação e reivindicação de método de uso.

Cumpre salientar que o *âmbito tecnológico de proteção* e o *âmbito material de proteção* serão determinados não apenas atendendo ao teor das rei-

[163] *Vd.* §6.1.1 sobre a delimitação conceptual de *invenção*.

[164] *Idem.*

[165] *Vd.* §6.2.5 supra para a identificação das tipologias de reivindicações de patentes na área farmacêutica.

[166] *Idem.*

vindicações e descrição da patente, mas também atendendo ao critério da *doutrina dos equivalentes* que analisamos em seguida.

7.1.2. Doutrina dos equivalentes

Relativamente à aplicação efetiva, *i.e.*, *enforcement*, do alcance da proteção da patente farmacêutica, nas situações em que a invenção é usada sem qualquer tipo de alterações, a ocorrência de violação é evidente. E o mesmo se diz quanto a situações em que o infrator usa a invenção com variações de pormenor. Contudo, em muitos casos é complexo determinar se as variações em questão consubstanciam variações de pormenor ou se consistem em efetivas variações substanciais e suficientemente determinantes que permitem concluir que se trata de uma invenção distinta. Para delimitar a interpretação deste tipo de variações, surgiu o critério da *doutrina dos equivalentes* que considera incluído no exclusivo de patente todos os casos em que um componente da invenção seja substituído por outro meio equivalente, *i.e.*, que tenha uma estrutura distinta mas que cumpra a mesma função no todo da invenção.

A aplicação da doutrina dos equivalentes origina diversas questões, designadamente, concretizar o significado e extensão do termo "equivalentes", sendo que surgiram duas orientações predominantes. De um lado posiciona-se a jurisprudência britânica, com a *peripheral definition theory*[167], que se concentra no conteúdo literal ou semântico das reivindicações e determina que só há infração da patente nas situações em que o alegado infrator utilize a essência da invenção, mesmo que não use a totalidade das reivindicações[168]. Do outro lado posiciona-se a jurispru-

[167] Cfr. HENRIQUES, Samuel Dias – *O Âmbito da Patente e a Doutrina dos Equivalentes, Coleção de Estudos de Direito Intelectual – Tomo IV*, Almedina, 2019, p. 43.

[168] Esta doutrina surgiu no âmbito do Acórdão do Court of Appeal de 12 de agosto de 1988 no Processo [1990] FSR 181 – Improver *v.* Remington, no Reino Unido, nos termos da qual chegar-se-ia à essência da invenção através do *purposive test*, tendo em conta a função ou finalidade da invenção, sendo que o teste consistia na reposta a três questões: "(1) A variante tem um efeito substancial na forma como o invento funciona? Se sim, essa variante está fora das reivindicações [ou seja, não há equivalência]. Se não; (2) Isto (*i.e.* que a variante não tem um efeito substancial) teria sido óbvio para um perito na data da publicação da patente? Se não, a variante está fora das reivindicações [ou seja, não há equivalência] Se sim; (3) Apesar disso, teria o perito depreendido da redacção da reivindicação que era um requisito essencial da invenção, para o titular da patente, que existisse uma correspondência exacta com o significado original? Se sim, a variante está fora da reivindicação [ou seja, não

dência alemã, com a *central definition theory*[169], que não se concentra no conteúdo literal das reivindicações, e considera que, para definir se há equivalência de meios, é necessário verificar se a suposta solução infratora resolve o mesmo problema técnico com recurso a meios que compreendem uma alternativa evidente para o perito na especialidade[170], dispensando-se a análise semântica das reivindicações e tomando como critério decisivo a ideia inventiva geral[171], sendo que o momento determinante para esta análise comparativa, entre as reivindicações e a alegada infração, se deve reportar à data de apresentação do pedido da patente e aos conhecimentos disponíveis nessa data[172].

No âmbito da CPE, o art. 1º do Protocolo Interpretativo do art. 69º da CPE (após a revisão de 2000)[173-174] estipula que a disposição em questão da CPE não deve ser interpretada no sentido de que a proteção conferida por uma patente europeia corresponde ao significado literal das

há equivalência]." (Sousa e Silva – *Direito Industrial*, p. 78-79). Em 2017 este teste foi objeto de alteração pelo Supreme Court no Acórdão de 12 de julho de 2017 no Processo [2017] UKSC 48 – Actavis v. Eli Lilly, passando o teste a compreender as seguintes questões: "(1) Não obstante esta não estar contida no âmbito literal da(s) reivindicação(ões) relevante(s) da patente, a variante alcança substancialmente o mesmo resultado, substancialmente da mesma forma que a invenção, *i.e.*, o conceito inventivo revelado pela patente? / (2) Seria óbvio para um perito na especialidade, ao ler a patente na data da prioridade, mas sabendo que a variante alcança substancialmente o mesmo resultado que a invenção, que o faz substancialmente da mesma forma que a invenção? / (3) Teria um tal leitor da patente concluído, porém, que o requerente da patente pretendia que o cumprimento estrito do significado literal da(s) reivindicação(ões) relevante(s) fosse um requisito essencial [da] invenção? / A resposta afirmativa às duas primeiras questões e negativa à terceira permite concluir que haverá equivalência" – intercalado nosso (Sousa e Silva – *Direito Industrial*, p. 78-79).

[169] Cfr. Henriques – *O Âmbito da Patente*, p. 43.

[170] Cfr. Couto Gonçalves – *Manual de Direito Industrial*, p. 103.

[171] Cfr. Remédio Marques – *Direito Europeu*, p. 236.

[172] Cfr. Couto Gonçalves – *Manual de Direito Industrial*, p. 111.

[173] O Protocolo Interpretativo foi aprovado na Conferência Diplomática de Munique de 5 de outubro de 1973 e tem como objetivo impedir seja conferido destaque excessivo ao teor literal das reivindicações (cfr. AA. VV. – *Código da Propriedade Industrial Anotado*, p. 258).

[174] Com referência à legislação nacional, não obstante o CPI-2018 não expressar claramente a aplicabilidade da doutrina dos equivalentes, a mesma é aplicável a patentes nacionais nos termos da CPE que está em vigor em Portugal. Pelo que a doutrina em apreço é aplicável às patentes nacionais, qualquer que tenha sido a via de proteção selecionada (nacional, europeia ou internacional), por motivos de igualdade concorrencial e de segurança jurídica (*vd.* neste sentido o Acórdão do Tribunal Central Administrativo Sul no Processo nº 05893/10 de 18 de março de 2010).

reivindicações e também não deve ser interpretada no sentido de que as reivindicações servem como orientações interpretativas para extrair o alcance da proteção da descrição e desenhos. O art. 2º do referido Protocolo Interpretativo postula que "Para determinar a extensão da proteção conferida por uma patente europeia, deve-se ter em consideração qualquer elemento equivalente a um elemento especificado nas reivindicações"[175]. Pelo que da conjugação dos arts. 1º e 2º do Protocolo Interpretativo, conclui-se que a CPE se posiciona a meio dos extremos que representam a jurisprudência britânica e alemã[176]. Neste sentido refere o art. 1º do Protocolo Interpretativo que o art. 69º da CPE "deve ser interpretado como definindo uma posição entre esses extremos que combine uma proteção justa para o titular da patente com um grau razoável de segurança jurídica para terceiros"[177]. Pelo que a doutrina dos equivalentes é aplicável às patentes concedidas nos termos da CPE.

Pedro Sousa e Silva considera que "as reivindicações constituem o *referencial básico* do juízo a efectuar acerca de uma potencial infracção, podendo ser *complementado* pelo recurso a outros elementos interpretativos, mas tendo sempre como *limite* o respetivo texto, com o qual terá obrigatoriamente um mínimo de correspondência [sendo que] a indagação do que constitui um meio equivalente à solução técnica protegida deve realizar-se à luz dos conhecimentos existentes na data em que as reivindicações foram apresentadas, sendo irrelevantes descobertas ou desenvolvimentos técnicos posteriores"[178].

Luís Couto Gonçalves considera que há violação da patente por equivalência quando **a)** "a invenção patenteada e a invenção questionada se situarem no âmbito do mesmo problema técnico"[179] e **b)** ambas apresentarem "uma solução substancialmente idêntica e os elementos modificados (ou variantes) estiverem ao alcance de um perito na especialidade, a partir da interpretação *lógica* (não estritamente literal) e *objectivista* (a procura da vontade declarada deve sobrepor-se à procura da vontade do titular da patente) do conteúdo das reivindicações da invenção

[175] Art. 2º do Protocolo Interpretativo do art. 69º da CPE.

[176] Cfr. Remédio Marques – *Direito Europeu,* p. 236, em que o Autor refere que "Esta solução exprime um *compromisso* entre dois polos.".

[177] Art. 1º do Protocolo Interpretativo do art. 69º da CPE.

[178] Sousa e Silva – *Direito Industrial,* p. 80.

[179] Couto Gonçalves – *Manual de Direito Industrial,* p. 110.

protegida, de acordo com a orientação hermenêutica do artigo 1º do Protocolo interpretativo do artigo 69º da Convenção Europeia da Patente"[180].

Jose Antonio Gomez Segade considera que há violação da patente por equivalência quando os elementos em confronto são equivalentes na medida em que realizam "a mesma função"[181] e se pode "obter o mesmo resultado"[182] com ambos os elementos. Contudo, prossegue o Autor, "tem de haver **igualdade da função**, ou dito de outro modo, têm que existir dois elementos intercambiáveis que produzem o mesmo efeito"[183] e "é necessário que com a utilização do meio intercambiável se consiga a **solução do mesmo problema**"[184], sendo ainda necessário "para que possa existir equivalência, que a mesma possa ser detetada por um perito na especialidade sem necessidade de realizar nenhuma atividade inventiva"[185].

A aplicação da doutrina dos equivalentes a patentes farmacêuticas, que consistem em matérias químicas e biológicas, não será tão simples. Isto porque o problema técnico que estas invenções resolvem traduz-se na obtenção de novas substâncias, autonomamente do seu efeito[186]. Pelo que qualquer variação mínima na estrutura destas substâncias significaria que estaríamos perante outro problema e outra solução e, neste sentido, tratar-se-ia de uma invenção distinta e não haveria lugar à aplicação da doutrina dos equivalentes[187]. É com base nesta ordem de ideias que surge a *teoria da proteção absoluta das patentes de produtos químicos e biotecnológicos* que postula que cada produto soluciona um problema específico cuja solução se materializa numa estrutura concreta e qualquer estrutura que seja diferente será um produto diferente[188].

Cumpre salientar que, não obstante a relevância da estrutura do produto, a função desempenhada pelos produtos químicos e biológicos é

[180] *Idem.*

[181] Gomez Segade, Jose Antonio – *"Actividad Inventiva y Doctrina de Los Equivalentes"*, in Associação Portuguesa de Direito Intelectual (org.), *Direito Industrial – Vol. IV*, Almedina, Coimbra, 2005, p. 52.

[182] *Idem.*

[183] *Idem.*

[184] *Idem.*

[185] *Idem.*

[186] Cfr. Remédio Marques – *Biotecnologia(s), Vol. I*, p. 866.

[187] *Idem.*

[188] *Idem.*

também importante e decisiva para analisar a solução técnica em que os mesmos se materializam, ou seja, tanto a sua *estrutura* como a sua *função* são determinantes para a perceção da solução técnica destas invenções, e não se podendo atender apenas ao problema técnico subjacente.

Para REMÉDIO MARQUES a doutrina dos equivalentes revela-se desnecessária para alcançar a proteção de invenções farmacêuticas químicas e biotecnológicas, na medida em que estas invenções têm subjacente uma estratégia de patenteamento que, por norma, implica a proteção de invenções semelhantes com "pequenas variações na *estrutura* ou nas *funções* dos compostos"[189] e que, neste sentido, confere um âmbito de proteção mais alargado. Contudo, considera o Autor, que não há motivos para recusar a aplicação da doutrina dos equivalentes às invenções químicas e biotecnológicas[190], apesar de considerar que duas substâncias diferentes não serão nunca equivalentes, mas podem sê-lo para fins equivalentes, pelo que a questão decisiva consiste na análise comparativa entre as funções que as matérias químicas e biotecnológicas reivindicam e as funções para as quais as referidas matérias forem utilizadas no âmbito da alegada conduta violadora[191].

De facto, na área de invenções farmacêuticas, o objeto de proteção de uma patente surge sempre com uma determinada *função* em vista, em concreto, as propriedades terapêuticas proporcionadas pela substância ou composição. Pelo que esta *função* deverá ser tida em conta na determinação do alcance da proteção conferida pela patente em sede de análise comparativa para aferir se há ou não violação da patente.

Consideramos que a *doutrina dos equivalentes aplicada às patentes farmacêuticas químicas e biológicas terá relevância e efeitos práticos*, na medida em que, nem todas as substâncias ou composições terão subjacente um feixe de patentes com pequenas variações, como refere REMÉDIO MARQUES, para proteger o que, essencialmente, consiste em um único invento direcionado a proporcionar as mesmas propriedades terapêuticas. Consideramos que a *doutrina dos equivalentes deverá ser aplicada nos termos preconizados pela doutrina alemã*, no sentido de considerar que há equivalência de meios quando o *quid* que consubstancia uma eventual infração

189 REMÉDIO MARQUES – *Biotecnologia(s), Vol. I*, p. 873.

190 Cfr. ob. ult. cit., p. 875.

191 Cfr. ob. ult. cit., p. 876.

proporcione as mesmas propriedades terapêuticas e consista numa substância ou composição idêntica ou consista numa variante que não apresente diferenças substanciais e que não permitam concluir que a ação farmacológica, imunológica ou metabólica exercida no organismo é distinta e, como tal, a eficácia terapêutica seja diferente. Contudo, não obstante a equivalência identificada, o âmbito de proteção da patente não poderá abranger o meio equivalente em questão se este não integrou o objeto da patente registada alegadamente infringida por não ser objeto possível ou por não reunir os requisitos de patenteabilidade.

7.2. Âmbito geográfico

7.2.1. Patentes nacionais

O pedido nacional de patente apresentado junto do instituto competente do Estado-membro resulta na concessão de um direito de patente vigente no Estado-membro em questão, *i.e.*, a eficácia territorial de uma patente nacional está circunscrita ao território do país que concedeu o registo[192].

Pelo que a mesma invenção pode ser objeto de direitos de patente nacionais distintos e aos quais são aplicáveis as leis e jurisdição do Estado-membro em cujo território se exerce o direito de patente.

7.2.2. Patentes Europeias

O pedido de patente é apresentado junto do Instituto Europeu de Patentes e resulta na concessão de um direito de patente europeia, sendo que a patente europeia não constitui um título unitário para a totalidade dos Estados-membro da UE, consiste sim em um único pedido de registo que, com base num sistema centralizado, concede patentes nacionais nos Estados contratantes da CPE[193]. Para a patente europeia gozar de proteção no território de cada Estado contratante da CPE, é necessário, numa fase posterior à concessão da patente pelo Instituto Europeu de Patentes, proceder à validação da patente em cada país em se pretende proteger a patente. A validação consiste no depósito,

[192] *Vd.* §8 infra sobre o princípio da territorialidade do registo da patente farmacêutica.

[193] Cfr. Couto Gonçalves – *Manual de Direito Industrial*, p. 84.

junto da entidade nacional competente, da tradução do caderno de patente no idioma oficial do país[194].

Pelo que também no caso de patentes europeias a mesma invenção pode ser objeto de direitos de patente nacionais distintos e aos quais são aplicáveis as leis e jurisdição do Estado-membro em cujo território se exerce o direito de patente.

Neste sentido o regime da patente europeia não se trata de uma *verdadeira* patente europeia com efeito direto nos Estados-membro da UE, tratando-se antes de um procedimento europeu para a concessão de patentes nacionais ao abrigo de um sistema centralizado[195].

Este regime de registo de patentes será alvo de alterações em 25 Estados-membro da UE com o regime da patente unitária aprovado pelo Regulamento (UE) nº 1257/2012[196], de 17 de dezembro de 2012, que regulamenta a cooperação reforçada no domínio da criação da proteção unitária de patentes, e pelo Regulamento (UE) nº 1260/2012[197], de 17 de dezembro de 2012, que regulamenta a cooperação reforçada no domínio da criação da proteção unitária de patentes no que diz respeito ao regime de tradução aplicável. Com esta alteração passarão a coexistir patentes europeias sem efeito unitário, o modelo *clássico* de registo de patentes no continente europeu ao abrigo da CPE, e *patentes europeias com efeito unitário* para proteger patentes na UE ao abrigo dos Regulamentos supra mencionados e da CPE.

7.3. Âmbito temporal da proteção

7.3.1. Vigência do registo de patente

O registo das patentes está sujeito a limitações temporais e, nos termos do art. 63º da CPE, a duração máxima do direito de patente é de vinte anos contados a partir da data do respetivo pedido[198], na condição

194 Cfr. ob. ult. cit., p. 86.

195 Cfr. Moura Vicente, – *A Tutela Internacional*, p. 157.

196 JO L 361/1 de 31/12/2012.

197 JO L 361/89 de 31/12/2012.

198 Conforme já referimos, o prazo de 20 anos foi o modelo fixado no art. 33º do TRIPS e foi aceite pela generalidade dos países em que se verifica a proteção de invenções por via de patente.

de serem pagas as taxas anuais de renovação do registo. Após o decurso deste período de vinte anos o registo extingue-se por caducidade e termina o direito exclusivo do respetivo titular, passando a invenção a integrar o domínio público e podendo ser comercialmente explorada por qualquer interessado.

Não obstante o prazo de vigência da patente iniciar o seu decurso na data de pedido de registo, o direito de patente oponível a terceiros não existe a partir dessa data. Isto porque entre o pedido de registo e a respetiva concessão, que sucede com a decisão de concessão que consubstancia um ato constitutivo do direito de patente, ocorrem uma série de atos administrativos que se podem prolongar até 3 ou 4 anos.

Este intervalo temporal entre o pedido de registo e a concessão faz surgir um hiato de desproteção da invenção e é neste sentido que surge o regime da proteção provisória previsto no art. 67º da CPE que atua como mecanismo compensatório deste hiato temporal (*vd.* §7.3.2).

No sector farmacêutico, este intervalo temporal é agravado pelo facto de a produção e a comercialização dos medicamentos se encontrarem sujeitos a autorizações administrativas prévias, nomeadamente, a AIM, e é neste sentido que, com um intuito compensatório, surge o regime do CCP (*vd.* §7.3.3).

7.3.2. Proteção provisória

A CPE introduziu, no seu art. 67º, o regime de proteção provisória do direito de patente, sendo esta proteção conferida antes do registo definitivo da patente e com início após a publicação do pedido de registo no Boletim da Patente Europeia.

Este regime possibilita ao requerente do registo a aplicação efetiva, *i.e.*, *enforcement*, em sede judicial, do seu *direito em formação*[199], sendo que em Portugal o pedido de indemnização formulado com base neste regime está condicionado à concessão definitiva do registo da patente[200].

[199] A expressão é de Sousa e Silva e é referida em Sousa e Silva – *Direito Industrial*, p. 74.

[200] Em Portugal, por via do art. 5º, nº 3 do CPI-2018, nas ações judiciais propostas com base em proteção provisória, a instância suspende-se findo os articulados enquanto o Instituto Nacional da Propriedade Industrial não emitir o despacho de concessão do pedido de registo de patente.

7.3.3. Certificado Complementar de Proteção

O CCP consiste num mecanismo de prorrogação do prazo de validade da patente[201], ou nas palavras de Remédio Marques "um outro «tipo» de propriedade industrial alicerçado no direito de patente"[202], cuja proteção recaía sobre medicamentos ou produtos fitofarmacêuticos condicionados, antes da sua comercialização, a um processo de autorização administrativa em função da Diretiva 2001/83/CE. O Regulamento (CE) nº 469/2009[203], de 6 de maio de 2009, prevê o regime jurídico do CCP sendo que, anteriormente, esta matéria constava do Regulamento (CEE) nº 1768/92[204], de 18 junho de 1992, que criou o CCP. Remédio Marques também se refere ao CCP classificando-o como um "direito industrial *sui generis*"[205] e, "pelo menos *formalmente*, direitos privativos industriais *novos* e *autónomos*, a acrescentar aos demais direitos industriais previstos no Código da Propriedade Industrial (CPI) e na legislação da União Europeia"[206].

O CCP trata-se de um direito cuja concessão, nos termos dos supra referidos normativos, é da responsabilidade das autoridades administrativas nacionais competentes dos Estados-membros em que esteja em vigor a patente de base (patente cuja prorrogação é solicitada), sendo o âmbito geográfico do CCP limitado ao território do Estado-membro que concede o CPP. Cumpre referir que não existe um CPP com efeito unitário em todo o território da UE.

A motivação deste regime consiste em conferir um período de tempo suficiente aos titulares das patentes para recuperarem o investimento realizado em I&D para obtenção do produto farmacêutico em apreço, isto porque o período que decorre entre o pedido da patente e a sua concessão é longo e, após este lapso temporal, ainda é necessário obter licenças administrativas, designadamente, a AIM, a autorização respeitante ao preço máximo de venda do fármaco em questão e a fixação da margem de comparticipação do Estado no preço de venda o que tam-

201 Cfr. Sousa e Silva – *Direito Industrial*, p. 74.

202 Remédio Marques – *Direito Europeu*, p. 323.

203 JO L 152/1 de 16/06/2009.

204 JO L 182/1 de 2/07/1992.

205 Ob. ult. cit., p. 326.

206 Ob. ult. cit., p. 332-333.

bém consistem em procedimento morosos[207]. Pelo que o titular da patente acaba por ver o seu exclusivo temporal de exploração comercial ficar constrito em função de todo o expediente administrativo em que incorre[208]. Neste sentido, este regime de prolongamento da exclusividade através do CCP surge com o intuito de equilibrar o período de exploração comercial em exclusividade que não é usufruído na totalidade em função dos procedimentos administrativos necessários para o registo da patente e obtenção das necessárias autorizações para comercialização do fármaco patenteado.

Sendo de salientar que a proteção adicional conferida pelo CCP não é eficaz para a totalidade da matéria contida na patente de base, mas somente em relação ao produto que obteve a AIM enquanto medicamento[209]. Não obstante, o CCP confere as mesmas faculdades jurídicas que a patente de base, contudo circunscritas ao medicamento em questão o que possibilita ao respetivo titular reagir contra a comercialização de produtos idênticos ou com efeitos terapêuticos equivalentes[210].

Nos termos do art. 7º, nº 2 do Regulamento (CE) nº 469/2009, o CCP deve ser requerido no prazo de seis meses a contar da data em que o produto obteve a AIM, sendo de salientar que, se a AIM tiver sido concedida antes da data de concessão da patente de base, o referido prazo de seis meses conta-se a partir da data de concessão da patente de base. Sendo que eficácia e produção de efeitos do CCP fica dependente da caducidade da patente de base, situação à qual Remédio Marques se refere como "*quiescência* ou de *pendência* até à caducidade da patente (de base)"[211].

Nos termos do art. 3º do Regulamento (CE) nº 469/2009 a concessão do CCP está condicionada à verificação de quatro requisitos cumulativos, nomeadamente:

- o produto tem que estar protegido por uma patente de base em vigor,
- o produto deve ter obtido, enquanto medicamento, uma AIM no mercado da UE de acordo com o normativo vigente na UE,

[207] Cfr. Remédio Marques – *Direito Europeu*, p. 324.

[208] *Idem.*

[209] Cfr. ob. ult. cit., p. 333.

[210] *Idem.*

[211] Remédio Marques – *Direito Europeu*, p. 325.

- o produto não pode já ter sido objeto de um CCP,
- a AIM em questão tem que consistir na primeira autorização de introdução do produto no mercado como medicamento.

Em função do disposto no art. 13º, nº 1 do Regulamento (CE) nº 469/2009, o período de prorrogação da validade da patente corresponde ao tempo decorrido entre a data do pedido de patente e a data de concessão da primeira AIM, reduzido de 5 anos. Contudo, nos termos do art. 13º, nº 2 do referido regulamento, o prazo de validade do CCP não poderá exceder 5 anos a partir da data em que inicia a sua produção de efeitos. Cumpre referir que o Regulamento (CE) nº 1901/2006[212], de 12 de dezembro de 2006, relativo a medicamentos para uso pediátrico, no seu art. 36º, nº 1, admite a prorrogação da validade do CCP por seis meses quando este se refira a medicamentos para uso pediátrico.

Recentemente o Regulamento (UE) nº 2019/933[213], de 20 de maio de 2019 (com início de vigência a 1 de julho de 2019), alterou a redação do art. 5º do Regulamento (CE) nº 469/2009 no sentido de introduzir exceções à proteção conferida pelo CCP. Com a entrada em vigor deste dispositivo normativo passou a ser permitido o fabrico na UE de produtos, ou de medicamentos que contenham esse produto, e quaisquer atos conexos num Estado-membro necessários para fins de exportação para os mercados de países terceiros em que já não se verifica a proteção do produto objeto do CCP. Passou também a ser permitido o fabrico e armazenamento de produtos[214], ou de medicamentos que contenham esse produto, a partir de uma data que não anteceda os seis meses anteriores à caducidade do CCP, para efeitos de entrada no mercado dos Estados-membros quando se verifique a caducidade do CCP em questão, significando isto que os fármacos genéricos poderão entrar no mercado imediatamente após a caducidade do CCP.

[212] JO 378/1 de 27/12/2006.

[213] JO L 153/7 de 11/06/2019.

[214] Prática usualmente designada de "*stockpiling*", *i.e.*, "*acumulação*" de grandes quantidades de produtos farmacêuticos para a respetiva introdução no mercado em momento diferido.

§ 8. PRINCÍPIO DA TERRITORIALIDADE DO REGISTO DA PATENTE FARMACÊUTICA

8.1. Princípio da territorialidade e seus efeitos

O princípio da territorialidade do registo de direitos de propriedade intelectual postula que os direitos de propriedade intelectual são concedidos e têm efeitos numa circunscrição territorial e, nesse sentido, gozam de proteção no território cuja autoridade concedeu o respetivo registo[215], *i.e.*, estes direitos têm efeitos a nível nacional. A este respeito, Remédio Marques fala da "*autolimitação espacial* dos direitos de propriedade intelectual"[216] que consiste no facto de a eficácia dos direitos de propriedade intelectual estar limitada a um *espaço*, *i.e.*, ao território de um país.

A aplicação do princípio da territorialidade tem efeitos relativamente aos direitos de propriedade intelectual, designadamente:

- os direitos de propriedade intelectual têm caráter nacional, ou seja, a concessão é válida para um território, exceto se lhes for reconhecido caráter supranacional numa área constituída por Estados soberanos como por exemplo o caso da marca da UE que tem natureza unitária e, nesse sentido, tem efeito na totalidade dos Estados-membros da UE,

[215] Remédio Marques – *Direito Europeu*, p. 34.
[216] *Idem*.

- um direito de propriedade intelectual é válido no país em que for concedido, podendo, por exemplo, uma invenção ser livremente explorada por qualquer interessado em países que não esteja registada como patente, pelo que se o titular da invenção pretender obter proteção em territórios adicionais terá que submeter o registo nesses territórios,
- a invalidação dos direitos de propriedade intelectual, que são direitos com caráter nacional, está sujeita à legislação nacional do Estado soberano no qual esses direitos estão registados[217].

8.2. Concessão do registo

Patentes nacionais

De harmonia com o princípio da territorialidade, a concessão do direito de patente tem eficácia no território do país que concedeu o registo, pelo que relativamente a patentes nacionais, cujo pedido de registo é apresentado junto do instituto nacional competente para o efeito, cada Estado-membro aplica a sua legislação para decidir conceder ou recusar o registo de patentes, e, no caso de conceder o registo, conformar a extensão do objeto de proteção da patente concedida no âmbito dos procedimentos administrativos de exame e concessão do pedido.

Neste sentido, o exercício do direito de patentes nacionais concedidas por diferentes Estados-membro poderá originar resultados diferentes em cada Estado-membro dado que o objeto de proteção poderá variar de um país para o outro.

Pelo que a aplicação de normas da concorrência ao exercício do direito de patente nacional em diversos Estados-membro terá sempre de atender ao facto de o objeto de proteção poder ser diferente em cada país e, como tal, o exercício do direito de patente poder originar resultados distintos em cada território, sendo que esses resultados são relevantes para efeitos das cominações que possam recair sobre práticas anticoncorrenciais.

[217] Cfr. ob. ult. cit., p. 35-36.

Patentes europeias

O regime da patente europeia concede patentes nacionais nos Estados contratantes da CPE, pelo que a extensão do objeto de proteção das patentes nacionais registadas pela via europeia é idêntico dado que foi no âmbito dos procedimentos centralizados de exame e concessão no Instituto Europeu de Patentes que o objeto de proteção foi conformado. Não obstante, de harmonia com o princípio da territorialidade, o exercício do direito de patente nacional (registada pela via europeia) em cada Estado-membro será nos termos da respetiva legislação nacional. Contudo, tendo em conta o objeto de proteção idêntico em todos os Estados-membro, o exercício do direito de patente muito provavelmente não originará resultados distintos em cada território.

8.3. Invalidação do registo

Patentes nacionais

A invalidação do registo de patentes nacionais é matéria da competência exclusiva dos Estados-membro[218] em cujo território a patente foi registada.

Neste sentido, a verificar-se uma situação em que uma invenção é protegida por diversas patentes nacionais com o objeto de proteção idêntico ou similar e sendo justificada a invalidação do registo de tais patentes, a invalidação terá de suceder junto das instâncias competentes de cada Estado-membro.

Patentes europeias

Também a invalidação do registo de patente europeia é matéria da competência exclusiva dos Estados-membro nos quais o regime da patente europeia operacionalizou a concessão de patentes nacionais, significando isto que não existe uma jurisdição unitária para apreciação de questões de invalidação de registo de patentes europeias.

Neste sentido, a verificar-se uma situação em que uma invenção é protegida por diversas validações de uma patente europeia e sendo justificada a invalidação do registo de tais patentes, a invalidação terá que

[218] Refira-se que em Portugal esta é uma matéria de reserva judicial absoluta.

suceder junto das instâncias competentes de cada Estado-membro, sendo aplicado o direito do país em que se coloca a questão de invalidação do registo[219].

Esta situação será alterada quando entrar em vigor do regime da patente unitária[220] no âmbito do qual foi celebrado o Acordo relativo ao Tribunal Unificado de Patentes (ATUP)[221] no qual se prevê a criação de um Tribunal Unificado de Patentes para a resolução de litígios relacionados com patentes europeias e com patentes europeias com efeito unitário. Cumpre referir que o regime da patente unitária depende da entrada em vigor do ATUP[222] para o que é necessário que treze Estados-membro ratifiquem o acordo ou adiram ao ATUP, sendo que três desses países deveriam ser a Alemanha, a França e a Itália que consistem nos três Estados-membro contrates do ATUP nos quais estavam em vigor o maior número de patentes europeias em 2012[223].

A ratificação do ATUP por parte da Alemanha esteve dependente de uma nova votação do Parlamento dado que o primeiro ato de aprovação do acordo estava inquinado de inconstitucionalidade devido ao facto de a votação não ter sido com a maioria exigida pela lei conforme decisão do Tribunal Constitucional da Alemanha. A ratificação foi novamente votada e aprovada a 18 de dezembro de 2020, com a maioria exigida pela lei, contudo, foram apresentados junto do Tribunal Constitucional da Alemanha dois pedidos de providência cautelar relativamente ao ato de aprovação do ATUP. O Tribunal Constitucional da Alemanha pronunciou-se por Acórdão de 23 de junho de 2021 nos Processos 2 BvR 2216/20 e 2 BvR 2217/20[224], publicado a 9 de julho de 2021, no sen-

[219] Cfr. Remédio Marques – *Biotecnologia(s), Vol. I*, p. 747.

[220] *Vd.* §7.2.2 supra no qual fazemos referência às normas da UE que instituíram a patente unitária.

[221] JO C 175/1 de 20/06/2013. Em Portugal este acordo foi aprovado pela Resolução da Assembleia da República nº 108/2015 e ratificado pelo Decreto do Presidente da República nº 90/2015.

[222] Cfr. art. 18º, nº 2 do Regulamento (UE) nº 1257/2012.

[223] Cumpre referir que a 20 de julho de 2020 o Reino Unido apresentou uma notificação da retirada da ratificação do ATUP.

[224] Acórdão do Tribunal Constitucional da Alemanha nos Processos 2 BvR 2216/20 e 2 BvR 2217/20 disponível no website do Tribunal Constitucional da Alemanha em https://www.bundesverfassungsgericht.de/SharedDocs/Entscheidungen/DE/2021/06/rs20210623_2bvr221620.html, consultado a 21/07/2021, e comunicado de imprensa do

tido de rejeitar os pedidos, pelo que este entrave à entrada em vigor do ATUP foi removido.

A 19 de Janeiro de 2022 o Protocolo para a Aplicação Provisória do ATUP entrou em vigor, após a Áustria ter depositado o respetivo instrumento de ratificação a 18 de Janeiro de 2022, tendo o Tribunal Unificado de Patentes, como organização internacional, nascido nesta data de 19 de Janeiro de 2022[225]. Esta instituição será um tribunal de todos os Estados-membro da UE participantes do ATUP, que terá competência exclusiva para decidir, *inter alia*, relativamente à infração e validade das patentes europeias *clássicas* (patente europeia) e as novas patentes europeias *com efeito unitário* (patente unitária).

Sendo de salientar que relativamente a patentes nacionais pedidas junto dos institutos competentes de cada Estado-membro, a situação de invalidação manter-se-á inalterada dado que não lhes é aplicável o ATUP, *i.e.*, continuará a ser necessário invalidar o registo em cada Estado-membro.

Tribunal Constitucional da Alemanha disponível no mesmo website em https://www.bundesverfassungsgericht.de/SharedDocs/Pressemitteilungen/EN/2021/bvg21-057.html.

[225] Cfr. website do Tribunal Unificado de Patentes em https://www.unified-patent-court.org/news/austria-closes-loop-protocol-provisional-application-upc-agreement-has-entered-force.

§ 9. LIMITAÇÕES AOS DIREITOS CONFERIDOS PELA PATENTE FARMACÊUTICA

9.1. Normas de propriedade industrial – vicissitudes do registo

9.1.1. Vigência da patente

Conforme referimos supra a propósito do âmbito temporal de proteção conferido pelo direito de patente (*vd.* §7.3.1), nos termos do art. 63º da CPE, a duração máxima do direito de patente é de vinte anos contados a partir da data do respetivo pedido, pelo que decorrido este período, o titular da patente já não poderá impedir a exploração comercial da invenção por parte de quaisquer interessados.

No setor farmacêutico, a caducidade da patente precursora do medicamento de referência representa o momento a partir do qual podem ser comercializados fármacos genéricos.

9.1.2. Objeto da proteção

Conforme referimos supra (*vd.* §7.1), o âmbito substancial de proteção conferido pelo direito de patente consiste na combinação do *âmbito tecnológico de proteção* e do *âmbito material de proteção* que consubstanciam o alcance da proteção conferida pelo direito de patente.

Neste sentido, o titular de patente farmacêutica apenas poderá impedir o uso de invenções que integrem o objeto de proteção da sua patente em termos *tecnológicos* e em termos *materiais*.

Sendo certo que, conforme referimos supra a propósito do âmbito substancial de proteção conferido pelo direito de patente (*vd.* §7.1.2), consideramos ser de aplicar a doutrina dos equivalentes para determinar se há ou não violação de patente.

9.1.3. Invalidação do registo

Patentes nacionais

Conforme referimos supra (*vd.* §8.2), a invalidação do registo de patentes nacionais é matéria da competência exclusiva dos Estados-membro em cujo território a patente foi registada. Neste sentido, o registo de patentes nacionais pode ser objeto de invalidação nos termos da legislação nacional aplicável e por decisão dos órgãos nacionais competentes. Pelo que para efeitos da análise da invalidação de patentes nacionais, referimo-nos à legislação vigente em Portugal aplicada ao caso particular de invenções farmacêuticas.

O art. 114º do CPI-2018 prevê a invalidação do registo quando se verifique uma das seguintes situações: **a)** o objeto da patente é insuscetível de proteção, **b)** na respetiva concessão, tenha havido preterição de procedimentos ou formalidades imprescindíveis para a concessão do direito, **c)** foram violadas regras de ordem pública, **d)** o objeto patente não satisfaz os requisitos de novidade, atividade inventiva e aplicação industrial, **e)** o título ou epígrafe dado à invenção abrange objeto diferente e **f)** o objeto da patente não foi descrito por forma a permitir a sua execução por um perito na especialidade.

Patentes europeias

O registo da patente europeia pode ser objeto de invalidação após a respetiva concessão, nos termos do art. 138º da CPE, quando se verifique uma das seguintes situações: **a)** a matéria da patente não é patenteável nos termos prescritos nos arts. 52º a 57º da CPE, **b)** a patente não divulga a invenção de forma suficientemente clara e completa de modo a ser executada por um perito na matéria, **c)** o objeto da patente excede o conteúdo do pedido de registo apresentado, **d)** a proteção conferida pela patente foi alargada e **e)** o titular da patente não tem o direito de a obter nos termos do art. 60º da CPE.

Conforme referimos supra (*vd.* §8.1 e §8.3) a propósito do princípio da territorialidade do registo de patente e da invalidação do registo de patente, o procedimento de invalidação terá de ocorrer em cada Estado-membro em separado. Sendo que esta situação será alterada em função da aplicação do regime do Tribunal Unificado de Patentes.

Sendo invalidado o registo da patente nacional ou a validação da patente europeia, o respetivo titular já não poderá impedir a exploração comercial da invenção por parte de quaisquer interessados.

9.1.4. Esgotamento do direito de patente

O direito da propriedade intelectual assume que estão delimitadas as fases da cadeia produção e distribuição do *quid* sobre o qual recai a proteção da patente, designadamente, produção, primeiro ato de comercialização, venda a grosso, venda a retalho, podendo incluir exportação e importação, e, por fim, utilização pelo consumidor final[226].

É no contexto da referida delimitação das fases da cadeia produção e distribuição que surge o *princípio do esgotamento do direito*[227] como limitação dos direitos conferidos pelo registo de patentes e direitos de propriedade intelectual em geral. Este princípio postula que quando um produto sobre o qual recai um direito exclusivo é posto em circulação no mercado pelo titular do direito ou por alguém com o seu consentimento, *i.e.*, de forma lícita, o titular deixa de ter a faculdade de determinar o que sucede com esse produto, podendo o mesmo ser revendido para ser novamente colocado em circulação no mercado[228]. Sendo certo que o direito de patente não se *esgota* totalmente, *i.e.*, não se extingue, deixando apenas de incluir os produtos já introduzidos no mercado[229].

Cumpre referir que o princípio do esgotamento do direito foi adotado no Acórdão do TJ de 8 de junho de 1971 no Processo 78/70 – Deutsche Grammophon c. Metro-SB-Grossmärkt no contexto da análise da importação para um Estado-membro de produtos vendidos em outro Estado-membro pelo titular dos direitos de autor sobre os produtos. Considerou o TJ que "Se um direito semelhante ao direito de autor é invocado para proibir a comercialização num Estado-membro de produtos postos em circulação pelo seu titular, ou com o seu consentimento,

[226] Cfr. Sousa e Silva – *Direito Comunitário e Propriedade Industrial*, p. 19.

[227] *Idem.*

[228] Cfr. ob. ult. cit., p. 472.

[229] Cfr. ob. ult. cit., p. 471.

no território de um outro Estado-membro, pelo simples motivo de que esta colocação em circulação não teria tido lugar no território nacional, tal proibição, consagrando o isolamento dos mercados nacionais, é contrária ao objetivo essencial do Tratado, que visa a fusão dos mercados nacionais num mercado único. / Este objetivo não poderia ser atingido se, em virtude dos diversos regimes jurídicos dos Estados-membros, os seus nacionais tivessem a possibilidade de dividir o mercado e de provocar discriminações arbitrárias ou restrições dissimuladas ao comércio entre os Estados-membros"[230] – intercalado nosso.

No Acórdão do TJ de 31 de outubro de 1974 no Processo 15/74 – Centrafarm BV c. Sterling Drug Inc. foi densificado o princípio do esgotamento do direito ao fundamentá-lo no art. 34º do TFUE conjugado com o art. 36º também do TFUE[231]. Em concreto, o TJ considerou que "No domínio das patentes, o objeto específico da propriedade industrial é o de assegurar ao titular [...] o direito exclusivo [...] ao primeiro lançamento em circulação de produtos industriais"[232], e prossegue o TJ considerando que "A existência, na legislação nacional em matéria de propriedade industrial e comercial, de normas que estabeleçam que o direito do titular da patente não se «esgota» com a comercialização do produto protegido pela patente num outro Estado-membro, daí resultando que o titular se pode opor à importação no seu próprio Estado do produtos comercializados num outro Estado, pode constituir um obstáculo à livre circulação de produtos"[233].

Neste sentido, temos que o princípio do esgotamento do direito surge no âmbito da concretização do mercado interno e inerente livre circulação de mercadorias.

Cumpre salientar que o motivo justificativo para a existência do princípio do esgotamento do direito é o facto de já ter sido conferida a possibilidade de alcançar uma remuneração pelo produto[234], *i.e.*, a colocação

[230] Parágrafo 12 do Acórdão do TJ de 8 de junho de 1971 no Processo 78/70 – Deutsche Grammophon c. Metro-SB-Grossmärkt.

[231] Cfr. Silva, Miguel Moura e – *Direito da Concorrência*, AAFDL Editora, Reimpressão, 2020, p. 822.

[232] Parágrafo 9 do Acórdão do TJ de 31 de outubro de 1974 no Processo 15/74 – Centrafarm BV c. Sterling Drug Inc..

[233] Parágrafo 10 do Acórdão do TJ de 31 de outubro de 1974 no Processo 15/74 – Centrafarm BV c. Sterling Drug Inc..

[234] Cfr. Sousa e Silva – *Direito Comunitário e Propriedade Industrial*, p. 32.

do produto no mercado foi efetuada em condições em que o titular da patente pôde obter, em termos objetivos, uma remuneração correspondente ao seu direito exclusivo[235]. Não obstante, a obtenção concreta de lucro não condiciona o esgotamento do direito[236].

Importa agora aplicar o princípio do esgotamento do direito ao caso específico de patentes farmacêuticas[237].

No caso de *patentes de produto*, temos que, quando um medicamento é colocado em circulação no mercado esgota-se o direito de patente relativamente a essa unidade, pelo que o titular da patente não poderá impedir a posterior comercialização dessa unidade, referindo-se o esgotamento apenas a essa unidade.

No caso de *patentes de processo*, importa salientar que o direito de patente se estende ao próprio produto, pelo que quando um medicamento é fabricado através do processo patenteado e é colocado em circulação no mercado, esgota-se o direito patente relativamente a esse medicamento decorrente do processo[238], não podendo o titular da patente impedir a posterior comercialização dessa unidade do medicamento, referindo-se o esgotamento apenas a essa unidade.

Sendo de salientar que, não obstante o esgotamento do direito quanto aos produtos resultantes do processo, o processo patenteado permanece de uso exclusivo do titular da patente e só pode ser usado por terceiros mediante o consentimento do titular[239].

9.1.5. AIM de medicamentos genéricos

Os direitos conferidos pelo registo da patente de medicamentos encontram determinadas constrições com base na proteção de interesses públicos, particularmente, a saúde pública.

235 Cfr. ob. ult. cit., p. 35.

236 Cfr. ob. ult. cit., p. 34.

237 Refira-se a posição de Silva Antunes que propugna que o alargamento do âmbito do esgotamento do direito seria benéfico para a proteção da saúde e para aumentar o acesso a medicamentos, ao referir o Autor que "Se o referido âmbito passasse a ser internacional, aumentaria a possibilidade de arbitragem de preços, pois é bem provável que existam países onde os preços dos medicamentos são ainda mais baixos do que os mais baixos praticados no EEE." (Silva Antunes – *O acesso a medicamentos*, p. 595).

238 Cfr. Sousa e Silva – *Direito Comunitário e Propriedade Industrial*, p. 40.

239 Cfr. ob. ult. cit., p. 41.

A legislação da UE não prevê o *patent linkage* ou, nas palavras de REMÉDIO MARQUES, *interferência preclusiva*[240], na relação entre o pedido e eventual concessão da AIM para um fármaco genérico e o estado da patente precursora do medicamento de referência em termos tais que o procedimento de obtenção de AIM só possa iniciar e receber decisão após a caducidade de tal patente precursora ou deva ser decidido atendendo à existência de tal patente. Em concreto, o art. 81º do Regulamento (CE) nº 726/2004 e o art. 126º da Diretiva 2001/83/CE não incluem o estado da patente precursora do medicamento de referência como motivo para recusar, suspender ou revogar uma AIM.

Cumpre referir que este posicionamento da UE decorre da exceção *Bolar/Roche* que deriva o seu nome do caso de 1984 nos E.U.A. decidido pelo Acórdão do United States Court of Appeals for the Federal Circuit 733 F.2d 858 de 23 de abril de 1984 no Processo 84-560 – Roche Products, Inc. *v.* Bolar Pharmaceutical Co., Inc.. Neste caso foi apreciada a extensão dos direitos do titular da patente no que respeitava a testes clínicos para obter, *inter alia*, dados de estabilidade e de bioequivalência do futuro medicamento genérico, isto no âmbito dos procedimentos necessários para obtenção de autorização de comercialização com referência à *New Drug Application* submetida junto da Food and Drug Administration dos E.U.A.. A decisão foi no sentido de considerar que tais testes e pedido de *New Drug Application* não infringiam os direitos do titular da patente. Neste sentido, a exceção *Bolar/Roche* postula que o início do procedimento para obtenção de AIM para um medicamento genérico se possa despoletar sem ser necessário qualquer tipo de consentimento do titular da patente do medicamento de referência (ainda em vigor) e respetiva AIM, na medida em que este procedimento não prejudica os interesses ou direitos dos titulares de patentes.

A exceção *Bolar/Roche* tem assento na Diretiva 2001/83/CE, no art. 10º, nº 6 e no art. 126º, bem como, no Regulamento (CE) nº 726/2004, no art. 81º, disposições estas que não incluem o estado da patente precursora do medicamento de referência como motivo para recusar, suspender ou revogar AIMs.

Dado que a legislação da UE não prevê o *patent linkage,* a legislação nacional dos Estados-membro também não prevê o *patent linkage,* exis-

[240] Cfr. REMÉDIO MARQUES – *Medicamentos versus Patentes,* p. 165-166.

tindo disposições normativas específicas nesse sentido em sede de propriedade industrial e em sede de regulação de medicamentos. Neste sentido, para efeitos de análise do tema, referimo-nos ao regime vigente em Portugal.

O art. 103º, nº 1, al. c) do CPI-2018 estipula que os direitos conferidos pela patente não abrangem atos realizados exclusivamente para fins de ensaio ou experimentais, relacionados com o objeto da invenção patenteada, incluindo experiências para preparação dos processos administrativos necessários à aprovação de produtos pelos organismos oficiais competentes. Pelo que tais atos não consubstanciam infração ao direito de patente e consistem em ações que podem ser livremente encetadas por quaisquer interessados, não podendo, contudo, iniciar-se a exploração industrial ou comercial da invenção patenteada antes de se verificar a caducidade da patente que a protege. A Diretiva 2001/83/CE tem uma disposição com o mesmo teor, em concreto, o art. 10º, nº 6.

A supra referida disposição do CPI-2018 é particularmente significativa para o caso de medicamentos genéricos cuja comercialização esteja a ser preparada por uma determinada empresa, isto porque, nos termos da referida disposição, podem ser iniciados os procedimentos para a obtenção de AIM de fármacos genéricos ainda no período de vigência da patente cujo objeto de proteção consiste no medicamento de referência, sem que esses atos preparatórios consubstanciem violação do direito de patente.

Adicionalmente, em Portugal, o Estatuto do Medicamento prevê o regime da exceção *Bolar/Roche* no art. 19º, nº 8 que estipula que a realização dos estudos e ensaios necessários para obtenção de AIM não é contrária aos direitos relativos a patentes ou a certificados complementares de proteção de medicamentos.

Relativamente a procedimentos para a obtenção de AIM para fármacos genéricos, em Portugal, as empresas de genéricos têm a possibilidade de optar por um procedimento abreviado de AIM dado que podem basear o seu pedido nos ensaios farmacológicos pré-clínicos e clínicos apresentados pela empresa do medicamento de referência, nos termos do art. 19º, nº 1 do Estatuto do Medicamento, desde que já tenha decorrido o período de 8 anos de exclusividade de dados[241] previsto na referida

[241] *Vd.* §3.5 supra sobre o regime da exclusividade de dados.

norma. A Diretiva 2001/83/CE tem uma disposição com o mesmo teor, em concreto, o art. 10º, nº 1.

Em termos práticos, o regime vigente em Portugal traduz-se no facto de os medicamentos genéricos entrarem no mercado no dia seguinte à caducidade da patente precursora do medicamento de referência ou do respetivo CCP, o que permitiu reduzir o tempo necessário para disponibilização de medicamentos genéricos de "250 semanas para 0 ou 4 semanas"[242].

Cumpre referir que a AIM confere às empresas de medicamentos de referência, nos termos do art. 19º, nº 3, al. a) e b) do Estatuto do Medicamento, um período de exclusividade comercial referente ao fármaco objecto da AIM que pode ser de 10 ou 11 anos, consoante o caso específico. Este mecanismo reequilibra os interesses em jogo, nomeadamente, por um lado, estimula as atividades de investigação e inovação tecnológica com a atribuição de um período de exclusividade comercial e, por outro lado, proporciona a divulgação pública dos resultados de tal inovação[243]. A Diretiva 2001/83/CE tem uma disposição com o mesmo teor, em concreto, o art. 10º, nº 1.

Neste sentido, consideramos que *o regime de obtenção de AIM de medicamentos genéricos não constitui uma verdadeira limitação ao direito de patente*, na medida em que, durante a vigência do registo da patente não são praticados atos que impliquem prejuízos para os titulares das patentes, sendo que, conforme pronúncia do Supremo Tribunal Administrativo no Acórdão 2/2013 de 9 de janeiro de 2013 no Processo 771/12, a concessão de AIM, não constituindo violação do direito de patente, consiste num "pressuposto jurídico essencial para a entrada do medicamento no mercado"[244] e "não consubstancia um acto de comercialização desse mesmo medicamento, não se traduzindo, por isso, em qualquer violação do exclusivo conferido pela patente"[245].

Consideramos que este regime constitui uma concretização da proteção da saúde pública, na medida em que permitiu reduzir consideravelmente o tempo em que os medicamentos genéricos são disponi-

[242] Remédio Marques – *Medicamentos versus Patentes*, p. 172.

[243] Cfr. ob. ult. cit., p. 169.

[244] Acórdão do Supremo Tribunal Administrativo 2/2013, de 9 de janeiro de 2013, no Processo 771/12.

[245] *Idem*.

bilizados ao consumidor com um custo inferior, comparativamente aos medicamentos de referência, após terminado o direito de exclusivo conferido por patentes.

Cumpre referir que em Portugal foi instituído o regime previsto na Lei nº 62/2011, de 12 de dezembro, referente a litígios emergentes de direitos de propriedade industrial quando estejam em causa medicamentos de referência e medicamentos genéricos, que consistia num "singularíssimo regime de resolução extrajudicial de litígios em matéria de patentes"[246] na medida em que previa um regime de arbitragem necessária para os litígios emergentes da invocação de direitos de propriedade industrial relativamente a medicamentos de referência[247]. A lei em apreço veio a ser alterada em 2018 pelo Decreto-Lei nº 110/2018, de 10 de dezembro, passando a arbitragem a ser voluntária e passando também a haver competência do Tribunal da Propriedade Intelectual para conhecer destas matérias. De acordo com o regime instituído pelo referido diploma de 2018 e respetivas alterações introduzidas no Estatuto do Medicamento, nos termos do art. 15º-A do Estatuto do Medicamento, deverá haver lugar a publicitação dos pedidos de AIM de medicamentos genéricos, independentemente do procedimento adotado, e nos termos do nº 1 do art. 3º da Lei nº 62/2011, de 12 de dezembro, o titular de patentes relativas a medicamentos de referência dispõe de um prazo de trinta dias (a contar da publicitação) para se opor, com a instauração de um processo arbitral ou judicial, à comercialização de tais genéricos na vigência do seus direitos de patente e, caso não haja contestação pelo requerente da AIM no prazo de 30 dias, o resultado é a impossibilidade de iniciar a comercialização dos genéricos enquanto vigorar o direito de patente invocado.

Moura Vicente considera que o regime supra mencionado traduz o estabelecimento de um "sistema mitigado de *patent linkage*, por força do qual a concessão de uma autorização de introdução no mercado e a introdução no mercado dos genéricos não são inteiramente desligadas da apreciação dos direitos de propriedade industrial sobre os correspondentes medicamentos de referência, sendo todavia o contencioso

[246] Vicente, Dário Moura – "*O Regime Especial de Resolução de Conflitos em Matéria de Patentes (Lei nº 62/2011)*", in *Revista da Ordem dos Advogados, Ano 72, Volume IV*, 2012, p. 971.

[247] Foi a este diploma legal e respetivo regime a que nos referimos supra (*vd.* §4.3).

da propriedade industrial relativo a esses medicamentos remetido, pelo menos numa primeira fase, para tribunais arbitrais necessários [conforme referimos supra, em 2018 o regime foi alterado e a arbitragem deixou de ser necessária passando a ser voluntária]"[248].

Nos termos do regime instituído pela Lei nº 62/2011, de 12 de dezembro, sendo a decisão favorável à demandante, ou seja, a titular da patente que protege o medicamento de referência, a consequência do processo arbitral ou judicial consiste na impossibilidade de comercialização do medicamento genérico enquanto vigore a patente que protege o medicamento de referência. Contudo, também de acordo com o regime instituído pela Lei nº 62/2011, de 12 de dezembro, especificamente o art. 3º, nº 2, esta consequência de impossibilidade de comercialização do medicamento genérico enquanto vigore a patente que protege o medicamento de referência verifica-se igualmente nos casos em que não haja decisão sobre a ação, desde que a demandada, ou seja, a requerente da AIM para a comercialização do medicamento genérico, não deduza contestação após citação da ação intentada pela titular da patente que protege o medicamento de referência na qual é invocada a titularidade de direitos de propriedade industrial.

Neste sentido, no âmbito do processo de obtenção de AIM para fármacos genéricos, ao conferir à não contestação da ação o efeito de impossibilidade de comercializar o medicamento genérico enquanto vigore a patente invocada pela demandante na ação contra a requerente da AIM, a Lei nº 62/2011, de 12 de dezembro, estabeleceu, de facto, uma *ligação* entre a patente precursora do medicamento de referência que é invocada na ação e a concessão da AIM para comercialização da versão genérica do medicamento protegido pela referida patente precursora. Pelo que consideramos que, de acordo com o regime legal vigente, existe um *patent linkage, i.e., ligação condicionadora* entre a patente que protege o medicamento de referência e o procedimento de AIM para comercialização da versão genérica desse medicamento, na medida em que a comercialização do fármaco genérico fica impedida pela existência da patente precursora do medicamento de referência.

Consideramos que esta *ligação condicionadora* estatuída pela Lei nº 62/2011, de 12 de dezembro, é, como refere MOURA VICENTE, mitigada

248 MOURA VICENTE – "*O Regime Especial de Resolução de Conflitos*", p. 978-979.

dado que a não dedução de contestação à ação não impede a concessão da AIM, impede sim a comercialização da versão genérica do medicamento protegido pela referida patente precursora, *i.e.*, a AIM é concedida, contudo, o objetivo da AIM que é a comercialização fica condicionado à vigência da patente precursora do medicamento de referência. Este regime é "mitigado" na medida em que não tem a totalidade dos efeitos do *patent linkage* que consistem em o procedimento de obtenção de AIM só poder iniciar e receber decisão após a caducidade da patente precursora ou deva ser decidido atendendo à existência de tal patente.

9.1.6. Uso experimental

Nos termos do art. 64º da CPE, as patentes europeias conferem os mesmos direitos que as patentes nacionais, pelo que para efeitos da análise do presente tema, referimo-nos à legislação vigente em Portugal. Em concreto, o art. 103º, nº 1, al. c) do CPI-2018 estipula que os direitos conferidos pela patente não abrangem atos realizados exclusivamente para fins de ensaio ou experimentais, pelo que estes atos não consubstanciam infração ao direito de patente, podendo ser livremente executados por quaisquer interessados.

A *ratio legis* desta limitação ao direito de patente consiste na necessidade de proteger a realização da investigação científica que tenha por base uma invenção patenteada, sob pena de se impedir o progresso tecnológico e científico[249].

Esta previsão normativa do CPI-2018 decorre da exceção *Bolar/Roche* supra referida (*vd.* §9.1.5) a propósito dos procedimentos para obtenção de AIM.

Neste sentido, o titular de patente farmacêutica não pode impedir o uso experimental do objeto de proteção da sua patente, seja em termos *tecnológicos* seja em termos *materiais*.

9.1.7. Obrigatoriedade de exploração

Nos termos do art. 64º da CPE, as patentes europeias conferem os mesmos direitos que as patentes nacionais, pelo que para efeitos da análise do presente tema, referimo-nos à legislação vigente em Portugal.

[249] Neste sentido, AA. VV. – *Código da Propriedade Industrial Anotado*, p. 265.

Em concreto, o art. 107º do CPI-2018 que prevê que sobre o titular de uma patente impende o dever de exploração comercial da invenção patenteada de forma a satisfazer as necessidades do mercado nacional, podendo a exploração ser efetuada diretamente pelo próprio titular ou por intermédio de terceiro autorizado, como, por exemplo, um licenciado.

Nos termos do art. 107º, nº 3 do CPI-2018, este dever de exploração não implica uma obrigatoriedade de produção no território nacional, pelo que verifica-se o cumprimento deste dever ainda que os produtos não sejam fabricados em Portugal e sejam importados de um país membro da UE ou da Organização Mundial do Comércio.

Nos termos do art. 106º, nº 2 do CPI-2018, a exploração deve ser iniciada no prazo de quatro anos a contar da data do pedido da patente ou, alternativamente, no prazo de três anos a contar da data de concessão do registo, aplicando-se o prazo mais longo. A justificação deste lapso temporal para o início da exploração tem na sua base o facto da exploração de determinadas invenções carecer de autorizações administrativas prévias para o início da respetiva comercialização o que pode implicar procedimentos administrativos morosos, como por exemplo, o caso dos produtos farmacêuticos que carecem da AIM.

A aplicação das disposições legais em apreço implica um certo grau de discricionariedade a nível da análise do que constitui, num caso concreto, as necessidades do mercado nacional. Pelo que a aplicação deste regime deverá ter em atenção a *ratio legis* da norma e, como tal, as necessidades do mercado nacional e a falta de exploração devem ser especificamente "definidas, comprovadas e justificadas, não bastando a mera alegação dos factos"[250].

A falta ou a insuficiência de exploração poderá implicar a imposição de uma licença obrigatória nos termos do art. 108º, nº 1, al. a) do CPI-2018 (*vd.* §9.1.8), imposição à qual o titular da patente não se poderá opor.

9.1.8. Licença obrigatória

Nos termos do art. 108º, nº 1 do CPI-2018, o Instituto Nacional da Propriedade Industrial pode conceder licenças obrigatórias sobre uma

[250] Neste sentido, AA. VV. – *Código da Propriedade Industrial Anotado*, p. 271.

determinada patente[251], quando ocorrer algum dos seguintes casos: **a)** falta ou insuficiência de exploração da invenção patenteada, **b)** dependência entre patentes e **c)** existência de motivos de interesse público.

A *licença obrigatória* consiste numa autorização administrativa para exploração da invenção, que é concedida pelo Instituto Nacional da Propriedade Industrial, de modo não exclusivo e sem prejuízo do direito de patente do titular e respetiva exploração comercial, recebendo o titular da patente uma remuneração adequada ao caso concreto tendo em conta o valor económico da licença.

No âmbito das invenções da área farmacêutica, assumem especial relevância as licenças pelos motivos indicados nas al. b) e c) supra, pelo que passamos à respetiva análise em detalhe.

Dependência entre patentes

A patente dependente refere-se a uma invenção que preenche os requisitos de patenteabilidade, mas cuja exploração comercial envolve o uso de uma patente antecedente que só pode ser objeto de uso com o consentimento do titular da referida patente antecedente. Esse consentimento pode ser concedido através de licença facultativa ou licença obrigatória[252].

O CPI-2018 apenas trata de três modalidades de dependência[253], em concreto: **a)** patentes de novo uso para sector distinto, **b)** patentes de aperfeiçoamento[254] e **c)** patentes de combinação[255] e patentes de novo uso para o mesmo setor.

O art. 110º, nº 1 do CPI-2018 trata de patentes de novo uso ao mencionar fins industriais distintos e apontar o carácter indispensável da primeira invenção para a exploração da segunda invenção como requisito para a licença.

[251] Sousa e silva considera que a licença obrigatória não reveste interesse prático em Portugal e aponta como motivo o facto de apenas ter sido concedida uma licença deste género em Portugal sobre a patente nº 761136 (que caducou em 2003) referente a um processo de preparação de misturas fungicidas (cfr. Sousa e silva – *Direito Industrial*, p. 85).

[252] Cfr. Couto Gonçalves – *Manual de Direito Industrial*, p. 119-120.

[253] Neste sentido, Couto Gonçalves em ob. ult. cit., p. 120.

[254] A patente de aperfeiçoamento consiste na "resolução diversa e mais conveniente de um problema técnico já resolvido" (ob. ult. cit., p. 120).

[255] A patente de combinação consiste na "conjugação nova e original de elementos e meios já conhecidos" (ob. ult. cit., p. 120).

O art. 110º, nº 3 do CPI-2018 trata de patentes de aperfeiçoamento de processo de preparação de um produto químico, farmacêutico ou alimentar e aponta como requisito para a licença o facto de o novo processo representar um progresso técnico notável em relação à patente anterior.

O art. 110º, nº 2 do CPI-2018 trata de invenções que servem para os mesmos fins industriais e que são protegidas por patentes dependentes, pelo que nesta previsão cabe a patente de combinação (resultada da conjugação de componentes já conhecidos) e a patente de novo uso para o mesmo sector[256]. O requisito de concessão da licença consiste no facto de o novo processo representar um progresso técnico notável em relação à patente anterior.

Existência de motivos de interesse público

Nos termos do art. 111º, nº 1 do CPI-2018, o titular de uma patente pode ser obrigado a conceder uma licença para a exploração da respetiva invenção por motivo de interesse público, não podendo o titular opor-se à concessão de uma licença nestes termos.

O motivo de interesse público verifica-se quando em função da saúde pública ou da defesa nacional adquira importância o início, o aumento, a generalização da exploração comercial ou a melhoria das condições da exploração comercial de uma invenção.

Também consubstancia motivo de interesse público o grave prejuízo para o desenvolvimento económico ou tecnológico do país em função da falta de exploração ou a insuficiência em qualidade ou em quantidade da exploração efetuada.

Salientamos uma característica particular da licença com base no motivo de interesse público que consiste no facto da mesma ser atribuída pelo Governo e não pelo Instituto Nacional da Propriedade Industrial.

No âmbito de licenças obrigatórias por motivo de saúde pública, fazemos referência ao regime instituído na UE pelo Regulamento (CE) nº 816/2006[257], de 17 de maio de 2006, relativo à concessão obrigatória de licenças de patentes respeitantes ao fabrico de produtos farmacêuticos destinados à exportação para países com problemas de saúde pública.

[256] Neste sentido, ob. ult. cit., p. 120.
[257] JO L157 de 09/06/2006.

Este regime da UE resulta da Declaração de Doha e da Resolução do Conselho do TRIPS de 30 de agosto de 2003 para promoção do acesso geral a medicamentos, particularmente, para resolver situações de crise de saúde pública. Com base neste regime, os membros da Organização Mundial do Comércio têm discricionariedade para densificar na legislação nacional os conceitos emergência nacional ou de extrema urgência, face ao conceito de interesse público, bem como, podem conceder licenças obrigatórias para fins de produção e exportação de medicamentos para países com questões de saúde pública[258-259].

9.2. Normas de concorrência desleal – prática de ato desleal

O instituto da concorrência desleal surgiu na sequência da necessidade de proteção dos direitos privativos de propriedade intelectual através da proibição de condutas concorrenciais que se traduzissem em concorrência desleal[260-261]. A concorrência desleal visa os comportamentos desonestos e repreensíveis dos agentes económicos no mercado que consistam em meios desleais utilizados nas suas relações com outros agentes económicos[262].

A concorrência desleal insere-se no plano jus-privatístico sendo dirigida a impor aos agentes económicos um paradigma de lealdade na

[258] Cfr. Remédio Marques – *Licenças (Voluntárias e Obrigatórias) de Direitos de Propriedade Industrial*, Almedina, Coimbra, 2008, p. 213-214.

[259] A Declaração de Doha não abordou a questão das importações paralelas visto que este assunto se referia à problemática do esgotamento de direito e não estava diretamente relacionado com os assuntos que a Declaração visava abordar e resolver.

[260] Para análises desenvolvidas relativamente ao instituto da concorrência desleal, por não ser o objeto do presente estudo, remetemos para Ascensão, José de Oliveira – *Concorrência Desleal*, Almedina, 2002 e para Amorim, Ana Clara Azevedo de – *A Tutela da Lealdade nas Relações de Mercado: A Propósito do Ilícito Publicitário*, Dissertação de Doutoramento em Direito, Almedina, 2017.

[261] Cfr. Couto Gonçalves – *Manual de Direito Industrial*, p. 24.

[262] Trata-se do *modelo profissional* de concorrência desleal que visa a relação dos concorrentes entre si, por contraposição ao *modelo social* que visa proteger o interesse dos consumidores e dos concorrentes. O modelo profissional adotado em diversas legislações nacionais europeias e em Portugal institui um regime jurídico destinado a regular as relações entre concorrentes e não as condutas destes no mercado (cfr. AA. VV. – *Código da Propriedade Industrial Anotado*, p. 499).

concorrência para, deste modo, proteger os concorrentes[263-264]. Este regime jurídico abrange os atos e omissões que possam provocar danos aos concorrentes e que não sejam conformes aos princípios de honestidade e da boa fé em comércio e em relação aos quais a comunidade confere desvalor ético[265].

Cumpre referir que a concorrência desleal não se confunde com o direito da concorrência que visa disciplinar o mercado e desse modo proteger o consumidor e produtos no mercado[266].

Inexistindo uma disciplina da UE de concorrência desleal, analisamos este tema com referência à legislação nacional, mais especificamente, o art. 311º, nº 1 do CPI-2018 que qualifica de concorrência desleal "todo o ato de concorrência contrário às normas e usos honestos de qualquer ramo de atividade económica"[267]. A referida norma do CPI-2018 contém uma cláusula geral seguida de um elenco exemplificativo de atos desleais[268].

Do art. 311º, nº 1 do CPI-2018 é possível extrair os requisitos da concorrência desleal, em concreto, **a)** ato de concorrência, **b)** contrariedade a normas e usos honestos e **c)** qualquer ramo de atividade económica.

O *ato de concorrência* consiste no fabrico e comercialização de produtos ou prestação de serviços idênticos ou afins, em simultâneo e no mesmo espaço geográfico[269], em relação de concorrência mútua. Sendo que tanto comportamentos lícitos como comportamentos ilícitos podem consubstanciar atos de concorrência[270].

[263] Cfr. FERREIRA, Eduardo Paz – *Lições de Direito da Economia*, reimpressão, Associação Académica da Faculdade Direito Lisboa, 2002, p. 464.

[264] EVARISTO MENDES refere a aplicação das normas da concorrência desleal ao exercício da liberdade de empresa, que, conforme já referido supra (*vd.* §1.3), compreende a apropriação de resultados (materiais e imateriais) da atividade exercida, através de, designadamente, patentes farmacêuticas, e respetiva exploração comercial (cfr. MENDES – "*Liberdade de Empresa*", p. 244 e 249-252).

[265] Cfr. PAZ FERREIRA – *Lições de Direito da Economia*, p. 464 e MOURA E SILVA – *Direito da Concorrência*, p. 44.

[266] *Idem. Vd.* §14.2 infra para análise sobre o direito da concorrência.

[267] Art. 311º, n. º 1 do CPI-2018.

[268] Cfr. COUTO GONÇALVES – *Manual de Direito Industrial*, p. 391.

[269] Cfr. ob. ult. cit., p. 393.

[270] Cfr. SOUSA E SILVA – *Direito Industrial*, p. 441.

A *contrariedade a normas e usos honestos* consiste na dissonância com os padrões comerciais de um setor de atividade específico, sendo a contrariedade determinada em função da violação de normas sociais de conduta[271].

Qualquer ramo de atividade económica consiste em atividades económicas de fabrico e comercialização de produtos ou prestação de serviços[272].

Após apresentar a cláusula geral, o art. 311º, nº 1 do CPI-2018 prossegue com a exemplificação de atos de concorrência desleais, nomeadamente:

- atos de confusão na al. a),
- atos de descrédito na al. b),
- atos de aproveitamento na al. c),
- atos enganosos na al. d), e) e f).

Sendo certo que o elenco dos atos supra referido consiste numa enumeração exemplificativa e não taxativa, pelo que existem também atos desleais atípicos que caibam no proémio do art. 311º do CPI-2018, ou seja, a cláusula geral a que já nos referimos supra[273].

Temos então que, o titular de patente farmacêutica não poderá exercer o seu direito de patente no âmbito da prática de atos de concorrência desleal.

9.3. Normas de direito da concorrência – prática de ato anticoncorrencial

Conforme já referimos supra (*vd.* §1.3), não obstante a garantia jurídica da *liberdade de empresa na vertente de apropriação de resultados da atividade* através dos mecanismos jurídicos adequados, os direitos de propriedade intelectual, que asseguram os referidos resultados, não obstam à aplicação das normas concorrenciais da UE. Pelo que o ato de exercício de direitos de propriedade intelectual pode incorrer nas proibições estatuídas nos arts. 101º e 102º do TFUE em virtude do exercício de tais direitos se inserir no âmbito de práticas anticoncorrenciais contempladas

[271] Cfr. Couto Gonçalves – *Manual de Direito Industrial*, p. 395.

[272] Cfr. ob. ult. cit., p. 396.

[273] Cfr. ob. ult. cit., p. 404.

pelas disposições normativas em questão, subsumindo-se tais práticas à aplicação das normas da concorrência[274].

O art. 101º do TFUE será aplicável com as inerentes cominações quando o exercício do direito de propriedade intelectual consista no objeto, meio ou consequência de uma prática restritiva da concorrência[275].

O art. 102º do TFUE será aplicável com as inerentes cominações quando o exercício do direito de propriedade intelectual consistir no instrumento para a exploração abusiva de posição dominante[276].

Neste sentido, o titular de patente farmacêutica não poderá exercer o seu direito de forma que constitua uma prática anticoncorrencial.

9.4. Normas de direito civil – prática de ato constitutivo de abuso do direito

Nos termos do art. 334º do Código Civil, o exercício de direitos subjetivos, como é o caso do direito de patente, não pode suceder de modo que exceda os "limites impostos pela boa fé, pelos bons costumes ou pelo fim social ou económico desse direito"[277].

O princípio da boa fé tem uma *perspetiva subjetiva*, no âmbito da qual a valoração do comportamento tem por base o conhecimento ou desconhecimento do agente de estar a lesar interesses de outrem, e tem também uma *perspetiva objetiva*, no âmbito da qual se valora a atuação do agente em si mesma e a sua conformidade com regras de atuação ou com um modo de atuação honesto e honrado[278]. Sendo que ambas as perspetivas são dirigidas a avaliar a conformidade de condutas com os padrões jurídicos de moralidade correta[279].

[274] Neste sentido, Sousa e Silva – *Direito Comunitário e Propriedade Industrial*, p. 199.

[275] Cfr. ob. ult. cit., p. 177-178 e 199. *Vd.* §15 e §16 infra para análise desenvolvida sobre a aplicação de normas da concorrência ao exercício do direito de patente.

[276] Cfr. ob. ult. cit., p. 183 e 201. *Vd.* §15 e §16 infra para análise desenvolvida sobre a aplicação de normas da concorrência ao exercício do direito de patente.

[277] Art. 334º do Código Civil.

[278] Cfr. Vasconcelos, Pedro Pais de, e Vasconcelos, Pedro Leitão Pais de – *Teoria Geral do Direito Civil*, 9ª Edição, Almedina, 2019, p. 24-26. Para análises desenvolvidas quanto ao instituto da boa fé, por não ser o objeto do presente estudo, remetemos para a ob. ult. cit. e para Cordeiro, António Menezes – *Da Boa Fé no Direito Civil*, 7ª Reimpressão, Almedina, 2017.

[279] Cfr. Pais de Vasconcelos, Leitão Pais de Vasconcelos – *Teoria Geral do Direito Civil*, p. 24-26.

A boa fé postula que o direito subjetivo deve ser exercido **a)** de modo honesto (*honeste agere*), **b)** de modo não danoso ou menos danoso possível (*alterum non laedere*) e **c)** de modo a não frustrar a confiança legítima criada em outrem relativamente ao exercício do direito (*venire contra factum proprium*)[280]. Pelo que o exercício do direito de patente será abusivo quando seja contrário a estes postulados da boa fé.

Os bons costumes postulam que a normatividade do dever-ser imanente na sociedade, *i.e.*, os critérios éticos de decisão e de valor, devem ser observados no âmbito do exercício de direitos subjetivos[281]. Pelo que o exercício do direito de patente será abusivo quando seja contrário aos valores éticos vigentes na sociedade.

O fim social ou económico do direito subjetivo postula que tal direito é funcionalizado para a realização de finalidades do respetivo titular, *i.e.*, o direito encerra um fim pessoal subjetivo que coexiste com a função social e económica objetiva cuja realização é reconhecida pelo ordenamento jurídico ao seu titular[282]. Pelo que o exercício do direito de patente será abusivo quando se verifique a contrariedade ao fim económico ou social do direito de patente em si[283].

A respeito do exercício de direitos de propriedade intelectual e do instituto do abuso de direito cumpre referir que Remédio Marques considera que "O limite do *contra legem* estará no *abuso de direito*, no *exercício sem interesse* das faculdades jurídicas contidas no referido «círculo de proibição», na supressão ou na negação emulativa, total e duradoura, do mercado aos seus reais ou potenciais concorrentes"[284].

Neste sentido, o titular de patente farmacêutica não poderá exercer o seu direito de forma que exceda os limites impostos pelo art. 334º do Código Civil.

Cumpre referir que o Acórdão do TJ de 14 de dezembro de 2000 no Processo C-110/99 – Emsland-Stärke GmbH c. Hauptzollamt Hamburg-Jonas avança referências orientadoras relativamente ao instituto

[280] Cfr. ob. ult. cit., p. 277-279.

[281] Cfr. ob. ult. cit., p. 280-281.

[282] Cfr. ob. ult. cit., p. 281.

[283] *Idem*.

[284] Marques, João Paulo Fernandes Remédio – "*Propriedade Intelectual, Exclusivos e Interesse Público*", in Associação Portuguesa de Direito Intelectual (org.), *Direito Industrial – Vol. IV*, Almedina, 2005, p. 214.

do abuso de direito no âmbito do Direito da UE. O referido acórdão menciona que para se verificar uma prática abusiva é necessário um *elemento objetivo* que consiste em "um conjunto de circunstâncias objectivas das quais resulte que, apesar do respeito formal das condições previstas na legislação comunitária, o objectivo pretendido por essa legislação não foi alcançado"[285], sendo também necessário um **elemento subjetivo** que consiste "na vontade de obter um benefício que resulta da legislação comunitária, criando artificialmente as condições exigidas para a sua obtenção"[286].

Com o Acórdão do TJ de 21 de fevereiro de 2006 no Processo C-255/02 – Halifax plc c. Commissioners of Customs & Excise, foi densificada a doutrina de abuso de direito no âmbito do Direito da UE, em concreto, o acórdão refere que "segundo jurisprudência assente, os particulares não podem abusiva ou fraudulentamente prevalecer-se das normas comunitárias"[287] e refere também o acórdão que "a aplicação da regulamentação comunitária não pode ser alargada até abranger as práticas abusivas de operadores económicos, isto é, as operações que não são realizadas no âmbito de transacções comerciais normais, mas antes com o único objectivo de beneficiar abusivamente das vantagens previstas pelo direito comunitário"[288].

Com referência ao Processo C-255/02 supra referido e aos Processos apensos C-419/02 e C-223/03, as Conclusões do Advogado Geral Poiares Maduro, apresentadas a 7 de abril de 2005, referem que "o princípio da interpretação do direito comunitário [...] proíbe o abuso das disposições de direito comunitário, se se verificarem dois elementos objectivos"[289], nomeadamente, **a)** "quando os objectivos e resultados prosseguidos pelas disposições jurídicas que dão formalmente origem ao direito ficassem frustrados se o direito reivindicado fosse efectiva-

[285] Parágrafo 52 do Acórdão do TJ de 14 de dezembro de 2000 no Processo C-110/99 – Emsland-Stärke GmbH c. Hauptzollamt Hamburg-Jonas.

[286] Parágrafo 53 do Acórdão do TJ de 14 de dezembro de 2000 no Processo C-110/99 – Emsland-Stärke GmbH c. Hauptzollamt Hamburg-Jonas.

[287] Parágrafo 68 do Acórdão do TJ de 21 de fevereiro de 2006 no Processo C-255/02 – Halifax plc c. Commissioners of Customs & Excise.

[288] Parágrafo 69 do Acórdão do TJ de 21 de fevereiro de 2006 no Processo C-255/02 – Halifax plc c. Commissioners of Customs & Excise.

[289] Parágrafo 2 das Conclusões do Advogado Geral Poiares Maduro, apresentadas a 7 de abril de 2005, nos Processos apensos C-255/02, C-419/02 e C-223/03.

mente conferido"[290] e **b)** "quando o direito invocado resulte de actividades para as quais não existe outra justificação senão dar origem ao direito reivindicado"[291]. O Advogado Geral afirmou também que a "noção de abuso é aplicável como um *princípio que rege a interpretação do direito comunitário*"[292] sendo que "O factor decisivo para se poder afirmar a existência de um abuso é o âmbito teleológico das normas comunitárias invocadas, que precisa de ser definido para se determinar se o direito reivindicado é, com efeito, conferido por esses preceitos, na medida em que não é manifestamente excluído do seu âmbito"[293].

Consideramos que o instituto do abuso de direito formulado nos termos supra descritos é aplicável aos abusos de direitos de propriedade intelectual quando estes decorram de disposições normativas do direito da UE [294]. Neste sentido, o titular de patente farmacêutica não poderá exercer o seu direito para que, de forma abusiva ou fraudulenta, se prevaleça de normas da UE. Neste âmbito, avulta o art. 36º do TFUE que postula que a propriedade intelectual consubstancia uma exceção ao princípio da liberdade de circulação de mercadorias, desde que não represente nem constitua um meio de discriminação arbitrária nem qualquer restrição dissimulada ao comércio entre os Estados-membro, não podendo os titulares destes direitos usar os mesmos como instrumento ou obstáculo à realização do mercado interno. Nos termos do instituto do abuso de direito, o *titular de patente farmacêutica não se poderá prevalecer da proteção conferida à propriedade intelectual pelo art. 36º* quando o exercício do direito em questão seja usado em uma das seguintes circunstâncias: **a)** sem real interesse no conteúdo do direito de patente, **b)** para a eliminação emulativa de concorrentes ou potenciais concorrentes ou **c)** de modo que extravase o âmbito substancial, geográfico ou temporal de proteção.

[290] Parágrafo 2 das Conclusões do Advogado Geral Poiares Maduro, apresentadas a 7 de abril de 2005, nos Processos apensos C-255/02, C-419/02 e C-223/03.

[291] *Idem.*

[292] Parágrafo 69 das Conclusões do Advogado Geral Poiares Maduro, apresentadas a 7 de abril de 2005, nos Processos Apensos C-255/02, C-419/02 e C-223/03.

[293] *Idem.*

[294] Neste sentido, MAGGIOLINO, Mariateresa, e MONTAGNANI, Maria Lillà – "*AstraZeneca's Abuse of IPR-Related Procedures – A Hypothesis of Antitrust Offence, Abuse of Rights, and IPR Misuse*", in *Bocconi Legal Studies Research Paper No. 2298576*, Università Bocconi, 2010, disponível no website SSRN em https://papers.ssrn.com/sol3/papers.cfm?abstract_id=2298576##, consultado a 14/04/2020, p. 21.

PARTE III
PROCESSOS JUDICIAIS SOBRE O EXERCÍCIO DO DIREITO DE PATENTE NO ÂMBITO DA COMERCIALIZAÇÃO DE MEDICAMENTOS NA UNIÃO EUROPEIA

§ 10. EXERCÍCIO DO DIREITO DE PATENTE E APLICAÇÃO DO DIREITO DA CONCORRÊNCIA

Propomo-nos agora a analisar processos judiciais referentes ao exercício do direito de patente no âmbito da comercialização de medicamentos na UE com o objetivo de indagar se a existência e o exercício do direito de patente são incompatíveis com a aplicação direito da concorrência e, no caso de não ser incompatível, quais as coordenadas para a apreciação de práticas (anti)concorrenciais que resultam destes processos judiciais.

§ 11. PROCESSO C-179/16 – HOFFMANN-LA ROCHE *ET AL.* C. AUTORITÀ GARANTE DELLA CONCORRENZA E DEL MERCATO

11.1. Matéria *sub judice* – questões prejudiciais

O Acórdão do TJ de 23 de janeiro de 2018 proferido no Processo C-179/16 – F. Hoffmann-La Roche Ltd *et al.* c. Autorità Garante della Concorrenza e del Mercato (doravante Acórdão C-179/16) remonta a uma situação datada de 25 de março de 2016 quando o Consiglio di Stato (Conselho de Estado, em formação jurisdicional, de Itália) enviou um pedido de decisão prejudicial ao TJ, nos termos do art. 267º do TFUE, relativo à interpretação do artigo 101º do TFUE. Este pedido foi apresentado no âmbito de um litígio entre, por um lado, a F. Hoffmann-La Roche Ltd (doravante Roche), a Roche SpA (doravante Roche Itália), a Novartis AG e a Novartis Farma SpA (doravante Novartis Itália) e, por outro, a Autorità Garante della Concorrenza e del Mercato (Autoridade de Garantia da Concorrência e do Mercado de Itália, doravante AGCM) a propósito da decisão da AGCM que determinou a aplicação de uma sanção pecuniária às empresas em questão em função de, durante o período compreendido entre 1 de junho de 2011 e 27 de fevereiro de 2014, terem cometido uma infração ao direito da concorrência da UE, em concreto, um acordo contrário ao art. 101º do TFUE que visava obter uma diferenciação artificial entre os medicamentos *Avastin* e *Lucentis*, manipulando a perceção dos riscos de utilização do *Avastin* em oftalmologia.

Este caso principiou quando a Genentech, empresa sediada nos E.U.A., confiou a exploração comercial do *Avastin* fora do território dos E.U.A. à Roche (sua sociedade mãe) e ao grupo Novartis confiou a comercialização do medicamento *Lucentis* por acordo de licença de 2003.

A 12 de janeiro de 2005, o *Avastin* foi objeto de AIM emitida pela Comissão para o tratamento de determinadas doenças oncológicas. E a 22 de janeiro de 2007, a Comissão concedeu a AIM ao *Lucentis* para o tratamento de doenças oculares.

Anteriormente ao início da comercialização do *Lucentis* verificava-se a prescrição do *Avastin* para patologias oculares, ou seja, para uma indicação que não constava da AIM. A utilização do *Avastin* para doenças oculares continuou a ocorrer após o início da comercialização do *Lucentis*, isto devido ao preço unitário inferior do *Avastin*.

De acordo com a decisão da AGCM, "os grupos Roche e Novartis celebraram um acordo de repartição de mercado, constitutivo de uma restrição da concorrência por objetivo"[295]. Isto porque o *Avastin* e o *Lucentis* eram, sob todos os prismas, equivalentes para a terapia de patologias oculares e o referido acordo tinha como finalidade a produção e difusão de pareceres de forma a suscitar apreensão dos consumidores relativamente à segurança do uso oftálmico do *Avastin*.

De acordo com a decisão da AGCM, o *Avastin*, devido à sua utilização para uma indicação que não constava da AIM, em concreto, oftalmologia, tornou-se o principal concorrente do *Lucentis* em Itália. Neste contexto o acordo de repartição de mercado originou a diminuição da venda do *Avastin* e impulsionou a transferência da procura para o *Lucentis*, o que provocou um custo adicional para o serviço nacional de saúde em aproximadamente 45 milhões de euros no ano de 2012.

Em função da violação do art. 101º do TFUE cometida pela celebração do supra mencionado acordo de repartição de mercado, constitutivo de uma restrição da concorrência por objetivo, a AGCM, por decisão de 27 de fevereiro de 2014, aplicou duas coimas, uma à Roche e à sua filial Roche Itália, no valor de 90,6 milhões de euros, e outra à Novartis AG e à sua filial Novartis Itália, no valor de 92 milhões de euros[296].

[295] Parágrafo 32 do Acórdão C-179/16.

[296] Cfr. parágrafo 22 do Acórdão C-179/16.

A Roche, a Novartis AG e as suas filiais italianas interpuseram recurso da decisão da AGCM para o Tribunale amministrativo regionale per il Lazio (Tribunal Administrativo Regional de Lácio em Itália) cujo provimento foi negado e, em consequência, seguiu-se novo recurso para o Consiglio di Stato.

O Consiglio di Stato suspendeu a instância e submeteu ao TJ as seguintes questões prejudiciais:

"«1) O artigo 101º TFUE, corretamente interpretado, permite que se considerem concorrentes as partes num contrato de licença quando a empresa [licenciante] opera no mercado relevante apenas ao abrigo desse contrato? Nessa situação, e eventualmente dentro de que limites, as eventuais restrições à concorrência do [licenciante] relativamente ao licenciado estão excluídas do âmbito de aplicação do artigo 101º, nº 1, TFUE ou são abrangidas pelo âmbito de aplicação [da exceção legal] do artigo 101º, nº 3, TFUE?

2) O artigo 101º TFUE permite à Autoridade nacional da concorrência definir o mercado relevante de forma autónoma relativamente ao conteúdo das [AIM] dos medicamentos emitidas pelas competentes autoridades de regulação farmacêutica [AIFA e EMA] [ou], pelo contrário, para os medicamentos autorizados, [deve considerar-se] o mercado juridicamente relevante, para efeitos do artigo 101º TFUE, definido e configurado em primeiro lugar pela competente autoridade de regulação de forma vinculativa também para a Autoridade nacional da concorrência?

3) Igualmente à luz das disposições previstas na Diretiva [2001/83] e, em especial, do artigo 5º relativo à [AIM] dos medicamentos, o artigo 101º TFUE permite considerar substituíveis e incluir, por isso, no âmbito do mesmo mercado relevante um medicamento utilizado [sem AIM] e um medicamento com [AIM] com as mesmas indicações terapêuticas [e utilizado em conformidade com esta]?

4) Nos termos do artigo 101º TFUE, para efeitos da delimitação do mercado relevante, [é importante] apurar, além da substituibilidade [substancial] dos medicamentos [do lado da procura], se a oferta dos mesmos no mercado foi feita em conformidade com o quadro regulamentar que tem por objeto a comercialização de medicamentos?

5) Pode ser considerada restritiva da concorrência [pelo objetivo] a prática concertada destinada a enfatizar a menor segurança ou a menor eficácia de um medicamento, quando essa menor eficácia ou segurança, apesar de não sustentada [por provas científic[a]s [seguras], não pode, ainda assim, à luz do atual estado do[s] conhecimento[s] científico[s] disponíveis, ser [incontestavel]mente excluída?»"[297].

11.2. Quanto à segunda a quarta questões – medicamentos e mercado relevante

11.2.1. Análise do Tribunal de Justiça

O TJ considerou que era necessário examinar se o "artigo 101º TFUE deve ser interpretado no sentido de que, para efeitos da aplicação deste, uma autoridade nacional da concorrência pode incluir no mercado relevante, além dos medicamentos autorizados para o tratamento das patologias em causa, um outro medicamento cuja AIM não abrange esse tratamento, mas que é utilizado para esse fim"[298] e, sendo a conclusão no sentido positivo, se essa autoridade da concorrência "deve ter em conta a conformidade dessa utilização sem AIM com a regulamentação farmacêutica da União"[299].

O TJ mencionou que "tendo em conta as especificidades que a concorrência no setor farmacêutico apresenta, o mercado relevante para efeitos da aplicação do artigo 101º, nº 1, TFUE é, em princípio, suscetível de incluir os medicamentos que podem servir às mesmas indicações terapêuticas, uma vez que os médicos prescritores são orientados principalmente por considerações de oportunidade terapêutica e de eficácia dos medicamentos"[300].

No caso vertente, o *Avastin* era reiteradamente prescrito para o tratamento de patologias oculares, ainda que a sua AIM não compreendesse tal indicação terapêutica, pelo que se verificava a "relação concreta de

[297] Parágrafo 36 do Acórdão C-179/16.
[298] Parágrafo 48 do Acórdão C-179/16.
[299] *Idem.*
[300] Parágrafo 65 do Acórdão C-179/16.

substituibilidade entre esse medicamento e os autorizados para essas patologias oculares, entre os quais figura o *Lucentis*"[301].

O TJ concluiu que o art. 101º do TFUE, para efeitos da sua aplicação, deve ser interpretado no sentido de as autoridades nacionais da concorrência poderem inserir no mercado relevante fármacos com AIM para tratamento das doenças em questão, bem como, outros fármacos utilizados para a mesma terapia, ainda que a respetiva AIM não compreenda essa indicação terapêutica, existindo, portanto, relação concreta de substituibilidade entre os medicamentos em confronto[302]. Para concluir se a substituibilidade existe de facto, deverá ser tido em conta o resultado do exame da conformidade dos produtos em questão com as normas aplicáveis ao respetivo fabrico e comercialização, avaliando os efeitos na estrutura da procura e da oferta[303].

11.2.2. Análise crítica

O acordo entre empresas previsto no art. 101. º do TFUE é proibido na medida em que tem como objeto ou efeito impedir, restringir ou falsear a concorrência no mercado interno, exceto se se verificarem as condições de isenção estabelecidas no nº 3 da mesma norma. Sendo que a restrição da concorrência se verifica quando a mesma continua a subsistir, porém, de forma diferente comparativamente ao normal funcionamento do mercado, ou seja, a concorrência é reduzida[304].

O objeto do negócio jurídico engloba o *objeto imediato*, que consiste na representação do conteúdo do negócio, *i.e.*, os direitos e deveres das partes, e o *objeto mediato*, que consiste no *quid* sobre o qual o negócio jurídico incide e as partes regem entre si os seus interesses[305]. Em termos concorrenciais, um acordo com objeto restritivo da concorrência traduz-se numa "infração de meios" através dos quais é criado

[301] Parágrafo 66 do Acórdão C-179/16.

[302] Cfr. parágrafo 67 do Acórdão C-179/16.

[303] *Idem.*

[304] Neste sentido, AA. VV. – *Lei da Concorrência Anotada*, (Moniz, Carlos Botelho, *et. al.*), Almedina, 2016, p. 97.

[305] Pais de Vasconcelos, Leitão Pais de Vasconcelos – *Teoria Geral do Direito Civil*, pp. 439 e ss. e Sousa, Marcelo Rebelo de, Galvão, Sofia – *Introdução ao Estudo de Direito*, 5ª edição, Lex, Lisboa, 2000, p. 265 e ss..

um estado de funcionamento do mercado adverso ao normal funcionamento do mercado em condições concorrenciais[306].

O *efeito* do negócio jurídico consiste no resultado produzido pela realização do objeto do negócio jurídico, representando tal resultado a vontade concretizada das partes. Em termos concorrenciais, um acordo com efeito restritivo da concorrência traduz-se numa "infração de resultados" aos quais é inerente um grau de probabilidade razoável de consequências negativas no mercado[307].

A propósito do objeto ou efeito do acordo proibido pelo art. 101º, nº 1 do TFUE cumpre referir o Acórdão do TJ de 30 de junho de 1966 no Processo 56/65 – Société Technique Minière (LTM) c. Maschinenbau Ulm GmbH (MBU) no qual foi clarificado que o *objetivo ou efeito* de impedir, restringir ou falsear a concorrência no mercado comum, conforme previsto no art. 101º, nº 1 do TFUE, apresenta um caráter alternativo "indicado pela conjunção «ou», [o que] conduz, antes de mais, à necessidade de considerar o objecto do próprio acordo, tendo em conta o contexto económico no qual se integra"[308], sendo que "As alterações da concorrência referidas no artigo 85.°, nº 1 [atual art. 101º, nº 1 do TFUE], devem resultar do próprio acordo ou de algumas das suas cláusulas."[309]. Porém, referiu o TJ, que "se a análise das cláusulas não revelar um grau suficiente de nocividade em relação à concorrência, há que examinar então os efeitos do acordo e, para que o mesmo possa ser objecto de a proibição, exigir a reunião dos factores que determinam que a concorrência foi de facto impedida, restringida ou falseada de forma apreciável."[310].

A jurisprudência constante do TJ reafirma as considerações do Acórdão LTM, referindo-se a título de exemplo o Acórdão do TJ de 14 de março de 2013 no Processo C-21/11 – Allianz Hungária Biztosító Zrt, *et al.* c. Gazdasági Versenyhivatal no qual foi mencionado que "quando

[306] Morais, Luís Domingos Silva – *Os conceitos de objecto e efeito restritivo da concorrência e a prescrição de infracções de concorrência*, Almedina, Coimbra, 2009, p. 29.

[307] Cfr. ob. ult. cit., p. 45.

[308] Parágrafo 24 do Acórdão do TJ de 30 de junho de 1966 no Processo 56/65 – Société Technique Minière (LTM) c. Maschinenbau Ulm GmbH (MBU).

[309] Parágrafo 25 do Acórdão do TJ de 30 de junho de 1966 no Processo 56/65 – Société Technique Minière (LTM) c. Maschinenbau Ulm GmbH (MBU).

[310] Parágrafo 26 do Acórdão do TJ de 30 de junho de 1966 no Processo 56/65 – Société Technique Minière (LTM) c. Maschinenbau Ulm GmbH (MBU).

o objetivo anticoncorrencial de um acordo esteja provado, não há que verificar os seus efeitos na concorrência. No entanto, caso a análise do teor do acordo não revele um grau suficiente de nocividade relativamente à concorrência, há então que examinar os seus efeitos e, para lhe aplicar a proibição, exigir que estejam reunidos elementos que provem que o jogo da concorrência foi efetivamente impedido, restringido ou falseado de modo sensível"[311]. O TJ referiu também que "A distinção entre «infrações pelo objetivo» e «infrações pelo efeito» tem a ver com o facto de determinadas formas de conluio entre empresas poderem ser consideradas, pela sua própria natureza, prejudiciais ao bom funcionamento da concorrência"[312]. O TJ mencionou também que "para ter um objetivo anticoncorrencial, basta que o acordo seja suscetível de produzir efeitos negativos sobre a concorrência, isto é, que seja concretamente apto a impedir, restringir ou falsear a concorrência no mercado interno. A questão de saber se e em que medida esse efeito se verifica realmente só tem importância para calcular o montante das coimas e avaliar os direitos a indemnizações"[313].

No caso vertente, o acordo controvertido consistia num negócio jurídico bilateral, obrigacional e presumivelmente gratuito, cujo objeto imediato consistia na divulgação das informações alegadamente enganadoras sobre o *Avastin* aplicado ao tratamento de patologias oculares. O objeto mediato consistia na concorrência no mercado e pressão concorrencial exercida pelo *Avastin* sobre o *Lucentis.* O efeito consistia na restrição da concorrência e na supressão da pressão concorrencial exercida pelo *Avastin* sobre o *Lucentis* na área de tratamento de doenças oftálmicas. Neste sentido, o acordo entre as empresas em questão apresentava objeto e efeito restritivo da concorrência.

Com referência à definição do mercado relevante no âmbito da aplicação do art. 101º do TFUE, o Acórdão do TG de 6 de julho de 2000 no Processo T-62/98 – Volkswagen AG c. Comissão fixou como princípio que "a obrigação de proceder a uma delimitação do mercado numa

[311] Parágrafo 34 do Acórdão do TJ de 14 de março de 2013 no Processo C-21/11 – Allianz Hungária Biztosító Zrt, *et. al.* c. Gazdasági Versenyhivatal.

[312] Parágrafo 35 do Acórdão do TJ de 14 de março de 2013 no Processo C-21/11 – Allianz Hungária Biztosító Zrt, *et. al.* c. Gazdasági Versenyhivatal.

[313] Parágrafo 38 do Acórdão do TJ de 14 de março de 2013 no Processo C-21/11 – Allianz Hungária Biztosító Zrt, *et. al.* c. Gazdasági Versenyhivatal.

decisão adoptada em aplicação do artigo 85.° do Tratado [atual art. 101º do TFUE] impõe-se à Comissão quando, sem essa delimitação, não é possível determinar se o acordo, a decisão de associação de empresas ou a prática concertada em causa é susceptível de afectar as trocas comerciais entre Estados-Membros e tem por objecto ou por efeito impedir, restringir ou falsear o jogo da concorrência no interior do mercado comum"[314]. Isto significa que as características do caso concreto ditarão a necessidade de delimitação do mercado relevante[315]. Sendo que nos casos em que os acordos, decisões de associação ou práticas concertadas tenham o efeito, e não o objeto, restritivo da concorrência é obrigatória a definição do mercado em questão para a aplicação do art. 101º do TFUE ao caso[316].

A necessidade de fixação do mercado relevante foi referida, pela primeira vez, no Acórdão do TJ de 21 de fevereiro de 1973 no Processo 6/72 – Continental Can Company Inc. c. Comissão no qual foi mencionado que "a delimitação do mercado em questão é de importância essencial, por as possibilidades de concorrência só poderem ser apreciadas em função das características dos produtos em causa, devido às quais esses produtos estão particularmente aptos a satisfazer necessidades constantes e são pouco intermutáveis com outros produtos"[317]. Este caso referia-se à aplicação do atual art. 102º do TFUE.

A necessidade de fixação do mercado relevante foi referida novamente no Acórdão do TJ de 14 fevereiro de 1978 no Processo 27/76 – United Brands Company c. Comissão com a referência que "Para apreciar se a UBC [empresa envolvida no caso] goza de uma posição dominante no mercado das bananas é necessário definir esse mercado quer do ponto de vista do produto quer em termos geográficos"[318]. Este caso referia-se à aplicação do atual art. 102º do TFUE.

[314] Parágrafo 230 do Acórdão do TG de 6 de julho de 2000 no Processo T-62/98 – Volkswagen AG c. Comissão.

[315] Neste sentido, Ferro, Miguel Sousa – *A Definição de Mercados Relevantes no Direito Europeu e Português da Concorrência: Teoria e Prática*, Dissertação de Doutoramento em Direito, Almedina, 2015, p. 295.

[316] Ob. ult. cit., p. 297.

[317] Parágrafo 32 do Acórdão do TJ de 21 de fevereiro de 1973 no Processo 6/72 – Continental Can Company Inc. c. Comissão.

[318] Parágrafo 10 do Acórdão do TJ de 14 fevereiro de 1978 no Processo 27/76 – United Brands Company c. Comissão.

Também para a aplicação do art. 101º do TFUE é necessário proceder à definição do mercado relevante, isto quando, conforme supra referido, os acordos, decisões de associação ou práticas concertadas tenham o efeito, e não o objeto, restritivo da concorrência, apontando-se a título de exemplo o Acórdão do TJ de 21 de fevereiro de 1984 no Processo 86/82 – Hasselblad (GB) Limited c. Comissão no qual foi considerado que era necessário definir os limites do mercado em causa para poder determinar a força ou fraqueza da posição da empresa nesse mercado[319]. Refere-se também o Acórdão do TJ de 28 de fevereiro de 1991 no Processo C-234/89 – Stergios Delimitis c. Henninger Bräu AG no qual foi afirmada a importância da definição do mercado para aplicar o atual art. 101º do TFUE quando estejam em causa práticas restritivas da concorrência pelo efeito[320].

Com a definição do mercado relevante, nas vertentes de produto e geografia, torna-se possível identificar as pressões concorrenciais na prestação de um produto ou serviço capazes de demover aumentos de preços ou diminuição da prestação disponibilizada no mercado acima de níveis concorrenciais[321].

Os *fins mediatos* da definição do mercado relevante consistem na fundamentação da constrição da iniciativa económica privada e da liberdade contratual pelos poderes públicos[322]. Os *fins imediatos* consistem em possibilitar a análise da relevância de comportamentos no mercado de modo a determinar a licitude ou ilicitude dos mesmos e imputar a eventual responsabilidade de tais comportamentos e determinar as coimas aplicáveis, bem como, conferir direitos e deveres às empresas em questão e às autoridades públicas[323].

A Comunicação da Comissão relativa à definição de mercado relevante para efeitos do direito comunitário da concorrência (97/C 372/03)[324] define *mercado de produto relevante* como "todos os produtos e/ou serviços

[319] Cfr. parágrafos 19 a 23 do Acórdão do TJ de 21 de fevereiro de 1984 no Processo 86/82 – Hasselblad (GB) Limited c. Comissão.

[320] Cfr. parágrafos 13 a 16 do Acórdão do TJ de 28 de fevereiro de 1991 no Processo C-234/89 – Stergios Delimitis c. Henninger Bräu AG.

[321] Cfr. Sousa Ferro – *A Definição de Mercados Relevantes*, p. 259.

[322] Cfr. ob. ult. cit., p. 254.

[323] Cfr. ob. ult. cit., p. 256.

[324] JO C 372 de 9/12/1997.

considerados permutáveis ou substituíveis pelo consumidor devido às suas características, preços e utilização pretendida"[325].

Com referência ao mercado de produto relevante e a propósito da substituibilidade dos produtos, o Acórdão Continental Can também teceu considerações importantes nesta matéria, conforme supra mencionado, do qual resulta que apenas os produtos e/ou serviços intermutáveis entre si poderão ser incluídos no mercado de produto relevante[326].

Neste sentido, o mercado de produto relevante é aferido em função do grau de substituibilidade, do lado da oferta e da procura, entre os produtos e/ou serviços no mercado para uma utilização específica e também em função das condições de concorrência e da estrutura da oferta e da procura no mercado[327].

Em sentido próximo à Comunicação da Comissão supra referida, Miguel Sousa Ferro define mercado de produto relevante como "o conjunto mais estreito dos produtos e/ou serviços que exercem suficiente pressão concorrencial imediata sobre o produto focal da análise [concorrencial], devido à substituibilidade do lado da procura ou do lado da oferta, de modo a que não haja incentivo económico para um pequeno aumento não transitório de preços do produto focal [da análise concorrencial], na ordem dos 10%, acima de níveis concorrenciais"[328].

Consideramos, desde logo, que a definição de mercado de produto relevante parte de uma *valoração do consumidor* em relação ao produto em causa comparativamente a outros produtos disponíveis no mercado em geral. Pelo que o exercício de delimitação do mercado de produto carece sempre de um juízo interpretativo que simula a valoração do consumidor, juízo esse que por ser interpretativo é ilidível.

Consideramos que o *mercado de produto relevante* será composto pelo conjunto qualificado de produtos e/ou serviços valorados como substituíveis entre si, do lado da oferta e da procura, dada a similaridade dos respetivos atributos, por proporcionarem a mesma utilização específica e por serem disponibilizados a preços comparáveis e em relação aos quais, dada a substituibilidade, verifica-se uma inexistência de incentivo

[325] Parágrafo 7 da Comunicação da Comissão (97/C 372/03).

[326] Parágrafo 32 do Acórdão do TJ de 21 de fevereiro de 1973 no Processo 6/72 – Continental Can Company Inc. c. Comissão.

[327] Sousa Ferro – *A Definição de Mercados Relevantes*, p. 430.

[328] Ob. ult. cit., p. 433.

económico para aumento duradouro dos preços acima de níveis concorrenciais, pelo que os mesmos exercem pressão concorrencial sobre o produto e/ou serviço sujeito à análise concorrencial. Sendo certo que as condições concorrenciais e as estruturas da oferta e da procura no mercado condicionam a substituibilidade.

A Comunicação da Comissão relativa à definição de mercado relevante para efeitos do direito comunitário da concorrência (97/C 372/03) define *mercado geográfico relevante* como "a área em que as empresas em causa fornecem produtos ou serviços, em que as condições da concorrência são suficientemente homogéneas e que podem distinguir-se de áreas geográficas vizinhas devido ao facto, em especial, das condições da concorrência serem consideravelmente diferentes nessas áreas"[329].

Em sentido próximo à Comunicação da Comissão supra referida, Miguel Sousa Ferro define mercado geográfico relevante como o "conjunto das áreas razoavelmente substituíveis pela área ou áreas em que as empresas em causa oferecem e/ou procuram produtos e/ou serviços, seja da perspectiva da procura, seja da perspectiva da oferta, atendendo à presença de condições concorrenciais suficientemente homogéneas"[330].

Consideramos que o *mercado geográfico relevante* é composto pelo conjunto qualificado de áreas substituíveis do lado da oferta e da procura, dada a verificação de condições concorrenciais análogas, pelas áreas nas quais as empresas em questão disponibilizam produtos e/ou serviços em condições concorrenciais suficientemente homogéneas e que não se verificam em áreas limítrofes.

No caso vertente a conduta *sub judice* consiste num acordo entre empresas com objeto e efeito restritivo da concorrência, pelo que é necessário definir o mercado ao qual o acordo respeita, *i.e.*, o mercado relevante para efeitos de aferição da infração visto que esta se verifica por referência a um determinado mercado[331]. Pelo que o primeiro passo para detetar e analisar a presente situação consiste na identificação dos limites materiais e geográficos.

O mercado de produto relevante consistia no mercado dos fármacos administrados para tratar doenças oftálmicas e entre os quais

[329] Parágrafo 8 da Comunicação da Comissão (97/C 372/03).

[330] Sousa Ferro – *A Definição de Mercados Relevantes*, p. 487.

[331] Ob. ult. cit., p. 294.

existia uma relação de substituibilidade na medida em proporcionavam os mesmos efeitos terapêuticos a nível do tratamento da mesma patologia. De facto, para a definição de mercado de produto relevante é necessário atender ao facto de determinados fármacos consubstanciarem sucedâneos ainda que não tenham sido sujeitos ao processo de AIM para uma dada utilização, isto porque para o tratamento de uma dada condição, em termos práticos, podem ser usados os medicamentos com AIM para essa terapia específica como também podem ser usados medicamentos sem AIM[332].

Neste sentido, consideramos que o *Avastin* e o *Lucentis* integravam ambos o mercado de produto relevante, dado que tinham a mesma eficácia terapêutica para o tratamento de doenças oftálmicas.

No âmbito da utilização de medicamentos para indicações terapêuticas não incluídas na AIM, cumpre referir os fenómenos de *cross-labeling* e *skinny labeling* por via dos quais se verificam determinadas práticas que, em termos concretos, possibilitam contornar a proteção conferida por patentes e a aprovação concedida por AIM.

O *cross-labeling* consiste na utilização de medicamentos genéricos para indicações terapêuticas cobertas por patente em vigor e, nesse sentido, não abrangidas pela AIM do genérico em questão[333]. Isto significa que um medicamento genérico destinado a indicações terapêuticas livres pode vir a ser utilizado para usos terapêuticos protegidos por patente em vigor[334]. Este fenómeno adquire proporções consideráveis em função da diferença de preços entre medicamentos de referência e medicamentos genéricos, bem como, a diferença a nível da comparticipação em confronto com a saúde dos pacientes e acesso a fármacos com preços mais acessíveis[335].

O *skinny labeling* consiste na eliminação do resumo das características do medicamento genérico e do folheto informativo de qualquer menção

[332] Neste sentido, DOLIN, Gregory – "*Nonprice competition in 'substitute' drugs: The FTC's blind Spot*", in *The Antitrust Bulletin, Vol. 59, Nº 3*, SAGE Publications, 2014, p. 586.

[333] Cfr. MENDES, Evaristo, SILVA, Paula Costa – "*Liberdade de Empresa e patente de uso*", in VICENTE, Dário Moura, *et al.* (Coordenadores), *Estudos de Direito Intelectual em Homenagem ao Prof. Doutor José de Oliveira Ascensão: 50 anos de vida universitária*, Almedina, 2016, reimpressão, p. 999.

[334] Cfr. MENDES, SILVA – "*Liberdade de Empresa e patente de uso*", p. 999.

[335] Cfr. ob. ult. cit., p. 999-1000.

a indicações terapêuticas protegidas por patente em vigor[336]. Não obstante, é tido como certo que, assim que o fármaco genérico seja introduzido no mercado, o mesmo poderá vir a ser utilizado para a indicações protegidas por patente em vigor[337] o que originará as mesmas questões que o *cross-labeling*.

Neste sentido, o circunstancialismo do caso vertente, *i.e.*, utilização de um fármaco para indicações não constantes da respetiva AIM, não consiste num fenómeno desconhecido no setor farmacêutico, sendo necessário recorrer aos mecanismos legais corretivos de situações que consistam em infrações de direitos de propriedade intelectual ou em incumprimentos de normas regulamentares[338].

Relativamente ao caso *sub judice*, consideramos que a análise das autoridades nacionais da concorrência, bem como da Comissão, deve ser centrada na análise dos fatores determinantes para a aplicação das normas concorrenciais e, inerente, manutenção do normal funcionamento do mercado, devendo ser agnóstica a questões que são regulamentadas por diferentes ramos do direito e fiscalizadas por diferentes entidades com competências nesse sentido, desde que as questões em apreço não se reportem a condutas ilegais. Isto porque, se em termos práticos se verifica, na ausência de qualquer ilegalidade, a permutabilidade entre determinados produtos, é necessário incluir os mesmos no mercado relevante em análise sob pena de, por motivos alheios ao direito da concorrência, ser subtraída à análise em curso uma condicionante de mercado que se pode revelar decisiva para alcançar os efeitos prosseguidos pelas normas da concorrência e ocorrendo, neste sentido, a frustração dos fins do direito da concorrência.

336 Cfr. ob. ult. cit., p. 1003.

337 Cfr. ob. ult. cit., p. 1004.

338 Cumpre referir a opinião de Evaristo Mendes e Paula Costa Silva que consideram que a solução para o *cross-labeling* e o *skinny labeling* consiste na "*limitação quantitativa* à introdução de medicamentos genéricos no mercado sempre que estes tenham um universo clínico potencial coincidente com o dos doentes que podem ser tratados quer com o medicamento de referência, quer com o medicamento genérico" (Mendes, Silva – "*Liberdade de Empresa e patente de uso*", p. 1010). Não concordamos com esta posição na medida em que a mesma não convoca a atuação das entidades que promovem a situação de violação da patente, seja por via direta ou indireta. Consideramos que a solução passa por interditar, através da AIM, o uso do fármaco genérico para determinadas indicações terapêuticas não podendo haver prescrição para as indicações interditas pela AIM.

O mercado geográfico relevante reporta-se a Itália em cujo território foram praticados os atos referentes ao acordo controvertido que visava obter uma diferenciação artificial entre os medicamentos *Avastin* e *Lucentis*.

Pelo que, atendendo ao supra exposto, consideramos acertada a identificação do mercado relevante efetuada pelo TJ.

11.3. Quanto à primeira parte da primeira questão – acordo entre licenciante e licenciada restritivo da concorrência

11.3.1. Análise do Tribunal de Justiça

A matéria a esclarecer consistia em determinar se o artigo 101º, nº 1 do TFUE devia ser interpretado no sentido de as restrições da concorrência acordadas entre as contraentes num acordo de licença se subtraíam à aplicação do nº 1 do referido artigo, ainda que não estivessem previstas nesse acordo, mas serem acessórias ao mesmo. Considerou o Tribunal que se tratava de determinar se uma restrição da concorrência se poderia subtrair à proibição estatuída no art. 101º, nº 1 do TFUE. A justificação para tal subtração seria o facto de a restrição consubstanciar "o acessório de uma operação principal desprovida de tal caráter anticoncorrencial"[339], sendo necessário determinar se a operação principal seria inexecutável caso a restrição em questão não se verificasse. Sendo que não se poderia considerar que o facto de a operação principal se tornar mais difícil de executar ou menos lucrativa sem a restrição em questão conferia "a esta restrição o caráter objetivamente necessário exigido para poder ser qualificada de acessória"[340].

O TJ concluiu que o art. 101º do TFUE deve ser interpretado no sentido de que se as contraentes num acordo de licença referente à exploração de um fármaco acordarem em determinada matéria, tendo o acordo a finalidade de condicionar o comportamento de terceiros no sentido de utilizarem um outro fármaco para o tratamento de determinada doença, tal acordo não está subtraído à proibição estatuída no

[339] Parágrafo 71 do Acórdão C-179/16.

[340] Parágrafo 71 do Acórdão C-179/16.

art. 101º, nº 1 do TFUE em virtude de tal acordo ser acessório ao referido acordo de licença[341].

11.3.2. Análise crítica

O art. 101º do TFUE tem por finalidade obstar a que duas ou mais empresas coordenem a sua conduta concorrencial com o objetivo de restringir a concorrência entre si mesmas ou em relação a terceiros[342].

O acordo entre empresas é uma das modalidades de condutas de cooperação empresarial abrangida pela proibição do art. 101º, nº 1 do TFUE. O *conceito jusconcorrencial de acordo entre empresas* reporta-se a um entendimento comum para atuação concertada no mercado de pelo menos duas empresas distintas ou autónomas[343], o que se traduz num comportamento continuado das empresas em causa que induz um estado ou funcionamento do mercado[344]. Este conceito é concebido em termos latos de modo a abranger qualquer forma de entendimento entre empresas sobre a atuação futura no mercado[345], não sendo exigida a formalização jurídica do entendimento ou conjunto de entendimentos[346].

No caso vertente verificou-se um acordo acessório entre a Roche Itália e a Novartis Itália, concretizando-se o mesmo num *plano efetivo* para difundir informações relativamente a efeitos indesejáveis decorrentes do uso do *Avastin* para com isso provocar uma diminuição do uso desse fármaco em prol do *Lucentis* que veria as suas vendas aumentar.

Pelo que as duas empresas, Roche Itália e Novartis Itália, praticaram, em sintonia, atos no mercado relevante referentes a dois produtos, cada um comercializado por cada uma das empresas em questão. Sendo que o objetivo destes atos consistia na redução da pressão concorrencial do *Avastin* sobre o *Lucentis*, ou seja, os produtos comercializados pelas duas empresas em questão.

Consideramos que o acordo acessório em apreço requer uma análise distinta e separada do contrato de licença com o qual tem ligação, isto

[341] Cfr. parágrafo 75 do Acórdão C-179/16.

[342] Cfr. Moura e Silva – *Direito da Concorrência*, p. 499.

[343] Cfr. Silva Morais – *Os conceitos de objecto e efeito*, p. 21.

[344] Cfr. ob. ult. cit., p. 24.

[345] Cfr. ob. ult. cit., p. 21.

[346] Cfr. ob. ult. cit., p. 22.

porque, a ligação em apreço não se trata de um vínculo funcional nem de concausalidade, no sentido de não se justificar a execução do contrato de licença sem ocorrer a execução do acordo acessório em questão. Ou seja, o contrato de licença sempre seria executado ainda que o não fosse o acordo acessório, podendo, neste cenário, haver menos lucros com a exploração comercial do direito ao abrigo do contrato de licença (comercialização do *Lucentis*). Neste sentido, a *operação primária* de execução do contrato de licença ocorreria mesmo que não ocorresse a *operação secundária* de execução acordo acessório.

Da análise isolada ao acordo acessório em questão, conclui-se que este consiste numa conduta coordenada entre empresas proibida nos termos do art. 101º, nº 1 do TFUE.

Pelo que, atendendo ao supra exposto, consideramos acertada a interpretação do TJ do art. 101º, nº 1 do TFUE no sentido de o acordo acessório em apreço não se subtrair à proibição presente na referida norma.

11.4. Quanto à quinta questão – restrição da concorrência por objetivo e acordo entre empresas concorrentes

11.4.1. Análise do Tribunal de Justiça

A matéria a esclarecer consistia em determinar se o art. 101º, nº 1 do TFUE deve ser interpretado no sentido de constituir uma restrição da concorrência por objetivo o acordo entre duas empresas que comercializam dois fármacos concorrentes, tendo o acordo por objeto a disseminação de informações sobre efeitos indesejáveis decorrentes do uso de um fármaco quando aplicado para indicações terapêuticas que não constam da respetiva AIM, tendo este acordo a finalidade de reduzir a pressão concorrencial provocada no medicamento que tem AIM para as indicações terapêuticas em questão[347].

Para aferir se um acordo é ou não restritivo da concorrência por objetivo, é necessário atender às suas cláusulas, finalidades prosseguidas, bem como, ao contexto jurídico e económico em que o acordo se insere,

[347] Cfr. parágrafo 77 do Acórdão C-179/16.

designadamente, a natureza dos bens ou serviços afetados e as condições reais do funcionamento e da estrutura do mercado em causa[348].

Atendendo às características do mercado de fármacos, seria provável que a disseminação de informações sobre efeitos indesejáveis decorrentes do uso de um medicamento impelisse os médicos prescritores a parar de prescrever esse medicamento o que provocaria uma diminuição da procura de tal fármaco[349].

Atendendo ao supra exposto, concluiu o TJ que o art. 101º, nº 1 do TFUE deve ser interpretado no sentido de o acordo supra descrito consubstanciar uma restrição da concorrência por objetivo[350].

11.4.2. Análise crítica

Conforme referido supra, verificou-se um acordo acessório entre a Roche Itália e a Novartis Itália para a difusão de informações a profissionais de saúde sobre efeitos indesejáveis decorrentes do uso do *Avastin* aplicado ao tratamento de doenças oculares. Sendo que esta conduta era funcionalmente dirigida a que os médicos prescritores parassem de receitar o *Avastin* dado os efeitos indesejáveis que o mesmo poderia provocar nos pacientes.

Pelo que ao acordo acessório em apreço estava subjacente um "programa global (indutor de um estado anticoncorrencial)"[351] na medida em que o plano de ação de difundir as informações pretendia provocar a diminuição da prescrição do *Avastin* para, deste modo, ser reduzida a pressão concorrencial exercida pelo *Avastin* sobre o *Lucentis*.

Pelo que o objeto imediato de divulgação das informações alegadamente enganadoras sobre o *Avastin* aplicado ao tratamento de patologias oculares e o objeto mediato da concorrência no mercado e pressão concorrencial exercida pelo *Avastin* sobre o *Lucentis* consubstanciam objeto restritivo da concorrência e, como tal, proibido nos termos do art. 101º, nº 1 do TFUE.

Adicionalmente, ainda que seja desnecessário avaliar os efeitos do acordo acessório em questão dado que o objeto já qualifica o mesmo

348 Cfr. parágrafo 79 do Acórdão C-179/16.

349 Cfr. parágrafo 93 do Acórdão C-179/16.

350 Cfr. parágrafo 95 do Acórdão C-179/16.

351 Silva Morais – *Os conceitos de objecto e efeito*, p. 37.

como restritivo da concorrência[352], verifica-se neste caso que a prática dos atos previstos no acordo acessório teve como efeito a redução da prescrição do *Avastin*, ou seja, produziu "efeitos concretos negativos para o processo de concorrência"[353] no mercado dos fármacos para o tratamento de doenças oculares.

Pelo que a supressão da pressão concorrencial exercida pelo *Avastin* sobre o *Lucentis* na área de tratamento de doenças oftálmicas consubstancia efeito restritivo da concorrência e, como tal, proibido nos termos do art. 101º, nº 1 do TFUE.

Sendo certo que, conforme jurisprudência do TG no Acórdão de 8 de julho de 2004 nos Processos T-67/00 etc. – JFE Engineering Corp. c. Comissão, foi estabelecido que "as empresas que celebram um acordo com o objectivo de restringir a concorrência não podem, em princípio, eximir-se alegando que o acordo não devia ter uma incidência considerável na concorrência"[354]. Pelo que a Roche Itália e a Novartis Itália não poderiam exonerar-se da prática da infração estatuída no art. 101º, nº 1 do TFUE alegando que o acordo não tinha como finalidade a afetação das condições concorrenciais do mercado.

Neste sentido, o acordo acessório em questão apresentava objeto e efeito restritivos da concorrência e como tal subsumia-se à proibição do art. 101º, nº 1 do TFUE. Pelo que, atendendo ao supra exposto, consideramos acertada a interpretação do TJ do art. 101º, nº 1 do TFUE no sentido de o acordo acessório em apreço não se subtrair à proibição presente na referida norma.

[352] Neste sentido, o Acórdão do TG de 8 de julho de 2004 nos Processos T-67/00, T-68/00, T-71/00 e T-78/00 – JFE Engineering Corp. c. Comissão. Também neste sentido, Silva Morais – *Os conceitos de objecto e efeito*, p. 26.

[353] Silva Morais – *Os conceitos de objecto e efeito*, p. 26.

[354] Parágrafo 384 do Acórdão do TG de 8 de julho de 2004 nos Processos T-67/00, T-68/00, T-71/00 e T-78/00 – JFE Engineering Corp. c. Comissão.

11.5. Quanto à segunda parte da primeira questão – isenções e acordo entre licenciante e licenciada restritivo da concorrência

11.5.1. Análise do Tribunal de Justiça

A matéria a esclarecer consistia em determinar se o artigo 101º do TFUE devia ser interpretado no sentido de que um acordo de restrições da concorrência acordadas entre as contraentes num acordo de licença podia beneficiar da isenção prevista no nº 3 da norma em apreço[355].

A aplicabilidade da isenção em questão depende da verificação cumulativa de quatro requisitos: **a)** o acordo contribui para melhorar a produção ou a distribuição dos produtos ou dos serviços em questão ou para promover o progresso técnico ou económico, **b)** é reservado aos utilizadores uma parte equitativa do lucro daí resultante, **c)** não impõe às empresas participantes qualquer restrição não indispensável e **d)** não se dá às empresas participantes a possibilidade de eliminar a concorrência para uma parte substancial dos produtos ou serviços em causa[356].

No caso vertente a conduta de disseminação de informação enganadora relativamente a um fármaco não era *indispensável,* na aceção do art. 101º, nº 3 do TFUE, de modo a que pudesse beneficiar da isenção prevista na referida norma[357].

Atendendo ao supra exposto, conclui o TJ que o art. 101º do TFUE deve ser interpretado no sentido de que um acordo conforme o supra descrito não pode beneficiar da isenção prevista no art. 101º, nº 3 do TFUE[358].

11.5.2. Análise crítica

A Comunicação da Comissão relativa a orientações sobre a aplicação do artigo 101º do TFUE aos acordos de cooperação horizontal (2011/C 11/01)[359] estabelece os princípios para a apreciação, nos termos do art. 101º do TFUE, dos acordos entre empresas.

[355] Cfr. parágrafo 96 do Acórdão C-179/16.

[356] Cfr. parágrafo 97 do Acórdão C-179/16.

[357] Cfr. parágrafo 98 do Acórdão C-179/16.

[358] Cfr. parágrafo 101 do Acórdão C-179/16.

[359] JO C11 de 14/01 2011.

Em primeiro lugar deve ser analisado se o acordo em questão tem objeto ou efeito restritivo da concorrência. Sendo que apenas as restrições *sensíveis* da concorrência, por objeto ou efeito, se encontram abrangidas pela proibição do art. 101º do TFUE nos termos da Comunicação da Comissão relativa aos acordos de pequena importância que não restringem sensivelmente a concorrência nos termos do art. 81º, nº 1 do Tratado [atual art. 101º, nº 1 do TFUE] que institui a Comunidade Europeia (de minimis)[360]. Para determinar o que se entende por restrição *sensível* da concorrência importa referir o Acórdão do TJ de 9 de julho de 1969 no Processo 5/69 – Franz Völk c. SPRL Ets J. Vervaecke, em que o TJ considerou que "para determinar se o contrato controvertido é abrangido pela proibição enunciada no nº 1 do artigo 85º do Tratado CEE, é necessário tomar em consideração a fracção do mercado que o demandante [interessado na isenção] efectivamente conquistou ou que tentou conquistar nos Estados-membros da CEE"[361], concluindo o TJ que "a proibição do artigo 85º não se aplica a um acordo que apenas afecta o mercado de modo insignificante, tendo em conta a situação pouco relevante que os interessados ocupam no mercado dos produtos em causa"[362]. Pelo que apenas *restrições significativas da concorrência* se encontram abrangidas pela proibição do art. 101º do TFUE.

Em primeiro lugar, ficou provado que o acordo acessório tinha o objetivo e efeito anticoncorrencial de diminuir as vendas do *Avastin* em prol do *Lucentis*, o que efetivamente aconteceu visto que se verificou a diminuição substancial da prescrição do *Avastin* em prol *Lucentis*. Pelo que ocorreu uma restrição substancial da concorrência exercida pelo *Avastin* que tinha um posicionamento importante no mercado relevante em questão.

Em segundo lugar, após a confirmação do carácter restritivo da concorrência do acordo, devem ser analisados os benefícios do acordo para a concorrência, *i.e.*, os ganhos de eficiência, sendo esta análise do equilíbrio entre os efeitos restritivos e os efeitos pró-concorrenciais efetuada

[360] JO C 368 de 22/11/2001.

[361] Parágrafo 1 dos Fundamentos da decisão do Acórdão do TJ de 9 de julho de 1969 no Processo 5/69 – Franz Völk c. SPRL Ets J. Vervaecke.

[362] Parágrafo 7 dos Fundamentos da decisão do Acórdão do TJ de 9 de julho de 1969 no Processo 5/69 – Franz Völk c. SPRL Ets J. Vervaecke.

nos termos do art. 101º, nº 3 do TFUE. Sendo o acordo nulo, nos termos do art. 101º, nº 2 do TFUE, caso os efeitos pró-concorrenciais não justifiquem a restrição da concorrência.

No caso em apreço, não se verificou a existência de ganhos de eficiência, em rigor, verificou-se o oposto, isto porque o *Avantis* deixou de ser prescrito e passou a ser prescrito o *Lucentis* cujo preço era superior ao preço do *Avantis*.

Adicionalmente, deve também ser analisado o carácter *indispensável* da restrição da concorrência, consistindo a indispensabilidade na circunstância de não ser possível obter os ganhos eficiência sem operacionalizar a restrição em questão, não excedendo a restrição o necessário para atingir os ganhos de eficiência.

No caso vertente, constatou-se a inexistência de ganhos de eficiência decorrentes da restrição da concorrência, pelo que a verificação deste requisito falharia à partida. Adicionalmente, o acordo acessório de disseminação de informação enganadora relativamente a um fármaco não configurava uma restrição indispensável da concorrência, isto porque o acordo principal, o contrato de licença, seria executado pelas respetivas partes independentemente do acordo acessório e verificar-se-ia a comercialização de bens ao abrigo da licença. Pelo que a restrição da concorrência operada por via do acordo acessório não era indispensável nos termos do art. 101º, nº 3 do TFUE, e, neste sentido, não poderia beneficiar da isenção prevista na referida norma.

Para a aplicação da isenção prevista no art. 101º, nº 3 do TFUE é necessária a verificação de quatro requisitos cumulativos. Sendo que dois dos requisitos consistem em **a)** ganhos de eficiência derivados da restrição e **b)** carácter indispensável da restrição da concorrência para a prossecução dos objetivos pró-concorrenciais, ou seja, dos ganhos de eficiência. Conforme supra analisado, estes dois requisitos não se verificaram, pelo que o acordo acessório não poderia beneficiar da isenção prevista no art. 101º, nº 3 do TFUE.

Neste sentido, consideramos acertada a interpretação do TJ do art. 101º, nº 3 do TFUE no sentido de o acordo acessório em apreço não poder beneficiar da isenção prevista no art. 101º, nº 3 do TFUE, pelo que o acordo se subsumia à proibição do art. 101º, nº 1 do TFUE.

11.6. Conclusões

Da análise efetuada pelo TJ é possível concluir que a existência e o exercício de direitos de propriedade intelectual não são incompatíveis com a aplicação do direito da concorrência, na verdade, no caso vertente, as normas concorrenciais não operaram qualquer restrição dos direitos de propriedade intelectual em causa, limitando-se a demarcar a fronteira entre o exercício lícito de tais direitos e práticas anticoncorrenciais alicerçadas em tais direitos, no caso concreto, direitos de patente sobre os fármacos *Avastin* e *Lucentis*, bem como, direitos de distribuição comercial no território de Itália.

No caso vertente, ficou comprovada a utilização de direitos de propriedade intelectual como o meio para executar uma conduta dirigida a restringir a concorrência, havendo, portanto, o exercício indevido do direito de patente com o propósito de excluir um concorrente do mercado, consubstanciando a situação uma efetiva prática anticoncorrencial.

Consideramos que no caso vertente se verificou a prática **anticoncorrencial** de acordos de licença e distribuição que contemplam obrigações para as partes tendentes à criação ou manutenção de monopólios de exploração comercial do medicamento objeto do acordo ou outro medicamento comercializado pela empresa licenciante, na medida em que o acordo acessório ao acordo de licença era dirigido a criar um monopólio de mercado relativamente a um fármaco comercializado pela licenciante.

§ 12. PROCESSO T-321/05 – ASTRAZENECA C. COMISSÃO EUROPEIA

12.1. Matéria *sub judice*

O Acórdão do TG de 1 de julho de 2010 proferido no Processo T-321/05 – AstraZeneca c. Comissão (doravante Acórdão T-321/05) refere-se a um caso que remonta a 15 de junho de 2005 em relação ao qual a Comissão adotou a Decisão C (2005) 1757 final de 15 de junho de 2005 relativa a um processo nos termos do art. 82º TCE (atual art. 102º do TFUE) e do art. 54º do Acordo do Espaço Económico Europeu no Processo COMP/A.37.507/F3 – AstraZeneca (doravante Decisão AstraZeneca). Nos termos da Decisão AstraZeneca em apreço, a Comissão aplicou uma coima de 60 milhões de euros à empresa sueca AstraZeneca AB e à empresa AstraZeneca plc do Reino Unido, em função da violação das normas em apreço. As empresas em questão recorreram para o TG peticionando a anulação da Decisão AstraZeneca, tendo o recurso sido apoiado pela European Federation of Pharmaceutical Industries and Associations.

O grupo empresarial AstraZeneca tem a sua origem na fusão da Astra AB, empresa sueca, com a empresa Zeneca Group plc, do Reino Unido, que resultou, a 6 de abril de 1999, na AstraZeneca plc que é uma holding sediada no Reino Unido. A Astra AB passou a ser detida a 100% pela holding, tendo mudado o seu nome para AstraZeneca AB, e tornou-se numa empresa de I&D, marketing e produção. Doravante, a referência a "AstraZeneca" abrange todas as empresas em relação de grupo, após a fusão supra mencionada, e que atuam no setor farmacêutico, a nível mundial, na área de medicamentos de referência para doenças gastrointestinais.

Um dos principais produtos comercializados pela AstraZeneca consistia no medicamento à base da molécula *omeprazol*, comercializado, na generalidade dos mercados da Europa, sob a marca *Losec*. Este medicamento atua sobre a bomba protónica, sendo que esta consiste numa enzima que injeta ácido para o estômago e provoca a hiper-acidez. A eficácia terapêutica deste medicamento consiste em inibir ou bloquear a hiper-acidez provocada pela bomba protónica. Neste sentido, o Acórdão T-321/05 por vezes refere-se ao medicamento em apreço, *Losec*, como *bloqueador da bomba protónica*.

A 12 de maio de 1999, a Generics (UK) Ltd e a Scandinavian Pharmaceuticals Generics AB denunciaram a Astra AB, nos termos do art. 3º do Regulamento nº 17[363], de 6 de fevereiro de 1962, primeiro regulamento de execução dos artigos 81º e 82º do TCE [atuais arts. 101º e 102º do TFUE], por comportamentos destinados a impedi-las de entrar no mercado com versões genéricas do *omeprazol* em determinados mercados do Espaço Económico Europeu (doravante EEE). Sendo de referir que, atualmente, é o Regulamento (CE) nº 1/2003 que dispõe sobre a execução das regras de concorrência estabelecidas nos arts. 101º e 102º do TFUE.

A 9 de fevereiro de 2000 a Comissão notificou a AstraZeneca para esta se submeter a verificações nas suas instalações no Reino Unido e na Suécia. A 25 de julho de 2003 a Comissão decidiu instaurar um processo, comunicando as acusações à AstraZeneca a 29 de julho de 2003, e decidindo, a 15 de junho de 2005, que a AstraZeneca AB e a AstraZeneca plc tinham praticado dois abusos de posição dominante, violando, portanto, o art. 82º do TCE (atual art. 102º do TFUE) e o art. 54º do Acordo do Espaço Económico Europeu (doravante Acordo EEE).

Os atos de abuso de posição dominante consistiam em: **a)** sequência de declarações alegadamente fraudulentas apresentadas junto dos institutos de patentes da Alemanha, Bélgica, Dinamarca, Noruega, Holanda e do Reino Unido e junto dos tribunais nacionais da Alemanha

[363] JO 13 de 21/02/1962.

e Noruega com a finalidade de obter CCPs sobre as patentes do fármaco *Losec* e **b)** apresentação de pedidos de anulação de AIMs do *Losec em cápsulas* na Dinamarca, Noruega e Suécia, concomitantemente com a retirada do mercado do *Losec em cápsulas* e do lançamento do *Losec MUPS* em comprimidos nos três referidos países.

A Comissão aplicou à AstraZeneca AB e à AstraZeneca plc, conjunta e solidariamente, uma coima no valor de 46 milhões de euros, bem como, uma coima no valor de 14 milhões de euros à AstraZeneca AB.

12.2. Mercado relevante

12.2.1. Análise do Tribunal Geral

A Comissão concluiu, na Decisão AstraZeneca, que o mercado de produtos relevante era composto exclusivamente pelos bloqueadores da bomba protónica (doravante BBP), ou seja, o *omeprazol* comercializado sob a marca *Losec* (dado que este foi durante largos anos o único produto com a função de BBP), e concluiu também que os produtos anteriormente existentes no mercado, concretamente, os anti histamínicos (doravante anti-H2) não exerciam pressões concorrenciais significativas. Esta conclusão foi baseada nas características da concorrência do sector farmacêutico, designadamente, características intrínsecas dos produtos e respetivos usos terapêuticos, aumento contínuo das vendas dos BBP em detrimento dos anti-H2 e fatores de preço[364].

O TG considerou que o "debate entre as partes relativamente à definição do mercado relevante concentra-se na interacção concorrencial entre dois produtos farmacêuticos"[365], os BBP e os anti-H2. Pelo que a análise do TG principiou por esclarecer que tanto os BBP como os anti-H2 consistiam em produtos que tratavam doenças gastrointestinais relacionadas com a hiper-acidez, contudo, os BBP atuavam diretamente sobre a bomba protónica (enzima que injeta o ácido para o estômago), enquanto que os anti-H2 apenas atuavam sobre um dos estimulantes da bomba protónica. Neste sentido, a eficácia terapêutica dos BBP era

364 Cfr. parágrafo 28 do Acórdão T-321/05.

365 Parágrafo 61 do Acórdão T-321/05.

superior à dos anti-H2[366]. Adicionalmente, resultou de declarações de peritos médicos que, entre 1991 e 2000, os BBP e os anti-H2 eram administrados para o tratamento das mesmas doenças mas os BBP eram utilizados para "formas graves das infecções"[367] e os anti-H2 para "formas ligeiras dessas afecções"[368], pelo que se verificava que os produtos em apreço "eram objecto de uma utilização diferenciada"[369].

Em função desta ordem ideias, o TG concluiu que a Comissão tinha considerado corretamente que o mercado relevante era exclusivamente composto pelos BBP[370].

12.2.2. Análise crítica

Conforme já referimos supra aquando das considerações gerais que tecemos a propósito do mercado relevante (*vd.* §11.2.2), a jurisprudência assente da UE determina que é necessário definir o mercado relevante para efeitos de aferir se uma empresa detém posição dominante. Isto significa que a noção de posição dominante é relativa ao mercado a que respeita, *i.e.*, o mercado relevante para efeitos de aferição da infração visto que esta se verifica por referência a um determinado mercado. Pelo que o primeiro passo para detetar e analisar situações de abuso de posição dominante consiste na identificação dos limites materiais e geográficos em questão.

Além do Acórdão United Brands e Continental Can a que já nos referimos supra (*vd.* §11.2.2), cumpre salientar o Acórdão do TG de 15 de março de 2000 no Processo T-25/95 etc. – Cimenteries CBR SA *et al.* c. Comissão no qual foi referido que "No âmbito da aplicação do artigo 86.° do Tratado [atual art. 102º do TFUE], a definição adequada do mercado em causa é condição necessária e prévia a qualquer julgamento que incida sobre um comportamento pretensamente anticoncorrencial"[371].

[366] Cfr. parágrafo 63 do Acórdão T-321/05.

[367] Parágrafo 69 do Acórdão T-321/05.

[368] *Idem.*

[369] Parágrafo 72 do Acórdão T-321/05.

[370] Cfr. parágrafo 73 do Acórdão T-321/05.

[371] Parágrafo 833 do Acórdão do TG de 15 de março de 2000 no Processo T-25/95 etc. – Cimenteries CBR SA *et al.* c. Comissão.

Adicionalmente, cumpre referir que a circunstância de existência de monopólio legal, como por exemplo a detenção de direitos exclusivos de propriedade intelectual, não dispensa a definição do mercado relevante. Neste caso, a análise deverá determinar se o monopólio legal é total ou parcial, *i.e.*, se contempla todos os produtos substituíveis entre si do lado da procura[372], sendo necessário determinar a substituibilidade com outros produtos.

No caso vertente, o mercado de produto relevante consistia no mercado dos BBP dado que estes eram os únicos fármacos administrados para tratar doenças gastrointestinais relacionadas com a hiper-acidez em *formas graves das infeções*. Adicionalmente, não existiam outros fármacos com a mesma eficácia terapêutica, pelo que não havia substituibilidade entre o BBP *omeprazol* e outros produtos farmacêuticos. Acresce ainda que, a AstraZeneca foi durante muito tempo a única operadora no mercado a disponibilizar um fármaco com a funcionalidade de BBP.

O mercado geográfico relevante reporta-se ao território da UE e do EEE, mais especificamente, os países em cujos institutos nacionais de patentes foram apresentados pedidos de CCPs pela AstraZeneca, nomeadamente, Alemanha, Áustria, Bélgica, Dinamarca, Finlândia, Irlanda, Luxemburgo, Noruega, Holanda, Suécia e Reino Unido.

Pelo que, atendendo ao supra exposto, consideramos acertada a identificação de mercado relevante efetuada pela Comissão e, posteriormente, pelo TG.

12.3. Posição dominante da AstraZeneca no mercado relevante de BBP

12.3.1. Análise do Tribunal Geral

Quotas de mercado da AstraZeneca

Relativamente à relevância conferida à detenção de quotas substanciais de mercado para a determinação de uma eventual posição dominante da AstraZeneca, o TG referiu que "embora o significado de quotas de mercado varie de um mercado para outro, a detenção, ao longo do

[372] Cfr. SOUSA FERRO – *A Definição de Mercados Relevantes*, p. 320.

tempo, de uma quota de mercado extremamente importante constitui, salvo circunstâncias excepcionais, prova da existência de uma posição dominante" [373]. E referiu também o TG que decorria da jurisprudência que "quotas de mercado superiores a 50% constituem quotas de mercado extremamente elevadas [...] e que uma quota de mercado entre 70% e 80% constitui, por si só, um indício claro da existência de uma posição dominante"[374].

As quotas de mercado da AstraZeneca consistiam nas seguintes:

- **Alemanha** – 96% em 1993 e aproximadamente 83% em 1994, sendo que estas diminuíram bastante aquando da entrada no mercado do *omeprazol* genérico em 1999,
- **Bélgica** – 100% em 1993, superior a 90% entre 1994 e 1996, ligeiramente inferior a 90% em 1997, 81% em 1998 e 68% em 2000,
- **Dinamarca** – 100% em 1993, 97,47% em 1994, entre 85% e 75% de 1995 a 1997, registando um aumento em 1998 e estabilizando ligeiramente abaixo de 75% em 1999,
- **Noruega** – entre 100% e 74% de 1993 a 2000, tendo havido uma queda em 1998 motivada pelas importações paralelas que cessaram em 1999,
- **Holanda** – entre 100% e 86% de 1993 a 2000, sendo uma parte respeitante a importadores paralelos até 1998,
- **Suécia** – 9/10 entre 1993 e 1999 e 8/10 em 2000, sendo uma parte respeitante a importações paralelas,
- **Reino Unido** – entre 100% e 88% de 1993 a 1996, 76% em 1997, 68% em 1998, 63% em 1999 e 57% em 2000[375].

O TG considerou, tendo em conta em estes valores, que a detenção de quotas de mercado desta ordem constituía um indicador relevante do poder de mercado da AstraZeneca[376].

Níveis de preços

O TG referiu que, ao tomar em linha de conta o facto de os preços decorrerem ou serem influenciados por decisões de autoridades públicas,

[373] Parágrafo 242 do Acórdão T-321/05.

[374] Parágrafo 243 do Acórdão T-321/05.

[375] Cfr. parágrafos 244 a 252 do Acórdão T-321/05.

[376] Cfr. parágrafo 253 do Acórdão T-321/05.

é necessário atender ao facto de que as empresas que disponibilizam pela primeira vez um fármaco com muito valor terapêutico, atendendo ao nível de inovação, conseguem obter preços ou valores de reembolso das autoridades públicas superiores comparativamente aos produtos já existentes[377].

A AstraZeneca foi a primeira farmacêutica a disponibilizar um BBP, o *omeprazol*, e como tal, conseguiu um preço superior, o que era difícil de obter pelas empresas que, posteriormente, colocavam outros BBP no mercado, designadamente, *lansoprazol*, o *pantoprazol* e o *rabeprazol*[378]. Acresce que o facto de a AstraZeneca ter conseguido conservar as quotas de mercado, enquanto praticava preços superiores, é um indicador que o comportamento da AstraZeneca não estava sujeito a pressões concorrenciais por parte dos concorrentes, clientes e consumidores[379]. Pelo que o TG considerou que a Comissão não tinha cometido um erro ao tomar em conta os indicadores de preços para avaliar a posição concorrencial da AstraZeneca no mercado[380].

Utilização dos direitos de propriedade intelectual

O TG refere que "os direitos de propriedade intelectual não podem ser apresentados como não constituindo um elemento relevante para comprovar a existência de uma posição dominante"[381] e que "embora não se possa considerar que a mera detenção de direitos de propriedade intelectual confere tal posição, esta é susceptível, no entanto, em determinadas circunstâncias, de criar uma posição dominante, nomeadamente conferindo à empresa a possibilidade de se opor à existência de uma concorrência efectiva no mercado"[382].

Constatou-se que a AstraZeneca conseguia exercer uma forte pressão concorrencial com base na proteção por patente de que beneficiava o seu fármaco *omeprazol*[383].

[377] Cfr. parágrafo 256 do Acórdão T-321/05.
[378] Cfr. parágrafo 259 do Acórdão T-321/05.
[379] Cfr. parágrafo 261 do Acórdão T-321/05.
[380] Cfr. parágrafo 269 do Acórdão T-321/05.
[381] Parágrafo 270 do Acórdão T-321/05.
[382] *Idem.*
[383] Cfr. parágrafo 271-272 do Acórdão T-321/05.

O TG rejeitou a posição que sustentou que tomar em ponderação os direitos de propriedade intelectual e o respetivo exercício para determinar a existência de posição dominante resultaria na diminuição de incentivos à inovação[384].

Posição da AstraZeneca de primeiro operador a entrar no mercado

O TG considerou que "a circunstância de os produtos genéricos serem susceptíveis de afectar a posição dominante de AZ [AstraZeneca] não põe em causa o facto de o seu estatuto de primeiro operador a entrar no mercado lhe ter conferido vantagens concorrenciais consideráveis"[385], tendo o TG referido que "ao longo dos períodos considerados pela Comissão e em que a AZ [AstraZeneca] se encontrava em posição dominante, os produtos genéricos não tinham afectado a posição dominante da AZ [AstraZeneca] nos mercados geográficos considerados"[386].

Poder financeiro da AstraZeneca

A AstraZeneca exibia, de 1993 a 2000, recursos financeiros e volume de negócios superiores aos dos seus concorrentes, sendo que esta superioridade era proveniente quase em exclusivo das atividades na área farmacêutica, pelo que estes aspetos constituíam fatores relevantes para apreciar a posição concorrencial da AstraZeneca no mercado[387].

Atendendo às considerações supra, o TG concluiu que a Comissão não tinha cometido erros de apreciação ao determinar que a AstraZeneca detinha uma posição dominante, nos termos do art. 82º do TCE (atual art. 102º do TFUE) e do art. 54º do Acordo EEE, no mercado dos BBP na Alemanha de 1993 até ao final de 1997, na Bélgica de 1993 até ao final de 2000, na Dinamarca de 1993 até ao final de 1999, na Noruega de 1994 até ao final de 2000, na Holanda de 1993 até ao final de 2000, no Reino Unido de 1993 até ao final de 1999 e na Suécia de 1993 até ao final de 2000[388].

384 Cfr. parágrafo 273 do Acórdão T-321/05.
385 Parágrafo 280 do Acórdão T-321/05.
386 *Idem.*
387 Cfr. parágrafo 284-285 do Acórdão T-321/05.
388 Cfr. parágrafo 294 do Acórdão T-321/05.

12.3.2. Análise crítica

Após a identificação do mercado relevante supra (*vd.* §12.2) já é possível partir para o segundo passo para detetar situações de abuso de posição dominante, passo esse que consiste na confirmação da existência de posição dominante por parte de um agente económico no mercado relevante.

Um dos aspetos relevantes no caso vertente é o facto de a AstraZeneca deter patentes com referência ao mercado de produto relevante, pelo que cumpre referir que, a atribuição um direito exclusivo não confere isenção relativamente ao art. 102º do TFUE (com exceção do art. 106º, nº 2 do TFUE) como também não possibilita uma presunção de posição dominante[389]. Pelo que não obstante a detenção de direitos exclusivos com referência ao mercado de produto relevante, será sempre necessário efetuar uma análise concorrencial para aferir da existência ou não de uma posição dominante.

A propósito da detenção de direitos de propriedade intelectual, o Acórdão do TJ de 6 de abril de 1995 nos Processos apensos C-241/91 e C-242/91 P – RTE e ITP c. Comissão e Magill TV Guide Ltd menciona que "No que se refere à posição dominante, deve recordar-se, antes de mais, que o simples facto de ser titular de um direito de propriedade intelectual não pode conferir tal posição"[390], contudo, prossegue o acórdão referindo que a detenção destes direitos pode conferir, em determinados casos, "o poder de-criar entraves à existência de uma concorrência efectiva no mercado"[391]. Também neste sentido, MIGUEL MOURA E

[389] Cfr. MOURA E SILVA – *Direito da Concorrência*, p. 894. MOURA E SILVA refere que "a atribuição de um *monopólio legal* [como por exemplo, o registo de uma patente ou de um CCP] não confere imunidade relativamente ao art. 102º [do TFUE], com exceção das circunstâncias especiais mencionadas no nº 2 do art. 106º TFUE" (MOURA E SILVA – *Direito da Concorrência*, p. 894). Refere também o Autor que "a atribuição de um monopólio legal não elimina a necessidade de demonstrar a existência de uma posição dominante num mercado relevante correctamente definido (não existe, pois, uma presunção de posição dominante a partir da existência de um monopólio legal, *e.g.*, uma patente pode não conferir qualquer poder de mercado ao seu titular desde que os produtos ou processos objecto da mesma tenha sucedâneos)" (MOURA E SILVA – *Direito da Concorrência*, p. 894).

[390] Parágrafo 46 do Acórdão do TJ de 6 de abril de 1995 nos Processos apensos C-241/91 e C-242/91 P – RTE e ITP c. Comissão *et al.*.

[391] Parágrafo 47 do Acórdão do TJ de 6 de abril de 1995 nos Processos apensos C-241/91 e C-242/91 P – RTE e ITP c. Comissão *et al.*.

SILVA ao referir que "A existência de direitos de propriedade intelectual pode ser tida como um indício da existência de uma posição dominante. Porém, esse será apenas um dos elementos a ter em consideração e, tão somente, na medida em que, perante um caso concreto, esses direitos constituam barreiras à entrada significativas no mercado em causa."[392].

De facto, no caso de uma *blockbuster drug* (*fármaco de grande sucesso comercial*), como no caso vertente, em que não existem sucedâneos, o titular da patente que protege o fármaco em questão estará na posse de um grau substancial de poder de mercado e, potencialmente, poder de monopólio. Contudo, não é certo que tal poder perdure ao longo dos vinte anos de vigência da patente[393].

A primeira abordagem para a definição da noção de *posição dominante* na aceção do art. 82º do TCE [atual art. 102º do TFUE] foi efetuada pela Comissão no seu Memorando sobre a concentração no Mercado Comum de 1 de Dezembro de 1965 o qual referia que "existe posição dominante num dado mercado quando uma ou várias empresas possam intervir de modo significativo sobre as decisões de outros agentes económicos no âmbito de uma estratégia independente de modo a que uma concorrência praticável e suficientemente eficaz não possa emergir e manter-se no mercado"[394].

Relativamente à exploração de tal posição dominante, o Memorando em apreço referia que "existe exploração abusiva de uma posição dominante quando o detentor desta posição utiliza as possibilidades que dela decorrem para obter vantagens que não obteria em caso de concorrência praticável e suficientemente eficaz"[395].

Quanto a concorrência praticável, o Memorando em questão referia que "a noção de concorrência praticável compreende uma noção realista [...] há concorrência suficientemente eficaz quando as empresas

[392] SILVA, Miguel Moura e – *"Protecção de programas de computador na Comunidade Europeia – em busca de um equilíbrio entre a protecção da Propriedade Intelectual e o Direito da Concorrência"*, in *Revista Direito e Justiça, Vol. VII*, 1993, p. 292.

[393] Neste sentido, AREZZO, Emanuela – *"Intellectual Property Rights at the Crossroad Between Monopolization and Abuse of Dominant Position: American and European Approaches Compared"*, in *The John Marshall Journal of Information Technology & Privacy Law, Vol. 24, Nº 3, Artigo 3*, The John Marshall Law School, 2006, p. 494.

[394] COMMUNAUTE ECONOMIQUE EUROPEENNE (org.) – *Le problème de la concentration dans le marché commun*, Collection Etudes, *Serie Concurrence nº 3*, Bruxelas, 1966, p. 22.

[395] *Idem.*

não limitem de modo excessivo ou artificial a venda ou a produção, quando elas [as empresas] respondam de modo satisfatório à procura e quando elas [as empresas] façam participar equitativamente os utilizadores dos seus produtos nos lucros que resultem do progresso técnico e económico"[396].

Adicionalmente, o Memorando em apreço associava posição dominante ao conceito de poder económico e independência de atuação ao referir que "A posição dominante do mercado [...] É em primeiro lugar um poder económico, isto é, a faculdade de exercer sobre o funcionamento do mercado uma influência considerável e em princípio previsível para a empresa dominante. Esta faculdade económica de uma empresa dominante influência o comportamento e as decisões económicas de outras empresas, seja ela utilizada ou não num dado sentido"[397].

Os conceitos de posição dominante e de exploração abusiva de posição dominante viriam a ser objeto de densificação jurisprudencial, tendo o TJ elaborado princípios essenciais para o entendimento da proibição do abuso de posição dominante[398]. A jurisprudência em questão surgiu em sede de reenvios prejudiciais nos quais se colocavam questões relativamente à aplicação de normas concorrenciais ao exercício de direitos de propriedade intelectual, particularmente, a questão de determinar se variações consideráveis de preços do mesmo produto em diferentes Estados-membro, em função de existirem ou não direitos de propriedade intelectual, representava um abuso pelos preços excessivos praticados no país de importação ou se seria abusivo o exercício de direitos de propriedade intelectual para obstar a importações dos países onde os produtos eram vendidos a preços mais reduzidos[399].

No Acórdão Consten e Grundig o TJ enunciou que a existência de direitos de propriedade intelectual não é incompatível com o direito da UE, é o seu exercício, e não a sua existência, que pode ser limitado pelas normas da UE[400].

[396] *Idem.*

[397] Ob. ult. cit., p. 25.

[398] Cfr. Moura e Silva – *O Abuso de Posição Dominante*, p. 44-45.

[399] Cfr. ob. ult. cit., p. 46.

[400] Parágrafos 91-93 do Acórdão do TJ de 13 de julho de 1966 nos Processos apensos 56/64 e 58/64 – Consten e Grundig c. Comissão já mencionados supra (*vd.* §1.3).

No Acórdão Continental Can o TJ enunciou que "o facto de uma empresa em posição dominante reforçar essa posição ao ponto de o grau de domínio assim atingido prejudicar substancialmente a concorrência, ou seja, deixar subsistir apenas empresas dependentes, no seu comportamento, da empresa dominante, pode constituir um abuso"[401]. Enunciou também o TJ que "Com efeito, para além de, independentemente de qualquer infracção, poder ser considerada abusiva, a detenção de uma posição dominante levada a um ponto tal que os objectivos do Tratado sejam prejudicados por uma modificação tão substancial da estrutura da oferta que a liberdade de comportamento do consumidor no mercado seja gravemente comprometida, a eliminação prática de qualquer concorrência entra necessariamente nesse quadro"[402].

No Acórdão United Brands o TJ enunciou que a posição dominante a que se refere o art. 102º do TFUE "diz respeito a uma posição de poder económico detida por uma empresa que lhe permite afastar a manutenção de uma concorrência efectiva no mercado em causa e lhe possibilita comportar-se, em medida apreciável, de modo independente em relação aos seus concorrentes, aos seus clientes e, finalmente, aos consumidores"[403], tendo esta definição sido reproduzida pelo TG no acórdão em análise conforme referimos supra (*vd.* §12.3.1).

No Acórdão United Brands o TJ referiu também que, em sede da análise de situações de posição dominante, deve-se "verificar se a empresa em posição dominante utilizou as possibilidades que resultam dessa posição para obter vantagens comerciais que não teria podido obter face a uma concorrência normal e suficientemente eficaz"[404].

No Acórdão 85/76 – Hoffmann-La Roche o TJ enunciou que "A noção de exploração abusiva é uma noção objectiva que abrange os comportamentos de uma empresa em posição dominante susceptíveis de influenciar a estrutura de um mercado no qual, precisamente na sequência da

[401] Parágrafo 26 do Acórdão do TJ de 21 de fevereiro de 1973 no Processo 6/72 – Continental Can Company Inc. c. Comissão.

[402] Parágrafo 29 do Acórdão do TJ de 21 de fevereiro de 1973 no Processo 6/72 – Continental Can Company Inc. c. Comissão.

[403] Parágrafo 65 do Acórdão do TJ de 14 fevereiro de 1978 no Processo 27/76 – United Brands Company c. Comissão.

[404] Parágrafo 249 do Acórdão do TJ de 14 fevereiro de 1978 no Processo 27/76 – United Brands Company c. Comissão.

presença da empresa em questão, o grau de concorrência já está enfraquecido e que têm como consequência impedir, através de meios diferentes daqueles que regem uma competição normal de produtos ou serviços com base em prestações dos operadores económicos, a manutenção do grau de concorrência ainda existente no mercado ou o desenvolvimento desta concorrência"[405].

A análise dos elementos supra referidos permite concluir que a posição dominante é um conceito baseado na *identificação do poder de mercado* e do *grau de pressão concorrencial* e que, como tal, é indissociável da definição do mercado em questão[406].

Conforme a definição avançada por WILLIAM LANDES e RICHARD POSNER, "«poder de mercado» refere-se à capacidade de uma empresa (ou grupo de empresas a atuar em conjunto) de aumentar os preços acima do nível competitivo sem perder tantas vendas rapidamente de modo a que o aumento de preço não seja lucrativo e tenha de ser rescindido"[407].

Na Comunicação da Comissão – Orientação sobre as prioridades da Comissão na aplicação do artigo 82º do Tratado CE [atual art. 102º do TFUE] a comportamentos de exclusão abusivos por parte de empresas em posição dominante, a Comissão equipara posição dominante à detenção de poder de mercado considerável e por um período de tempo significativo ao referir que "A Comissão considera que uma empresa que seja capaz de aumentar os preços acima do nível da concorrência, de forma rentável, por um período de tempo significativo, não está sujeita a uma pressão concorrencial efectiva e suficiente e, como tal, pode ser considerada como estando em posição dominante. Na presente Comunicação, a expressão «aumentar os preços» inclui o poder de manter os preços acima do nível da concorrência e é utilizada para referir as diferentes formas de influenciar os parâmetros da concorrência – tais como,

[405] Parágrafo 91 do Acórdão do TJ de 13 de fevereiro de 1979 no Processo 85/76 – Hoffmann-La Roche & Co. AG c. Comissão.

[406] Cfr. SOUSA FERRO – *A Definição de Mercados Relevantes*, p. 316. Neste sentido, MIGUEL SOUSA FERRO refere que "a delimitação do mercado e a identificação do poder de mercado são dois passos metodológicos distintos e sucessivos da análise concorrencial" (SOUSA FERRO – *A Definição de Mercados Relevantes*, p. 338).

[407] LANDES, William M., POSNER, Richard A. – "*Market Power in Antitrust Cases*", in *Harvard Law Review, Vol. 94, Nº 5*, 1980, p. 937.

preços, produtividade, inovação, variedade ou qualidade dos bens e serviços – em benefício da empresa em posição dominante e em detrimento dos consumidores."[408].

Pelo que o poder de mercado detido por um agente económico é um dos critérios para determinar a existência de posição dominante, a par da delimitação do mercado relevante. Sendo que outros fatores também devem ser considerados no contexto da análise concorrencial, *inter alia*, as condições da concorrência, a estrutura da oferta e da procura no mercado relevante, a existência de barreiras à entrada e expansão no mercado, a organização da empresa visada, a titularidade de direitos de propriedade intelectual e *know-how* em apreço[409].

Neste sentido, a delimitação de mercado é dirigida à identificação de quotas de mercado que sirvam de base a conclusões sobre o poder de mercado e é também dirigida a avaliar outros fatores que possam limitar o poder mercado, designadamente, existência de barreiras significativas à entrada e saída do mercado, existência e particularidades da concorrência potencial (compreendendo fatores que possam impedir a efetivação da concorrência potencial), o grau de relevância da inovação e desenvolvimento no mercado em causa e a elasticidade da procura[410], bem como, os restantes fatores relevantes que mencionámos supra.

A relevância das quotas de mercado detidas pelo agente económico, no âmbito da análise da existência de posição dominante, foi referida no Acórdão 85/76 – Hoffmann-La Roche do qual consta que "tem fundamento entender-se que quotas de mercado extremamente importantes constituem por si só, e salvo circunstâncias excepcionais, a prova da existência de uma posição dominante"[411].

Ainda sobre a relevância das quotas de mercado detidas importa referir o Acórdão do TJ de 3 de julho de 1991 no Processo C-62/86 – AKZO Chemie BV c. Comissão em que foi mencionado que "Relativamente a partes de mercado, o Tribunal decidiu [...] que partes

[408] Parágrafo 11 da Comunicação da Comissão – Orientação sobre as prioridades da Comissão na aplicação do artigo 82º do Tratado CE [atual art. 102º do TFUE] a comportamentos de exclusão abusivos por parte de empresas em posição dominante.

[409] Cfr. Moura e Silva – *Direito da Concorrência*, p. 889-893.

[410] Cfr. Sousa Ferro – *A Definição de Mercados Relevantes*, p. 337-338.

[411] Parágrafo 41 do Acórdão do TJ de 13 de fevereiro de 1979 no Processo 85/76 – Hoffmann-La Roche & Co. AG c. Comissão.

extremamente importantes constituem por si só, e salvo circunstâncias excepcionais, prova da existência de uma posição dominante. E assim que deve considerar-se uma quota-parte de mercado de 50%, como a que se verifica existir no presente caso."[412]. Também neste sentido, o Acórdão do TG de 8 de outubro de 1996 nos Processos apensos T-24/93 – Compagnie maritime belge *et al.* c. Comissão, referindo o acórdão que "Quanto à apreciação da posição dominante propriamente dita, deve lembrar-se que, segundo jurisprudência constante, a existência dessa posição pode resultar de vários factores que, tomados isoladamente, não são necessariamente determinantes. Porém, salvo circunstâncias excepcionais, partes de mercado extremamente importantes constituem, por si só, prova da existência de uma posição dominante"[413].

No caso vertente, mostrou-se provado que a AstraZeneca foi a primeira empresa a disponibilizar BBP no mercado de produtos farmacêuticos, e manteve-se a única operadora no segmento durante bastante tempo, pelo que usufruiu de uma posição favorável aquando da negociação dos preços do medicamento com as autoridades públicas competentes e, neste sentido, dado o nível de inovação e importância terapêutica do fármaco em questão, a AstraZeneca tinha poder de mercado com referência ao monopólio legal decorrente da sua patente sobre o *omeprazol,* podendo, portanto, influenciar as condições de concorrência no mercado de BBP.

Adicionalmente, a AstraZeneca deteve, nos mercados geográficos em questão, quotas de mercado bastante superiores a 50% e durante um período temporal alargado.

Pelo que, atendendo ao supra exposto, consideramos acertada a conclusão da Comissão e, posteriormente, por parte do TG, no sentido de existir posição dominante da AstraZeneca.

[412] Parágrafo 60 do Acórdão do TJ de 3 de julho de 1991 no Processo C-62/86 – AKZO Chemie BV c. Comissão.

[413] Parágrafo 76 do Acórdão do TG de 8 de outubro de 1996 nos Processos apensos T-24/93 – Compagnie maritime belge *et al.* c. Comissão.

12.4. Abuso de posição dominante referente ao sistema de patentes

12.4.1. Análise do Tribunal Geral

A conduta da AstraZeneca que a Comissão censurou foi a "apresentação, no âmbito de uma estratégia global para os CCP destinados a manter os fabricantes de produtos genéricos afastados do mercado em causa, de um conjunto de declarações deliberadamente enganosas, proferidas perante os agentes de patentes, os serviços nacionais de patentes, bem como os órgãos jurisdicionais nacionais, tendo em vista a obtenção ou a manutenção dos CCP para o omeprazol a que a AZ [AstraZeneca] não tinha direito ou para os quais tinha um direito com uma duração mais limitada"[414].

A Comissão identificou duas fases nesta prática abusiva, nomeadamente:

- declarações enganosas por parte da AstraZeneca aquando do envio de instruções aos agentes de patentes, a 7 de junho de 1993, na sequência das quais são apresentados os pedidos de CCP em sete Estados-membro nos quais se incluem a Alemanha, a Bélgica, a Dinamarca, a Holanda e o Reino Unido[415],
- declarações enganosas por parte da AstraZeneca em 1993 e 1994 junto dos institutos de patentes, relativamente às questões referentes aos pedidos de CCP apresentados, declarações enganosas por parte da AstraZeneca em dezembro de 1994, aquando da segunda sequência de pedidos de CCP na Áustria, Finlândia e Noruega, e posteriores declarações enganosas por parte da AstraZeneca junto de outros institutos nacionais de patentes, bem como, junto de tribunais nacionais no âmbito de ações judiciais propostas por fabricantes de produtos genéricos concorrentes visando a anulação dos CCPs nesses países[416].

O TG referiu que a obtenção de direitos de exclusividade no caso *sub judice* não consistiu numa prática alicerçada em concorrência pelo mérito e podia revelar-se especialmente restritiva da concorrência, bem

[414] Parágrafo 305 do Acórdão T-321/05.

[415] Cfr. parágrafo 306 do Acórdão T-321/05.

[416] Cfr. parágrafo 307 do Acórdão T-321/05.

como, não decorria da jurisprudência que um comportamento deva afetar diretamente a concorrência para consubstanciar abuso de posição dominante, sendo suficiente a demonstração que é suscetível de restringir a concorrência[417]. Acresce que "o sucesso de uma prática de exclusão de concorrentes que consiste na colocação de barreiras à entrada de natureza regulamentar para obter irregularmente direitos exclusivos depende necessariamente da reacção das autoridades públicas, ou mesmo dos órgãos jurisdicionais nacionais no âmbito do contencioso eventualmente iniciado por concorrentes para obter a anulação desses direitos. No entanto, declarações que visem obter de forma irregular direitos exclusivos apenas são constitutivas de um abuso quando se prove que, atento o contexto objectivo em que são proferidas, essas declarações são realmente susceptíveis de levar as autoridades públicas a conceder o direito exclusivo pedido"[418].

O TG também referiu que "o esperado efeito de exclusão das concorrentes quando da emissão de CCP sem que sejam revogados ulteriormente"[419] justificava que não se retirasse o carácter abusivo ao comportamento em apreço, independentemente do facto de os efeitos apenas se fazerem sentir vários anos após o facto e em momento em que as patentes de base já caducaram. O TG também referiu que "declarações objectivamente enganosas tendo por fim a obtenção de CCP irregulares são em si mesmas, caso sejam dadas como provadas, susceptíveis de restringir a concorrência"[420].

Relativamente à qualificação do comportamento em causa como abuso de posição dominante, o TG considerou que, no caso *sub judice*, a prestação de declarações enganosas a entidades públicas de forma a alcançar a concessão de um direito de exclusivo a que a empresa não tem direito, ou a que tem direito por um período de tempo inferior, não consiste numa prática alicerçada em concorrência pelo mérito e pode se revelar especialmente restritiva da concorrência[421]. Sendo que "a natureza enganosa das declarações prestadas às autoridades públicas deve ser analisada com base em elementos objectivos e que a demonstração do carácter

[417] Cfr. parágrafos 375-376 do Acórdão T-321/05.

[418] Parágrafo 377 do Acórdão T-321/05.

[419] Parágrafo 380 do Acórdão T-321/05.

[420] *Idem.*

[421] Cfr. parágrafo 355 do Acórdão T-321/05.

deliberado do comportamento e da má fé da empresa em posição dominante não é exigível para efeitos de identificação de um abuso de posição dominante"[422], e a "apreciação da natureza enganosa das declarações prestadas às autoridades públicas com o fim de obter indevidamente direitos exclusivos deve efectuar-se *in concreto*"[423] para determinar se com a concessão indevida de direitos de exclusividade seriam criados obstáculos regulamentares à concorrência.

Acresce que tendo sido atribuído, irregularmente, um direito de exclusividade a uma empresa com posição dominante com base num erro por esta cometido na prestação de informações a autoridades públicas, atendendo à especial responsabilidade que impende sobre esta empresa, em função da sua posição dominante, impunha, no mínimo, o dever de prestar informações retificadas para correção das irregularidades[424].

Adicionalmente, referiu o TG que "a aquisição ilegítima de um direito exclusivo apenas constitui um abuso de posição dominante quando tenha por efeito eliminar totalmente a concorrência. O facto de o comportamento em questão respeitar à obtenção de um direito de propriedade intelectual não justifica tal condição"[425].

Pelo que o TG considerou que a Comissão aplicou de modo correto o art. 82º do TCE (atual art. 102º do TFUE) ao determinar que "constituía um abuso de posição dominante a apresentação, por uma empresa que goza de tal posição, de declarações objectivamente enganosas aos serviços de patentes, susceptíveis de levarem estes últimos a conceder lhes CCP às quais não tem direito ou a que tem direito por um período mais limitado e, por essa via, a eliminar a concorrência"[426].

O TG referiu também que "ainda que se entenda que a AZ [AstraZeneca] possuía uma patente da fórmula que impedia a entrada no mercado de produtos genéricos à data da revogação do CCP, há que concluir que as suas declarações enganosas permitiram a emissão de um CCP ao qual não tinha direito. Essas declarações enganosas eram objectivamente susceptíveis de restringir a concorrência e constituem, por isso, um abuso de posição dominante"[427].

[422] Parágrafo 356 do Acórdão T-321/05.
[423] Parágrafo 357 do Acórdão T-321/05.
[424] Cfr. parágrafo 358 do Acórdão T-321/05.
[425] Parágrafo 364 do Acórdão T-321/05.
[426] Parágrafo 361 do Acórdão T-321/05.
[427] Parágrafo 607 do Acórdão T-321/05.

Pelo que concluiu o TG que a Comissão não tinha cometido erros ao determinar que a AstraZeneca abusou de posição dominante na Alemanha, na Bélgica, na Dinamarca, na Holanda e no Reino Unido nos termos do art. 82º do TCE (atual 102º do TFUE), e na Noruega, nos termos do art 54º do Acordo EEE[428]. Contudo, a Decisão AstraZeneca continha um erro na parte em que determinou que o início das práticas abusivas foi a 7 de junho de 1993 com a transmissão de instruções aos agentes de patentes, quando na realidade só teve início com a apresentação dos pedidos de CCPs aos institutos nacionais de patentes a 30 de junho de 1993[429].

12.4.2. Análise crítica

Constatado está que a AstraZeneca detinha, de facto, posição dominante no mercado em causa, o mercado de BBP, importa referir que a mera detenção de uma posição dominante não se inclui no âmbito da proibição estatuída no art. 82º do TCE (atual art. 102º do TFUE). É a *exploração abusiva* de tal posição, na medida em que seja suscetível de afetar o comércio entre os Estados-membro, que é proibida.

Quanto ao que se considera *exploração abusiva* de posição dominante, a Comissão enunciou uma aproximação ao conceito no seu Memorando sobre a concentração no Mercado Comum de 1 de dezembro de 1965 conforme já referimos supra (*vd.* §12.3.2). Adicionalmente, verificou-se jurisprudência constante do TJ nesta matéria conforme também já referimos supra (*vd.* §12.3.2).

A análise dos elementos supra referidos permite concluir que *exploração abusiva* de posição dominante consiste no exercício de poder de mercado detido pela empresa dominante, alterando os preços da sua oferta, sem enfrentar qualquer pressão concorrencial sobre as suas prestações no mercado e, deste modo, obter vantagens que não seriam possíveis na presença de concorrência efetiva. Em sentido próximo, Miguel Moura e Silva considera que "o abuso de posição dominante consiste no exercício da margem ampla de apreciação conferida à empresa dominante pela especial posição que ocupa de forma a obter vantagens que, na presença de um grau de concorrência efetiva, não poderia alcançar"[430].

[428] Cfr. parágrafo 609 do Acórdão T-321/05.

[429] Cfr. parágrafos 611-612 do Acórdão T-321/05.

[430] Moura e Silva – *O Abuso de Posição Dominante*, p. 547.

As vantagens auferidas pela empresa dominante devem consubstanciar uma lesão, atual ou potencial, do bem jurídico protegido pelas normas da concorrência que consiste na estrutura concorrencial do mercado que promove a atuação dos agentes económicos numa concorrência não falseada e com recurso a concorrência pelo mérito das respetivas prestações, bem como, o tratamento igualitário de clientes, fornecedores e consumidores da empresa dominante[431].

O abuso de posição dominante poderá consistir em *abuso de exploração*, quando a vantagem é obtida por meio do exercício do poder de mercado sobre os clientes, fornecedores e consumidores das prestações da empresa dominante[432], ou em *abuso de exclusão*, quando o poder de mercado é exercido de forma a obstar à entrada no mercado de concorrentes da empresa dominante ou de forma a eliminar os concorrentes da empresa dominante que já estão no mercado[433].

No caso vertente, a conduta da AstraZeneca consistiu num *abuso de exclusão por meio da criação de uma barreira artificial à entrada no mercado*, em concreto, uma barreira constituída através do exercício de direitos de propriedade intelectual, sendo que este tipo de direito consiste na principal barreira de entrada no mercado de medicamentos genéricos. Com esta conduta, a AstraZeneca recorreu a uma estratégia de mecanismos legais para, através de direitos de CCP artificialmente criados, impedir a concorrência efetiva por parte de empresas de medicamentos genéricos, tendo também reforçado a sua já existente posição dominante no mercado de BBP.

Sendo certo que, no Acórdão do TJ de 9 de novembro de 1983 no Processo 322/81 – N.V. Nederlandsche Banden-Industrie-Michelin c. Comissão, o TJ pronunciou-se no sentido de impender sobre a empresa em posição dominante "uma responsabilidade especial de não atentar pelo seu comportamento contra uma concorrência efectiva e não falseada no mercado comum"[434].

A Comissão, na Comunicação referente à Orientação sobre as prioridades da Comissão na aplicação do artigo 82º do TCE (atual 102º do

[431] Neste sentido, Moura e Silva – *Direito da Concorrência*, p. 918.

[432] *Idem*.

[433] *Idem*.

[434] Parágrafo 57 do Acórdão do TJ de 9 de novembro de 1983 no Processo 322/81 – N.V. Nederlandsche Banden-Industrie-Michelin c. Comissão.

TFUE) a comportamentos de exclusão abusivos por parte de empresas em posição dominante, estipulou que a sua intervenção com referência a situações de comportamentos de exclusão "tem sobretudo em vista a salvaguarda da concorrência no mercado interno e a garantia de que as empresas que detêm uma posição dominante não excluirão os seus rivais através de outros meios que não sejam a concorrência com base no mérito dos bens ou serviços que fornecem".

A jurisprudência do TJ e as decisões da Comissão clarificam o que não constitui *concorrência pelo mérito*, contudo, não concretizam o que se deve entender por *concorrência pelo mérito*. Na orientação sobre a aplicação do artigo 82º do TCE (atual 102º do TFUE), a Comissão associa a concorrência pelo mérito a desempenho superior aferido em função de preço, gama de oferta, qualidade e inovação. Pelo que podemos considerar que o *mérito* se reporta às características da prestação disponibilizada no mercado, *i.e.*, prestação de produtos ou serviços que em si mesmo encerra um grau de utilidade superior para o consumidor quando comparada com as prestações dos restantes operadores no mercado.

No caso vertente, a conduta da AstraZeneca revelou-se incorreta e não baseada em concorrência pelo mérito pela seguinte ordem de razões:

- o direito de obter o CCP nos diversos territórios não existia ou existia por período de tempo inferior e a AstraZeneca tinha plena consciência do facto e foi por isso que nos pedidos de CCPs indicou uma data que não correspondia à data da primeira AIM na UE sendo que esta era a data que tinha de ser indicada aos institutos nacionais de patentes,
- verificou-se a prestação de informações falsas, *i.e.*, declarações enganosas para criar a convicção, nas autoridades públicas, da existência do direito ao CCP ou do direito ao CCP com uma duração superior,
- verificou-se o exercício do direito irregularmente atribuído (CCP), *i.e.*, atribuído com base em falsos pressupostos, com o específico propósito de conservar uma situação de exclusividade alicerçada em direitos de propriedade intelectual (patente base e correspondente CCP) e, deste modo, impossibilitar a entrada no mercado da versão genérica do *omeprazol* cuja patente havia caducado.

A conduta da AstraZeneca consistiu numa estratégia anticoncorrencial por ser alicerçada em meios que não a concorrência pelo mérito e por ter como objetivo impedir a concorrência efetiva no mercado de BBP no qual detinha posição dominante.

A conduta da AstraZeneca não consistiu em concorrência pelo mérito dado que consubstanciou o exercício do direito de requerer o CCP com um objetivo diferente para o qual o direito foi concebido, *i.e.*, o direito de requerer o CCP foi exercido, não com o propósito de prolongar o exclusivo temporal da patente conforme previsto na regulamentação aplicável, mas sim com a finalidade de criar uma barreira artificial de entrada no mercado. A *ratio* do regime jurídico do CCP a que já nos referimos supra (*vd.* §7.3.3) prende-se com conferir um período de tempo para recuperação do investimento em realizado em I&D, em nada se relacionando com a criação de barreiras artificiais à entrada no mercado. Pelo que a AstraZeneca exerceu o direito de requerer o CCP com um propósito diferente para o qual o direito foi concebido e, como tal, a entrada no mercado do *omeprazol* genérico foi atrasada o que implicou custos superiores para os consumidores e sistemas de saúde nacionais.

Sendo que o exercício do direito de requerer o CCP pela AstraZeneca consubstanciou em si um abuso de posição dominante, nomeadamente, um *abuso exclusão*, sem que fosse necessário verificar-se o *enforcement* do CCP, e consequente bloqueio da atividade de empresas de genéricos, para ser cometido o ato de abuso de posição dominante.

Cumpre referir que o ato de requerer um CCP consiste no exercício do direito de patente na medida em que o CCP é atribuído com referência a uma patente base, ou seja, o CCP decorre do direito de patente previamente existente sendo esse direito exercido para a obtenção do CCP.

Neste sentido, verificou-se que a AstraZeneca adotou práticas que não consubstanciam desempenho superior ao dos concorrentes, mas sim a criação de obstáculos destinados a impedir a entrada de novos concorrentes no mercado ou a excluir os concorrentes que já estavam no mercado a comercializar o fármaco genérico.

Neste sentido, a AstraZeneca encetou a prática de *atos de abuso de exclusão com referência ao sistema de patentes*, ou seja, condutas incompatíveis com uma concorrência pelo mérito e que provocam uma deterioração da estrutura de mercado na medida em que, por serem praticados por uma empresa em posição dominante, revelam-se passíveis de excluir a concorrência através de meios que não consubstanciam concorrência pelo mérito das prestações introduzidas no mercado.

Este caso apresenta diferenças relativamente à maioria dos casos julgados pelo TJ da UE em que os direitos de propriedade intelectual foram legitimamente adquiridos mas eram utilizados de forma anticoncorrencial. De facto, no presente caso, antes da questão do exercício (anti)concorrencial do direito de CCP, coloca-se a questão da aquisição do direito de CCP. Isto porque, conforme referimos supra, a AstraZeneca não tinha direito aos CCPs nos diversos territórios em que os requereu ou tinha direito mas por um período de tempo inferior.

Pelo que no caso vertente não se colocou a questão da fronteira entre o direito da propriedade intelectual e o direito da concorrência dado que não existia o direito ao CCP, de modo que a análise concorrencial devia remeter-se a determinar se a conduta da AstraZeneca foi anticoncorrencial nos termos do art. 102º do TFUE[435], o que se confirmou dado que foi exercido poder de mercado, baseado num direito exclusivo, para excluir concorrentes do mercado sem que que se verificassem os requisitos para obtenção do dito direito exclusivo.

Atendendo ao supra exposto, consideramos acertada a conclusão da Comissão e, posteriormente, do TG, no sentido de considerar que se verificou a exploração abusiva de posição dominante com referência ao sistema de patentes por parte da AstraZeneca.

Dada a singularidade da conduta da AstraZeneca em face dos já conhecidos tipos de comportamentos anticoncorrenciais, diversos Autores avançaram a possibilidade de estarmos perante um comportamento abusivo que não se tratava de um abuso de posição dominante sancionado nos termos do art. 102º do TFUE.

Trevor Cook considera que foram identificados dois tipos de abuso, a prestação de informação enganadora aos institutos de patentes nacionais para obter CCPs e criação de barreiras regulatórias aos fármacos genéricos e às importações paralelas ao retirar uma formulação do fármaco do mercado para a substituir por outra, e, considera este Autor,

[435] Neste sentido, Negrinotti, Matteo Pierangelo – "*The AstraZeneca Case*", *Research Papers in Law No. 4/2007*, College of Europe, 2007, disponível no website do College of Europe em https://www.coleurope.eu/study/european-legal-studies/research-publications, consultado a 14/04/2020, p. 8.

que estes dois tipos de abusos não se enquadram nas categorias conhecidas de abuso de posição dominante e indicam que a Comissão encontra-se disposta a detetar novos tipos de transgressões que representem abuso nos termos do art. 102º do TFUE em que o efeito seja a restrição da entrada no mercado de novos concorrentes[436].

Gustavo Ghidini *et al.* consideram que o instituto do abuso de direito[437] é aplicável a casos de pedidos divisionários de patente extemporaneamente apresentados, sem que se verificasse motivo justificativo para essa extemporaneidade, para estender o direito exclusivo sobre o fármaco em questão, sendo que na opinião dos Autores "a aplicabilidade da doutrina do abuso de direito no âmbito do direito da concorrência é expressão de um princípio geral de direito e, portanto, a doutrina pode ser invocada na matéria"[438]. Consideram os Autores que, neste cenário, o abuso de posição dominante é comprovado por ter sido pedido e exercido um direito intempestivamente, a patente divisionária extemporaneamente requerida, para uma finalidade anticoncorrencial, o prolongamento de direitos exclusivos sobre medicamentos de referência, em sentido diverso à finalidade que o ordenamento jurídico atribui ao instituto da patente divisionária[439].

Refira-se, a propósito do abuso de direito, a posição de Maggiolino e Montagnani que referem que a doutrina da UE do abuso de direito pode proporcionar fundamento para examinar "manipulações de procedimentos relacionados com propriedade intelectual por firmas que não detêm poder de mercado e estão, portanto, isentas do artigo 102, e que

[436] Cook, Trevor – *The interface between anti-trust and intellectual property law in Europe*, in *Thomson Reuters Practical Law UK*, Thomson Reuters, 2007, disponível no website da Thomson Reuters Practical Law em https://uk.practicallaw.thomsonreuters.com/1-224-0328?transitionType=Default&contextData=(sc.Default)&firstPage=true&bhcp=1, consultado a 14/04/2020.

[437] *Vd.* §9.4 supra para uma análise a este instituto no direito da UE.

[438] Ghidini, Gustavo, *et al.* – "*Abuso del Diritto al Brevetto e Abuso di Posizione Dominante: Il Caso Pfizer*", in *Rivista Italiana di Antitrust, Nº 3 (2014)*, Autorità Garante della Concorrenza e del Mercato, 2014, p. 145. Ghidini *et al.* referem-se a esta realidade partindo da referência ao Acórdão do Consiglio di Stato no Processo Nº 00116/2014REG.PROV.COLL. – Autorità garante della concorrenza e del mercato v. Pfizer Italia s.r.l., Pfizer Health Ab e Pfizer Inc..

[439] Ob. ult. cit., p. 143. Ghidini *et al.* referem-se a esta realidade partindo da referência ao Acórdão do Consiglio di Stato no Processo Nº 00116/2014REG.PROV.COLL. – Autorità garante della concorrenza e del mercato v. Pfizer Italia s.r.l., Pfizer Health Ab e Pfizer Inc..

não prejudicam o mercado único e estão, portanto, isentas dos artigos 34-36"[440].

Consideramos que, conforme a análise supra, o caso vertente consubstancia abuso de posição dominante, não obstante, tal facto não preclude a aplicação de outros institutos jurídicos se se verificarem preenchidos todos os requisitos. Pelo que consideramos que o caso vertente poderia ser igualmente, e em concomitância, sancionado através da aplicação do instituto do abuso de direito na medida em que, conforme os requisitos deste instituto que já analisámos supra (*vd.* §9.4), verificou-se o *elemento objetivo* de cumprimento formal das condições previstas no regulamentação da UE do CCP, contudo, os objetivos dessa regulamentação não foram alcançados dado que foi conferido um CCP sem que houvesse direito ao mesmo, e verificou-se também o *elemento subjetivo* de vontade de obter um benefício que provém das normas da UE referentes ao CCP através das informações enganadoras apresentadas aos institutos nacionais de patentes. Pelo que o abuso de direito seria aplicável na medida em que a AstraZeneca se prevaleceu, abusiva e fraudulentamente, das normas da UE referentes ao CCP.

A propósito da obtenção de direitos de patente relativamente a realidades que em termos substanciais poderão não justificar proteção por via da propriedade intelectual, sendo que no caso vertente a proteção era injustificada por motivos objetivos e factuais dado que não estavam preenchidos os requisitos formais para a concessão do CCP, refira-se a opinião de Remédio Marques que considera que perante "direitos de patente a invenções *triviais* [...], muitas vezes desprovidas de *novidade* ou de *actividade inventiva* [...] menor será a necessidade de *intervenção exógena* por parte das autoridades da concorrência nacionais ou da União Europeia [sendo este raciocínio também aplicável] aos *certificados complementares de protecção* emitidos a parte de procedimentos de AIM decididos com base em *informações falsas* [devendo, a estas situações, serem aplicados] os *mecanismos endógenos* ao próprio direito de patente ou certificado complementar de protecção, aqui onde avulta o seguinte: a *nulidade*, cuja *legitimidade activa* é bastante ampla"[441]. Não concordamos com o Autor na medida em que, conforme já nos manifestámos supra, não

[440] Maggiolino e Montagnani – "*AstraZeneca's Abuse of IPR-Related Procedures*", p. 18.

[441] Remédio Marques – "*O direito de patentes*", p. 343.

consideramos que a aplicabilidade de um regime jurídico, neste caso o da propriedade intelectual, preclude a aplicabilidade de outro corpo normativo, neste caso o direito da concorrência. Adicionalmente, para adotar esta via que sugere Remédio Marques seria necessário encetar procedimentos de invalidação em cada um dos Estados-membro em que o direito de patente estivesse vigente, visto que a invalidação do registo de patentes é matéria da competência exclusiva dos Estados-membro, inexistindo uma jurisdição unitária conforme, de resto, já vimos supra (*vd.* §8.3 e §9.1.3). Pelo que a aplicação do direito da concorrência a casos desta natureza será benéfica à realização do mercado interno. Refira-se que este cenário de invalidação de patentes na UE será alterado com o início das funções do Tribunal Unificado de Patentes, organização com competência exclusiva em todos os Estados-membro participantes do ATUP, para decidir, *inter alia*, sobre a validade de patentes europeias *clássicas* e patentes europeias *com efeito unitário* (*vd.* §7.2.2, §8.3., §9.1.3). Consideramos que, mesmo com esta alteração do procedimento para invalidação de patentes europeias *clássicas* e patentes europeias *com efeito unitário* na UE, será sempre propícia a aplicação do direito da concorrência com vista à prossecução de uma das suas finalidades que é a manutenção da estrutura concorrencial do mercado.

Não obstante a discordância que manifestámos em relação à posição de Remédio Marques, o facto é que a aplicação da proibição estatuída no art. 102º do TFUE não tem por si só o efeito de invalidar o registo do direito de propriedade intelectual em questão, pelo que será sempre necessário um procedimento subsequente de invalidação pelas partes interessadas não bastando que o exercício de tal direito exclusivo consubstancie um ato anticoncorrencial na medida em que a sanção do direito da concorrência não confere a terceiros o direito de explorar comercialmente a invenção patenteada. A este respeito, Andreas Heinemann propõe o licenciamento sem custos para remover a barreira de entrada no mercado causada pelos direitos de propriedade intelectual em questão, bem como, a aplicação de coimas no caso de *public enforcement* ou danos no caso de *private enforcement*[442]. Não concordamos

[442] Heinemann, Andreas – "*Abusive Filing of IP Rights*", 2018, disponível no website SSRN em https://papers.ssrn.com/sol3/papers.cfm?abstract_id=3251209, consultado a 14/04/2020, p. 15-16.

com este Autor na medida em que o negócio jurídico referente a um direito inválido não se poderá concretizar dado que a licença adquirida pelo licenciado será também ela inválida, pelo que a via será sempre a da invalidação do registo, podendo a legislação da UE prever que, nestes casos, os custos com o procedimento de invalidação sejam integralmente suportados pela parte que, conscientemente, adotou ações para obter direitos ilegítimos.

12.5. Abuso de posição dominante referente ao sistema de AIM

12.5.1. Análise do Tribunal Geral

A conduta da AstraZeneca que a Comissão censurou foi a apresentação de pedidos de revogação das AIMs das cápsulas de *Losec* na Dinamarca, na Noruega e na Suécia concomitantemente com a substituição dessas cápsulas pelos comprimidos *Losec MUPS*, ou seja, a introdução no mercado dos comprimidos *Losec MUPS* e a retirada das cápsulas *Losec*[443].

O TG considerou que a Comissão não tinha cometido um erro ao determinar que a conduta da AstraZeneca ("revogação das autorizações de colocação no mercado das cápsulas de Losec na Dinamarca, na Noruega e na Suécia, juntamente com a circunstância de a AZ [AstraZeneca] ter deixado de vender cápsulas de Losec e passado a vender Losec MUPS nesses países"[444]) consubstanciava um abuso de posição dominante, visto que era passível de restringir o acesso ao mercado de produtos genéricos, *i.e.*, da versão genérica de *cápsulas Losec* nos países em questão. O TG considerou que esta conduta da AstraZeneca também seria suscetível de restringir as importações paralelas de *cápsulas Losec* na Suécia, contudo, já não seria suscetível de restringir as importações paralelas na Noruega e na Dinamarca[445] e referiu também o TG que a Comissão não fez prova suficiente que a conduta em apreço fosse passível de gerar este resultado nestes dois últimos países.

[443] Cfr. parágrafo 619 do Acórdão T-321/05.

[444] Parágrafo 864 do Acórdão T-321/05.

[445] Cfr. parágrafos 864-865 do Acórdão T-321/05.

12.5.2. Análise crítica

Conforme já referido supra (*vd.* §12.3 e §12.4) a AstraZeneca detinha posição dominante no mercado de BBP, pelo que sobre ela impendia a especial responsabilidade de não afetar a estrutura concorrencial do mercado.

No caso vertente, a conduta da AstraZeneca consistiu em retirar do mercado uma versão do *omeprazol* (cápsulas) para substituir por outra versão (*mups*). Ou seja, a substância *omeprazol* que proporcionava as propriedades terapêuticas continuava a ser disponibilizada no mercado, tendo apenas sido alterada a versão em que a mesma era comercializada pela AstraZeneca. Contudo, a AstraZeneca pediu a revogação da AIM do *omeprazol* em cápsulas como se fosse seu propósito deixar de comercializar o *omeprazol*, quando a introdução no mercado do *omeprazol mups* indicava que havia o intuito de continuar, ininterruptamente, a comercialização deste fármaco.

Pelo que a revogação da AIM referente ao *omeprazol* em cápsulas estava relacionado com o facto de as empresas de genéricos necessitarem que a AIM do *omeprazol* em cápsulas estivesse em vigor para puderem utilizar os dados dos ensaios constantes dessa AIM para efetuar o pedido de AIM da versão genérica do *omeprazol* em cápsulas que pretendiam introduzir no mercado quando caducasse a patente da AstraZeneca.

De facto, existe uma *dependência preclusiva* entre a AIM de procedimento abreviado para medicamentos genéricos e a AIM de medicamentos de referência no sentido de o procedimento abreviado depender da vigência da AIM do medicamento de referência. Pelo que consideramos que existe uma *dependência comercial preclusiva* na medida em que o fármaco genérico carece da vigência da AIM do fármaco de referência para ser autorizado e comercializado. Este circunstancialismo apresenta semelhanças com o conceito de *partenaire obligatoire* (*parceiro obrigatório*)[446] na medida em que há uma obrigatoriedade de interagir de forma mediata com o titular da patente precursora por via da AIM do medicamento de referência para obter a AIM de procedimento abreviado para o genérico.

[446] *Partenaire obligatoire* ou *mandatory partner*, expressões que podem ser traduzidas para português como "*parceiro obrigatório*", referem-se a situações em que ter um "*parceiro*" é indispensável, e por isso "*obrigatório*", sem que exista qualquer outra opção possível ou alternativa viável para alcançar o resultado pretendido.

Pelo que, no caso vertente, existia uma situação de *dependência*, para efeitos de AIM de procedimento abreviado para o *omeprazol* em cápsulas genérico, em relação à empresa titular da AIM do medicamento de referência que coincidia com a empresa em posição dominante.

Consideramos que a estratégia em apreço consubstanciou a prática de *regulatory gaming* (*jogos de regulamentação*). Esta prática consiste numa "conduta privada que aproveita regulamentações pró-concorrenciais ou neutras e as usa para fins de exclusão"[447], *i.e.*, são usadas normas regulamentares aplicáveis ao setor em questão para atingir fins não pretendidos pelos reguladores do setor. Esta prática verificou-se neste caso concreto na medida em que o exercício do direito de retirar as AIMs do *omeprazol* em cápsulas não tinha subjacente um propósito que cumprisse a finalidade do direito (de retirar a AIM) concedido no âmbito da regulamentação aplicável ao setor farmacêutico, visando na verdade o *product hopping* (*saltar de um produto para outro*), também designado de *product switching* (*trocar de produto*), do *Losec* (produto de primeira geração) para o *Losec MUPS* (produto de segunda geração), *i.e.*, alterações na formulação do fármaco (que não implicam necessariamente melhorias na eficácia terapêutica) de forma a impedir a substituição por um genérico[448] em função de os consumidores terem, entretanto, ficado fidelizados ao *Losec MUPS* (produto de segunda geração) antes do início da comercialização da versão genérica do *Losec* (produto de primeira geração). Verificou-se o *product hopping* no presente caso na medida em que o medicamento *omeprazol* continuou a ser comercializado mas na versão reformulada *Losec MUPS*, tendo sido retirada do mercado a formulação *Losec*. Adicionalmente, a estratégia de retirada das AIM foi concebida e executada no âmbito de um plano destinado a impedir ou eliminar a concorrência no mercado de BBP ao qual se referiam os pedidos fraudulentos de CCPs nos diversos territórios[449].

Neste sentido, é possível concluir que a estratégia de retirada das AIMs do *omeprazol* em cápsulas resultou na criação de uma barreira artificial à entrada no mercado, em concreto, uma barreira constituída

[447] DOGAN, Stacey L., LEMLEY, Mark A. – "*Antitrust Law and Regulatory Gaming.*", in *Texas Law Review, Vol. 87, Nº 4*, University of Texas School of Law, 2009, p. 685-730, p. 687.

[448] Cfr. ob. ult cit., p. 687. *Vd.* §4.2.2 supra e §16.2.4 infra sobre o conceito de *product hopping/switching* e os conceitos de produto de primeira geração e produto de segunda geração.

[449] Neste sentido, NEGRINOTTI – "*The AstraZeneca Case*", p. 10.

pela indisponibilidade da AIM do *omeprazol* em cápsulas necessária para a obtenção da AIM da versão genérica do fármaco, bem como, para a comercialização por via de importações paralelas. Esta conduta da AstraZeneca terá sido adotada com o propósito de atrasar a entrada no mercado do *omeprazol* genérico e impedir a comercialização por via de importações paralelas[450].

Da conduta da AstraZeneca resultou o atraso da entrada no mercado do *omeprazol* genérico e o impedimento da venda por via de importações paralelas o que implicou custos superiores para os consumidores e sistemas de saúde nacionais. Pelo que a AstraZeneca encetou a prática de atos de abuso de exclusão com referência ao sistema de AIM, *i.e.*, condutas incompatíveis com uma concorrência pelo mérito, conforme já referimos supra (*vd.* §12.4.2), e que provocaram uma deterioração da estrutura de mercado na medida em que tais atos, por serem praticados por uma empresa em posição dominante, eram passíveis de excluir a concorrência através de meios que não consubstanciavam concorrência pelo mérito.

Cumpre referir que consideramos que esta vertente da atuação da AstraZeneca também consubstanciou, de modo reflexo, *abuso de exclusão com referência ao sistema de propriedade intelectual* e respetivo regime na UE no que diz respeito à liberdade de circulação. Isto porque a AIM confere um período de exclusividade comercial e é uma das formas de proteção da propriedade intelectual na indústria farmacêutica, conforme já referimos supra (*vd.* §3.4), pelo que atos com relação à AIM referem-se também ao direito exclusivo sobre o medicamento em questão[451]. Em rigor, na maior parte dos casos, a AIM do medicamento de referência terá um vínculo genético com a patente ou patentes precursoras do fármaco em apreço, pelo que os atos referentes à AIM serão encetados numa sucessão lógica de atos referentes às respetivas patentes ou CCPs e, neste sentido, abusos de exclusão com referência ao sistema de AIM também poderão constituir abusos referentes ao sistema de propriedade intelectual como no presente caso.

[450] *Idem.*

[451] Em sentido diferente, considerando que o abuso não se referiu a direitos de propriedade intelectual mas sim a normas regulamentares de autorização de comercialização, Negrinotti – "*The AstraZeneca Case*", p. 10.

Atendendo ao supra exposto, consideramos acertada a conclusão da Comissão e, posteriormente, do TG, no sentido de considerar que se verificou a exploração abusiva de posição dominante com referência ao sistema de AIM por parte da AstraZeneca.

12.6. Acórdão do Tribunal de Justiça C-457/10 P – AstraZeneca c. Comissão

A AstraZeneca recorreu para o TJ peticionando a anulação do Acórdão T-321/05. O recurso foi apoiado pela European Federation of Pharmaceutical Industries and Associations.

A Comissão interpôs um recurso subordinado e peticionou a anulação do Acórdão T-321/05 na parte em que este anulou e revogou parcialmente a Decisão AstraZeneca.

Nenhum dos fundamentos da AstraZeneca e da European Federation of Pharmaceutical Industries and Associations foi acolhido, pelo que foi negado provimento ao recurso na íntegra. O recurso subordinado da Comissão também foi julgado improcedente.

Do Acórdão em apreço do TJ, cumpre salientar o seguinte:

> "98. Considerado à luz dos factos apurados pelo Tribunal Geral e que as recorrentes declararam expressamente não contestar, o terceiro fundamento por elas aduzido equivale a sustentar a tese segundo a qual uma empresa em posição dominante, sempre que entenda que, de acordo com uma interpretação juridicamente defensável, é legítimo reclamar um direito, se pode servir de todos os meios para o obter, recorrendo até a declarações altamente enganosas, destinadas a induzir em erro as autoridades públicas. Ora, esta conceção contraria manifestamente o conceito de concorrência baseada no mérito e a responsabilidade especial, que recai sobre essa empresa, de não prejudicar, através do seu comportamento, uma concorrência efetiva e não falseada no interior da União.",

> "129. [...] a elaboração por uma empresa, mesmo em posição dominante, de uma estratégia que vise minimizar a erosão das suas vendas e permitir-lhe fazer face à concorrência dos produtos genéricos é legítima e faz parte do jogo normal da concorrência, desde que o comportamento em causa não se afaste das práticas de uma concorrência baseada no mérito, suscetível de beneficiar os consumidores.

130. Todavia, ao contrário do que alegam as recorrentes, não faz parte de uma concorrência dessa natureza um comportamento como o censurado no quadro do segundo abuso, que consistiu na retirada, sem justificação objetiva e após o termo do direito exclusivo, reconhecido pela Diretiva 65/65, de explorar os resultados dos ensaios farmacológicos, toxicológicos e clínicos, das AIM do Losec em cápsulas, na Dinamarca, na Suécia e na Noruega, retirada essa através da qual o AZ pretendia dificultar a introdução dos produtos genéricos no mercado e as importações paralelas[...]".

12.7. Conclusões

Da análise efetuada pelo TG, é possível concluir que a existência e o exercício de direitos de propriedade intelectual não são incompatíveis com a aplicação do direito da concorrência.

No caso vertente, o direito de patente foi exercido para requerer o CCP correspondente e, deste modo, obter o prolongamento da exclusividade comercial de um produto farmacêutico e, como tal, criar uma barreira artificial à entrada no mercado de novos concorrentes. Pelo que a aplicação das normas concorrenciais permitiu comprovar a instrumentalização do sistema de patentes e CCPs e do sistema de comercialização de medicamentos no âmbito de um estratagema anticoncorrencial. O exercício do direito de patente, bem como, o uso seletivo do sistema de AIM nestes termos consubstancia uma prática anticoncorrencial proibida nos termos do art. 102º do TFUE.

Consideramos que no caso vertente se verificou uma prática **anticoncorrencial** *sui generis* face às práticas já conhecidas na medida em que requerer CCPs com base em declarações falsas e fazer um uso seletivo do sistema de AIM consistiram em condutas dirigidas à obtenção da extensão temporal da exclusividade comercial sobre o medicamento *omeprazol* por via do regime jurídico do CCP e da AIM que, aliás, consistem em formas de proteção da propriedade intelectual na indústria farmacêutica.

§ 13. PROCESSO T-472/13 – LUNDBECK C. COMISSÃO EUROPEIA

13.1. Matéria *sub judice*

O Acórdão do TG de 8 de setembro de 2016 no Processo T-472/13 – H. Lundbeck A/S e Lundbeck Ltd c. Comissão (doravante Acórdão T-472/13) refere-se a um caso que remonta a 2002 em relação ao qual foi adotada a Decisão da Comissão C (2013) 3803 final de 19 de junho de 2013 relativa a um procedimento nos termos do art. 101º do TFUE e do art. 53º do Acordo EEE no Processo AT.39226 – Lundbeck (doravante Decisão Lundbeck). A matéria de facto subjacente ao caso consistiu na celebração de seis acordos relativos ao fármaco *citalopram* (doravante acordos controvertidos) entre a H. Lundbeck A/S, empresa de medicamentos de referência, com quatro empresas que operavam na área de produção e de venda de medicamentos genéricos. A Comissão foi informada, em outubro de 2003, pela Konkurrence og Forbrugerstyrelsen (KFST, Autoridade da Concorrência e dos Consumidores Dinamarqueses) da existência dos acordos controvertidos em questão. Foi acordado que a Comissão analisaria a conformidade dos contratos com o direito da concorrência, dado que a maioria dos mesmos afetava todo o EEE ou Estados-membro que não a Dinamarca. A 19 de junho de 2013, a Comissão adotou a Decisão Lundbeck na qual a Comissão, tendo em conta a gravidade das infrações, qualificadas de *graves*, considerou que os acordos controvertidos consubstanciavam restrições da concorrência por objetivo, nos termos do art. 101º, nº 1 do TFUE e do art. 53º, nº 1 do Acordo EEE, visto que implicavam uma exclusão do mercado. Por via desta decisão a Comissão aplicou uma coima de 93.766,000 milhões de euros à H. Lundbeck A/S e à Lundbeck Ltd e uma coima no total de 52.239,000 milhões de euros às quatro empresas de genéricos. A H. Lundbeck A/S e a Lundbeck Ltd recorreram para o TG peticionando a anulação parcial da Decisão AstraZeneca e a redução do montante da coima, tendo o recurso sido apoiado pela European Federation of Pharmaceutical Industries and Associations.

13.1.1. Empresas em causa

A **H. Lundbeck A/S** é uma empresa dinamarquesa de medicamentos de referência que controla um grupo de empresas, designadamente, a empresa inglesa **Lundbeck Ltd**, sendo este grupo especializado em I&D e comercialização de fármacos para o tratamento de doenças do sistema nervoso central. Doravante referir-nos-emos a Lundbeck para identificar estas duas empresas.

A **Merck KGaA** (doravante Merck) é uma empresa alemã que, nas datas em que a matéria *sub judice* sucedeu, detinha indiretamente, por meio do grupo Merck Generics Holding GmbH, 100% da Generics UK Ltd (doravante GUK). A Comissão considerou que a Merck e a GUK consubstanciavam uma única empresa para efeitos do direito da concorrência, pelo que doravante referir-nos-emos a Merck (GUK) para identificar estas duas empresas.

O **Arrow Group ApS** (doravante Arrow Group) é uma empresa dinamarquesa líder de um grupo que atua na área de medicamentos genéricos. A **Arrow Generics Ltd** é uma empresa inglesa filial do Arrow Group. A **Resolution Chemicals Ltd** é uma empresa inglesa que até setembro de 2009 era controlada pelo Arrow Group. A Comissão considerou que o Arrow Group, a Arrow Generics Ltd e a Resolution Chemicals Ltd consubstanciavam uma única empresa à data dos factos *sub judice*, pelo que doravante referir-nos-emos a Arrow Group para identificar este conjunto de três empresas.

A **Alpharma Inc.** é uma empresa norte-americana que atua a uma escala global no setor farmacêutico, designadamente, na área de medicamentos genéricos., que até dezembro de 2008 era controlada pela empresa norueguesa **A.L. Industrier AS.**. A **Alpharma ApS** é uma empresa dinamarquesa controlada a 100% pela Alpharma Inc.. A Comissão considerou que a Alpharma Inc., a A.L. Industrier AS e a Alpharma ApS consubstanciavam uma única empresa à data dos factos *sub judice*, pelo que doravante referir-nos-emos a Alpharma para identificar este conjunto de três empresas.

A **Ranbaxy Laboratories Ltd** é uma empresa indiana que atua na área de ingredientes farmacêuticos ativos e de medicamentos genéricos. A **Ranbaxy (UK) Ltd** é uma empresa inglesa filial da Ranbaxy Laboratories Ltd. A Comissão considerou que a Ranbaxy Laboratories Ltd e a Ranbaxy (UK) Ltd consubstanciavam uma única empresa à data dos factos *sub judice*, pelo que doravante referir-nos-emos a Ranbaxy para identificar este conjunto de duas empresas.

13.1.2. Produto em causa e respetivas patentes relacionadas

O produto em questão trata-se do fármaco antidepressivo que contém o ingrediente farmacêutico ativo *citalopram* comercializado sob o nome *Cipramil*. Entre 1977 e 1985 foi concedido à Lundbeck o registo, em diversos territórios do EEE, da patente sobre o *citalopram* e sobre os processos de alquilação e de cianação utilizados na sua produção (doravante patentes originárias). No EEE, as patentes originárias e, posteriormente, os CCP, expiraram entre 1994 e 2003.

A Lundbeck foi desenvolvendo processos mais eficientes para produzir o *citalopram*, relativamente aos quais registou patentes em vários países do EEE e no Instituto Europeu de Patentes. Em 1998 e em 1999 foram submetidos a registo o processo que utilizava amido (doravante patente amido) e o processo que utilizava iodo (doravante patente iodo), sendo os pedidos concedidos, respetivamente, em 2001 e em 2003. Em 2000 foi submetido o pedido de patente para o processo que utilizava a purificação através de cristalização (doravante patente cristalização) e sendo o respetivo registo concedido em 2002. Em 2001 foi apresentado no Reino Unido o pedido de patente para o processo que utilizava a purificação através de destilação em filme (doravante patente destilação), sendo o registo concedido em 2001, contudo, esta patente foi revogada em 2004 por motivo de falta de novidade[452] em face de outra patente da Lundbeck.

[452] *Vd.* §6 supra sobre os requisitos de registo de patentes farmacêuticas.

Por fim, a Lundbeck antecipava introduzir no mercado, no final de 2002 ou no início de 2003, um novo fármaco antidepressivo, o *Cipralex*, com o ingrediente farmacêutico ativo *escitalopram*, estando o *escitalopram* protegido por patentes que vigoravam até, no mínimo, 2012. Este novo medicamento era indicado para o tratamento de patologias que podiam ser tratadas com fármaco *Cipramil* que continha o ingrediente farmacêutico ativo *citalopram*.

13.1.3. Acordos controvertidos com a Merck (GUK)

Os acordos celebrados entre a Lundbeck e a Merck (GUK) contemplavam, designadamente, as seguintes estipulações:

- existia o risco de violação dos direitos de propriedade intelectual da Lundbeck por ações previstas pela GUK relativamente à comercialização de "produtos citalopram" a granel ou em forma de comprimidos;
- atendendo ao acordo alcançado, a Lundbeck pagaria à GUK 2 milhões de libras esterlinas (doravante GBP) mediante a entrega, a 31 de janeiro de 2002, dos "produtos citalopram" nas quantidades previstas;
- atendendo ao acordo alcançado, a Lundbeck pagaria à GUK 1 milhão de GBP mediante a entrega, a 2 de abril de 2002, dos "produtos citalopram" nas quantidades previstas;
- os pagamentos efetuados e as entregas dos "produtos citalopram" constituiriam a resolução completa e final de qualquer reivindicação da Lundbeck contra a GUK por violação dos seus direitos de propriedade intelectual;
- a Lundbeck comprometia-se a pagar 5 milhões de GBP de lucros líquidos garantidos à GUK desde que esta lhe encomendasse a quantidade pré-determinada de *citalopram*.

13.1.4. Acordos controvertidos com o Arrow Group

Os acordos celebrados entre a Lundbeck e o Arrow Group contemplavam, designadamente, as seguintes estipulações:

- a Lundbeck submeteu a testes laboratoriais o *citalopram* importado pela Arrow UK e considerava que o mesmo consubstanciava contrafação das suas patentes cristalização e destilação;

- a Arrow UK comprometia-se a não fabricar, ceder, propor ceder, utilizar ou importar ou conservar para cessão ou outra finalidade o *citalopram* em questão ou outro *citalopram* que a Lundbeck considerasse violador das suas patentes;
- a Arrow UK não solicitaria "crossundertaking in damages" (montante que a Lundbeck teria de depositar no órgão judicial se peticionasse uma injunção no âmbito da ação por contrafação contra a Arrow UK);
- a Lundbeck pagaria à Arrow UK 5 milhões de GBP, em quatro prestações, sendo o valor aumentado em 450.000 GBP, com a primeira adenda ao acordo, e em 1,350 milhão de GBP, com a segunda adenda ao acordo;
- a Arrow UK entregaria à Lundbeck as suas existências do *citalopram* em questão, numa primeira fase até 6 de fevereiro de 2002, a quantidade de 3,975 milhões de comprimidos em caixa, e numa segunda fase até 15 de fevereiro de 2002, a quantidade de cerca de 1,1 milhão de comprimidos a granel;
- caso a decisão final na ação por contrafação concluísse que a Arrow UK não tinha violado patentes da Lundbeck, os valores pagos por via do acordo consistiam na indemnização integral que a Arrow UK poderia obter da Lundbeck por perdas decorrentes do cumprimento das obrigações assumidas no acordo.

13.1.5. Acordo controvertido com a Alpharma

Os acordos celebrados entre a Lundbeck e a Alpharma contemplavam, designadamente, as seguintes estipulações:

- a Alpharma produziu ou adquiriu, na Noruega e na Suíça, produtos farmacêuticos que continham *citalopram*, sem o consentimento da Lundbeck;
- os produtos da Alpharma foram sujeitos pela Lundbeck a testes laboratoriais e os respetivos resultados deram motivos para acreditar que os métodos de produção utilizados para fabricar tais produtos violavam os direitos de propriedade intelectual da Lundbeck;
- a Alpharma entregaria à Lundbeck, a 31 de março de 2002, todas as existências de produtos que contivessem *citalopram* que tinha

em seu poder nessa data, particularmente, 9,4 milhões de comprimidos que já detinha aquando da celebração do acordo e os 16 milhões de comprimidos que tinha encomendado;

- em compensação dos compromissos assumidos e de forma a evitar as despesas e a duração do processo judicial, a Lundbeck pagaria à Alpharma o montante de 12 milhões de dólares dos E.U.A. (doravante USD), 11 milhões dos quais referentes aos produtos que continham *citalopram*, sendo o pagamento efetuado em três prestações de 4 milhões a 31 de março de 2002, a 31 de dezembro de 2002 e a 30 de junho de 2003.

13.1.6. Acordo controvertido com a Ranbaxy

A Ranbaxy submeteu, na Índia, dois pedidos de patentes de processo relativas ao *citalopram* e produziu fármacos que continham *citalopram* com a intenção de os introduzir no mercado do EEE. A Lundbeck sujeitou este *citalopram* a testes laboratoriais e concluiu que os processos utilizados para o respetivo fabrico violavam as suas patentes amido e iodo, contudo, a Ranbaxy contestou estas alegações.

As partes chegaram a acordo para evitar um litígio em matéria de patentes e celebraram um contrato nos termos do qual foi estipulado que:

- a Lundbeck pagaria à Ranbaxy o valor de 9,5 milhões de USD em prestações durante a execução do acordo;
- sob reserva das condições e dos pagamentos da Lundbeck, a Ranbaxy não reivindicaria qualquer direito sobre o pedido de patente ou sobre qualquer método de produção utilizado pela Ranbaxy e anularia, cessaria e renunciaria ao fabrico ou à comercialização de produtos farmacêuticos baseados naqueles métodos, designadamente, no EEE, durante a vigência do acordo;
- a Lundbeck venderia à Ranbaxy comprimidos de *citalopram*, com uma redução de 40% sobre o preço de saída de fábrica, para comercialização no Reino Unido;
- ambas as partes comprometer-se-iam a não instaurar processos judiciais contra a outra com base em qualquer patente referenciada no acordo.

13.1.7. Questões de direito invocadas pelas Recorrentes

Relação de concorrência potencial entre a Lundbeck e as empresas de genéricos

As recorrentes alegaram que a Decisão Lundbeck interpretou erroneamente a jurisprudência relevante para determinar se um acordo seria restritivo da concorrência potencial, que assume a existência de real e concreta possibilidade de entrada no mercado na ausência de acordo, e alegaram que a Comissão não teve em consideração factos essenciais referentes a esta matéria.

Violação do art. 101º, nº 1 do TFUE

As recorrentes alegaram que a Decisão Lundbeck errou ao considerar que: **a)** os acordos tinham finalidade anticoncorrencial porque os mesmos envolviam pagamentos por parte da Lundbeck; **b)** as restrições previstas nos acordos diminuíam ou eliminavam os incentivos para as empresas de genéricos encetarem esforços para entrar no mercado; **c)** os acordos tinham um objeto restritivo da concorrência; **d)** não estão excluídos do âmbito do art. 101º, nº 1 do TFUE os acordos que contemplam restrições intrínsecas ao exercício do direito de patente; **e)** os acordos que estipulam restrições que excedem o âmbito do direito de patente estão abrangidos pelo art. 101º, nº 1 do TFUE; **f)** a conduta da Lundbeck consistia numa estratégia global adversa à entrada no mercado de genéricos e tal facto ser relevante para analisar os acordos nos termos do art. 101º, nº 3 do TFUE e **g)** os acordos estipulavam limitações que excediam as limitações decorrentes do exercício do direito de patente.

Ganhos de eficiência dos acordos controvertidos

As recorrentes alegaram que a Comissão não analisou suficientemente os seus argumentos relativos ao facto de os acordos controvertidos beneficiarem a concorrência dado que os acordos de transação conservam o incentivo à inovação e podem facilitar a entrada no mercado de medicamentos genéricos.

13.2. Relação de concorrência potencial entre a Lundbeck e as empresas de genéricos

As recorrentes consideraram que na ausência dos acordos controvertidos não existia real e concreta possibilidade de entrada no mercado das empresas de genéricos e, como tal, os acordos controvertidos não consubstanciavam acordos restritivos de concorrência potencial.

As razões apontadas pelas recorrentes para justificar a ausência de concorrência potencial por parte das empresas de genéricos consistiram no seguinte:

- o facto de o lançamento de medicamentos que violam os direitos de propriedade intelectual de terceiros não constituir a expressão de uma concorrência potencial nos termos do art. 101º, nº 1 do TFUE;
- o facto de a Comissão se ter baseado em avaliações subjetivas para concluir que as empresas de genéricos eram concorrentes reais ou potenciais da Lundbeck;
- o facto de a contestação de uma patente válida não constituir uma possibilidade real e concreta de entrar no mercado;
- o facto de a inexistência de AIM impedir a existência de uma concorrência real ou potencial;
- o facto de as empresas de genéricos não terem podido recorrer a outros processos de produção do *citalopram* ou a outros produtores de *citalopram* durante a vigência dos acordos controvertidos e
- a inexistência de concorrência potencial entre a Lundbeck e a Merck (GUK), o Arrow Group, a Alpharma e a Ranbaxy no momento da celebração dos acordos controvertidos.

13.2.1. Análise do Tribunal Geral

O TG referiu que, na Decisão Lundbeck, a Comissão identificou duas fases em que a concorrência potencial poderia manifestar-se no setor: a **primeira** poderia ter início diversos anos antes de expirar a patente sobre um ingrediente farmacêutico ativo aquando do início do início do desenvolvimento, por parte de produtores de genéricos, de processos de fabrico de produtos genéricos, a **segunda** aquando do início da execução de atos preparatórios para a introdução no mercado da versão genérica, designadamente, obtenção de AIM, aquisição de produtos genéricos, produção própria de produtos genéricos e implementação da rede de distribuição[453].

De acordo com a jurisprudência, a análise das condições concorrenciais num dado mercado deve atender não só à concorrência atual das empresas já implementadas no mercado em questão mas também deve atender à concorrência potencial "a fim de saber se, tendo em conta a estrutura do mercado e o contexto económico e jurídico em que se enquadra o seu funcionamento, existem possibilidades reais e concretas de as empresas envolvidas competirem entre si, ou de um novo concorrente entrar no mercado em causa e fazer concorrência às empresas já estabelecidas nesse mesmo mercado"[454].

No caso vertente, para apurar se as empresas de genéricos representariam um concorrente potencial num mercado, a Comissão deveria demonstrar que, na ausência dos acordos controvertidos, verificar-se-iam hipóteses reais e concretas para as empresas de genéricos entrarem no mercado e competirem com a Lundbeck[455], sendo que tal demonstração devia ser baseada "em elementos de facto ou numa análise das estruturas do mercado pertinente"[456]. Pelo que as empresas de genéricos não poderiam ser qualificadas de concorrentes potenciais caso a respetiva entrada no mercado não consubstanciasse "uma estratégia económica viável"[457], ou seja, caso não existisse efetiva "capacidade para integrar o referido mercado"[458], sendo que "a possibilidade puramente teórica de uma entrada no mercado não é suficiente para demonstrar a existência de uma concorrência potencial"[459], sendo necessário que fosse possível entrar no mercado "de uma forma suficientemente rápida"[460] ou "mediante custos que teriam sido economicamente suportáveis"[461].

Sendo que, de acordo com a jurisprudência, "o próprio facto de uma empresa já presente num mercado ter tentado celebrar acordos ou instituir mecanismos de trocas de informações com outras empresas que

[453] Cfr. parágrafos 91-92 do Acórdão T-472/13.

[454] Parágrafo 99 do Acórdão T-472/13.

[455] Cfr. parágrafo 100 do Acórdão T-472/13.

[456] Parágrafo 100 do Acórdão T-472/13.

[457] *Idem.*

[458] Parágrafo 101 do Acórdão T-472/13

[459] Parágrafo 104 do Acórdão T-472/13.

[460] *Idem.*

[461] *Idem.*

não estavam presentes nesse mercado constituía um indício sério de que este não era impenetrável"[462], ou seja, que haveria possibilidades reais e concretas de entrada de concorrentes no mercado relevante.

O TG referiu também que "a existência de uma concorrência potencial não exige a demonstração de que as empresas de genéricos teriam certamente entrado no mercado e de que tal entrada teria necessariamente sido coroada de êxito, mas apenas de que dispunham de possibilidades reais e concretas para o efeito"[463], quer isto dizer que a concorrência potencial, sendo distinta da concorrência efetiva, não requer comprovação ou probabilidade de sucesso.

O TG referiu que, não obstante o direito de exclusivo conferido pelo direito de patente, a jurisprudência não exclui a aplicação do artigo 101º, nº 1 do TFUE a acordos amigáveis em matéria de patentes, sendo que as condições do exercício do direito de patente podem ser compreendidas nas proibições previstas na referida norma[464].

O TG considerou que a presunção de validade de patentes, até estas serem revogadas ou invalidadas, não representa uma presunção de ilegalidade de produtos genéricos legalmente introduzidos no mercado que são classificados como violadores da patente pelo respetivo titular[465].

O TG sufragou o entendimento da Comissão que considerou que "as patentes de processo da Lundbeck não constituíam necessariamente barreiras intransponíveis para as empresas de genéricos [...] que desejavam entrar no mercado do citalopram e estavam prontas a fazê lo, e que já tinham efetuado investimentos consideráveis para o efeito no momento da celebração dos acordos controvertidos"[466].

Adicionalmente, não existiam certezas relativamente à proposição e desfecho de eventuais ações judiciais perante a entrada de genéricos no mercado[467].

O TG considerou que a Comissão fundamentou a sua decisão em documentos objetivos que indicavam "a perceção das partes nos acordos controvertidos acerca da força das patentes de processo da Lundbeck no

[462] Parágrafo 103 do Acórdão T-472/13.
[463] Parágrafo 159 do Acórdão T-472/13.
[464] Cfr. parágrafo 118 do Acórdão T-472/13.
[465] Cfr. parágrafo 121 do Acórdão T-472/13.
[466] Parágrafo 124 do Acórdão T-472/13.
[467] Cfr. parágrafo 126 do Acórdão T-472/13.

momento da celebração destes acordos [...] para avaliar a situação concorrencial entre tais partes"[468].

O TG considerou que a Comissão teve em conta, não apenas a possibilidade de contestar a validade de patente, mas também outros elementos "tais como os investimentos e os esforços significativos já desenvolvidos pelas empresas de genéricos a fim de preparem a sua entrada no mercado, o facto de já terem obtido as AIM ou efetuado as diligências necessárias para obtenção de uma AIM num prazo razoável, o reconhecimento, por parte das recorrentes, de que existia um determinado número de processos disponíveis para produzir o citalopram sem violação das suas patentes, o facto de nenhum órgão jurisdicional ter declarado o caráter contrafeito dos produtos genéricos no momento da celebração dos acordos controvertidos e a existência de um risco não negligenciável de que algumas patentes de processo da Lundbeck pudessem ser declaradas inválidas"[469].

O TG referiu que a concorrência potencial contemplava "as atividades das empresas de genéricos que visam obter as AIM necessárias, assim como a realização de todas as diligências administrativas e comerciais indispensáveis para preparar a entrada no mercado"[470], sendo que a concorrência potencial nestes termos é protegida pelo art. 101º, nº 1 do TFUE pois "a concorrência efetiva nunca ocorreria ou sofreria atrasos significativos"[471] caso fosse admissível, sem violar o direito da concorrência, pagar às empresas de genéricos para pararem ou abrandarem os procedimentos para introdução de genéricos no mercado.

O TG considerou que "no momento da celebração dos acordos controvertidos, nenhum órgão jurisdicional do EEE se tinha pronunciado sobre o caráter contrafeito dos produtos desenvolvidos pelas empresas de genéricos"[472], pelo que as recorrentes não poderiam "validamente alegar que os medicamentos genéricos desenvolvidos pelas empresas de genéricos violavam as suas patentes de processo, quando, no máximo, constituíam uma potencial contrafação no momento em que os acordos controvertidos tinham sido celebrados"[473].

[468] Parágrafo 141 do Acórdão T-472/13.

[469] Parágrafo 157 do Acórdão T-472/13.

[470] Parágrafo 171 do Acórdão T-472/13.

[471] *Idem.*

[472] Parágrafo 193 do Acórdão T-472/13.

[473] *Idem.*

Adicionalmente, considerou o TG que ainda que os produtos genéricos incorressem na infração de alguma patente da Lundbeck, "o que não estava demonstrado no momento da celebração dos acordos controvertidos no caso em apreço, as empresas de genéricos também poderiam ter contestado a validade destas patentes nos órgãos jurisdicionais competentes"[474].

O TG referiu que: **a)** as empresas de genéricos em questão tinham adquirido stocks de *citalopram* e dispunham de AIMs pedidas ou concedidas em diversos territórios, **b)** a validade das patentes da Lundbeck era questionável e que **c)** a própria Lundbeck aceitou efetuar uma transferência de valor significativo ao abrigo dos acordos controvertidos.

Referiu também o TG que a Comissão não se encontrava obrigada a demonstrar que as empresas de genéricos teriam entrado no mercado, durante a vigência dos acordos, bastando provar que as empresas em questão tinham possibilidades reais e concretas de entrar no mercado, quando os acordos controvertidos foram celebrados, e que poderiam exercer pressão concorrencial sobre a Lundbeck.

O TG sufragou o entendimento da Comissão e concluiu pela existência de concorrência potencial por parte das empresas de genéricos relativamente à Lundbeck no âmbito do mercado do *citalopram*.

13.2.2. Análise crítica

As condições concorrenciais de um dado mercado são aferidas em função da concorrência atual de empresas já implementadas no mercado, bem como, da concorrência potencial que se verifica perante a possibilidade real e concreta de entrada no mercado de um novo concorrente. Sendo que esta possibilidade não depende de uma intenção subjacente, bastando apenas que exista a capacidade de entrar no mercado e competir com os outros concorrentes já existentes.

A noção de *concorrência potencial* refere-se, portanto, à substituibilidade concreta da oferta mediante pressão concorrencial de novas empresas que condicione, de modo relevante, a conduta de empresas já presentes no mercado de modo a que todas sejam incluídas no mesmo mercado[475].

[474] Parágrafo 202 do Acórdão T-472/13.

[475] Cfr. Sousa Ferro – *A Definição de Mercados Relevantes*, p. 415-416.

MIGUEL SOUSA FERRO define concorrência potencial como a "concorrência que é exercida por empresas para as quais não é economicamente viável entrar no mercado a curto prazo (tipicamente, em prazo praticamente imediato e, em qualquer caso, muito inferior a um ano). Trata-se, portanto, de uma pressão concorrencial mediata, deferida no tempo"[476].

Na Comunicação da Comissão relativa à definição de mercado relevante para efeitos do direito comunitário da concorrência (97/C 372/03)[477] é referido que a confirmação da existência de concorrência potencial depende da análise de "fatores e circunstâncias específicos relacionados com as condições de penetração no mercado"[478].

A propósito da temática dos acordos *pay for delay*, na qual se insere o presente caso, foi emitido recentemente, em sede de reenvio prejudicial, o Acórdão do TJ de 30 de janeiro de 2020 no Processo C-307/18 – Generics (UK) Ltd *et al.* c. Competition and Markets Authority (doravante Acórdão C-307/18) no âmbito do qual o TJ analisou a questão da concorrência potencial e estabeleceu os critérios para que um acordo de transação de um litígio entre o titular de uma patente farmacêutica e um fabricante de medicamentos genéricos seja contrário ao direito da concorrência da UE. Atendendo à importância que tem para o caso sob análise, cumpre referir os critérios fixados por meio desta decisão do TJ.

Considerou o TJ, no Acórdão C-307/18, que a relação de concorrência potencial, que não pode ser meramente hipotética, pressupõe a demonstração de reais e concretas possibilidades de entrada no mercado e de concorrer com as empresas já presentes no mercado, não sendo necessário demonstrar que tal concorrente potencial entre efetivamente no mercado e que se consiga manter nele[479]. Relativamente ao caso *sub judice* no Acórdão C-307/18, o TJ referiu que "para apreciar a existência de uma relação de concorrência potencial entre, por um lado, um fabricante de medicamentos originais titular de uma patente de processo de um princípio ativo caído no domínio público e, por outro, um fabricante de medicamentos genéricos que se prepara para entrar no mercado

[476] Ob. ult. cit., p. 416.

[477] JO C 372/5 de 09/12/1997.

[478] Parágrafo 24 da Comunicação da Comissão relativa à definição de mercado relevante para efeitos do direito comunitário da concorrência (97 /C 372/03).

[479] Cfr. parágrafo 36 e 38 do Acórdão C-307/18.

do medicamento que contém esse princípio ativo, que celebraram um [acordo de transação de um litígio], importa determinar, em primeiro lugar, se, na data da celebração desse acordo, o fabricante de medicamentos genéricos em causa tinha efetuado preparativos suficientes que lhe permitissem aceder ao mercado em causa num prazo de tal modo curto que podia exercer pressão concorrencial sobre o fabricante de medicamentos originais"[480]. Apontado o TJ como exemplos de preparativos suficientes a obtenção de "autorizações administrativas exigidas para a comercialização de uma versão genérica do medicamento em causa, bem como de um stock suficiente desse medicamento genérico, no âmbito de produção própria ou de contratos de fornecimento celebrados com terceiros"[481].

O TJ referiu, no Acórdão C-307/18, que a análise da possibilidade de entrada no mercado por parte do concorrente potencial deve verificar se existem barreiras à entrada de caráter intransponível[482], sendo que "a existência de uma patente que protege o processo de fabrico de um princípio ativo caído no domínio público não pode, enquanto tal, ser vista como uma barreira intransponível e não impede qualificar de «potencial concorrente» do fabricante do medicamento original em causa um fabricante de medicamentos genéricos que tem efetivamente a firme intenção e capacidade própria para entrar no mercado e que, pelas medidas que toma, se mostra preparado para contestar a validade dessa patente e para assumir o risco de se ver confrontado, quando entrar no mercado, com uma ação por contrafação proposta pelo titular dessa patente"[483].

Como se pode ver, o Acórdão C-307/18 trouxe considerações muito relevantes para a análise de existência de concorrência potencial em sede de práticas que envolvem empresas de medicamentos de referência e empresas de genéricos.

Passemos agora a analisar a situação de concorrência potencial *sub judice* no Acórdão 472/13, tendo em conta a jurisprudência do TJ no Acórdão C-307/18.

[480] Parágrafo 43 do Acórdão C-307/18.
[481] Parágrafo 44 do Acórdão C-307/18.
[482] Parágrafo 45 do Acórdão C-307/18.
[483] Parágrafo 46 do Acórdão C-307/18.

Importa referir, desde logo que, atendendo ao supra mencionado, consideramos que *concorrência potencial* consiste na capacidade atual e própria de entrada no mercado de forma mediata em função das aptidões que uma dada entidade possuí para integrar o mercado e em função dos atos preparatórios já efetuados e/ou que estão a ser efetuados com o fim de disponibilizar produtos e/ou serviços no mercado e, deste modo, exercer pressão concorrencial sobre as entidades já presentes no mercado.

No caso vertente ficou comprovado que as empresas de genéricos encetaram atos preparatórios de entrada no mercado, nomeadamente, a obtenção de AIM para comercialização do fármaco genérico em apreço e aquisição de grandes quantidades do medicamento e/ou a celebração de contratos de fornecimento relativamente ao fármaco. Ora, tal não se teria verificado na ausência de capacidade atual e própria para a entrada no mercado do fármaco em questão e, na verdade, estes factos vão ao encontro dos preparativos suficientes exigidos pelo TJ no Acórdão C-307/18 para a qualificação de concorrência potencial, em concreto, a demonstração de existência de reais e concretas possibilidades de entrada no mercado e de concorrer com as empresas já presentes no mercado, consistindo os factos em apreço nos específicos exemplos apontados pelo TJ como preparativos suficientes para a entrada no mercado.

Contudo, consideramos que a análise da Comissão e do TG fundamentou a verificação da concorrência potencial com base num pressuposto incorreto, em concreto, o facto de as empresas de genéricos estarem dispostas a entrar no mercado munidas de estratégias para se subtraírem a infrações de patentes ou em condições "de risco", *i.e.*, com a possibilidade de os seus atos consubstanciarem infração a direitos de patente da Lundbeck.

Com efeito, conforme referem Batchelor *et al.*, a conclusão de que a entrada em condições "de risco" constitui concorrência é excessivamente simplista na medida em que não aborda o facto de os produtos introduzidos no mercado consubstanciarem ou não violação de patente[484]. Batchelor *et al.* consideram que apenas após a análise

[484] Batchelor, B., *et al.* – *"Lundbeck provides more questions than answers on pay-for-delay settlements"*, in *International Law Office*, disponível no website do International Law Office em https://www.internationallawoffice.com/Newsletters/Competition-Antitrust/European-

quanto à disponibilização dos produtos no mercado sê-lo de forma legal ou ilegal é que é possível provar a existência de concorrência, não concordando com a posição manifestada pelo TG no sentido de reputar os produtos genéricos como legais até que haja uma decisão jurisprudencial em sentido contrário[485].

Concordamos com Batchelor *et al.* na medida em que consideramos que a análise das condições concorrenciais no mercado não podem ser alicerçadas em comportamentos que consubstanciem infração de direitos subjetivos alheios, ou seja, uma conduta que é proibida por lei não pode ser reputada como concorrência no mercado dado que a dita conduta é ilegal e pode ser inviabilizada com base nos procedimentos legais que se revelem adequados. Pelo que não concordamos com o TG quando este refere que a entrada no mercado em condições "de risco" constitui verificação de concorrência potencial. Adicionalmente, poderia dar-se o caso de as empresas de genéricos desistirem de entrar no mercado por considerarem que não tinham capacidade financeira ou outra para lidar com eventuais processos judiciais de infração de patentes. Não obstante, cumpre referir que o caso *sub judice* apresentava contornos específicos na medida em que a própria Lundbeck duvidava da validade das suas novas patentes e estava ciente de que havia um risco sério de invalidação das mesmas, pelo que a existência das patentes em causa não constituía uma barreira absoluta à entrada no mercado e a verificação dos acordos eliminou a pressão concorrencial sobre a Lundbeck exercida pelas empresas que tinham a intenção de entrar no mercado.

Neste sentido, consideramos errada a fundamentação subjacente à comprovação de existência de concorrência potencial. Isto porque a fundamentação apresentada depende da *valoração subjetiva* das empresas de genéricos e da introdução de produtos no mercado que podem constituir violação de patente e, como tal, a fundamentação em apreço não é alicerçada na análise das *aptidões das empresas de genéricos*, nem na análise do *mercado e respetivas condições concorrenciais* e nem na análise dos *atos preparatórios* encetados pelas empresas de genéricos.

Union/Baker-McKenzie-LLP/Lundbeck-provides-more-questions-than-answers-on-pay-for-delay-settlements#, consultado a 09/04/2020.

485 Cfr. ob. ult. cit..

Consideramos que a fundamentação deveria ter consistido no facto de, em abstrato, sem considerações subjetivas, ser possível penetrar no mercado do *citalopram* na medida em que as empresas de genéricos em questão tinham capacidade atual e própria de integrar o mercado em função de possuírem as aptidões necessárias, *i.e.*, capacidade de aquisição e/ou produção de *citalopram* e respetiva colocação no mercado obedecendo aos requisitos legais e regulamentares aplicáveis, sendo que as patentes originárias sobre o fármaco e respetivos processos de produção já haviam expirado e, como tal, não obstariam às capacidades atuais e próprias de entrada no mercado por parte das empresas de genéricos dado que a tecnologia descrita nas patentes em questão era suscetível de ser replicada sem que tal consubstanciasse infração de patente. O facto de as patentes originárias terem expirado vai ao encontro da inexistência de barreiras à entrada de caráter intransponível conforme mencionado pelo TJ, no Acórdão C-307/18, como uma das condições para a qualificação de concorrência potencial.

Neste sentido, concordamos com a decisão da Comissão e do TG na medida em que concluem pela existência de concorrência potencial por parte das empresas de genéricos, contudo, não concordamos com a justificação apresentada para fundamentar a existência de tal concorrência potencial.

13.3. Violação do art. 101º, nº 1 do TFUE – restrição da concorrência por objetivo

Conforme já referido supra (*vd.* §13.1.7), as recorrentes consideraram que a Comissão errou ao concluir que os acordos controvertidos tinham finalidade anticoncorrencial e consubstanciavam restrição da concorrência por objetivo, estipulando restrições que excediam o âmbito do direito de patente, estando abrangidos pelo art. 101º, nº 1 do TFUE.

13.3.1. Análise do Tribunal Geral

O TG referiu que para determinar a anticoncorrencialidade de um acordo e aferir se o mesmo apresenta um nível suficiente de nocividade para consubstanciar uma restrição da concorrência por objetivo nos termos do art. 101º, nº 1 do TFUE, "deve atender-se ao teor das suas disposições, aos objetivos que visa atingir, bem como ao contexto económico e jurídico em que o mesmo se insere"[486], e deve-se também "tomar em consideração a natureza dos bens ou dos serviços afetados e as condições reais do funcionamento e da estrutura do mercado ou dos mercados em causa"[487]. Adicionalmente, "embora a intenção das partes não seja um elemento necessário para determinar o caráter restritivo de um acordo entre empresas, nada impede que as autoridades da concorrência ou os órgãos jurisdicionais nacionais e da União a tenham em conta"[488].

O TG considerou que a Comissão decidiu acertadamente ao determinar que "quando um pagamento compensatório é conjugado com uma exclusão do mercado de concorrente ou com uma limitação dos elementos incentivadores para que tal entrada ocorra [...] era possível considerar que tal limitação não decorria exclusivamente da apreciação da força das patentes pelas partes, mas que era obtida através de tal pagamento [...], que, por isso, se assemelha à compra da concorrência"[489].

Adicionalmente, o TG referiu que "a importância de um pagamento compensatório pode constituir uma indicação da força ou da fragilidade de uma patente, tal como entendida pelas partes nos acordos no momento em que estes são celebrados, e do facto de que a empresa de medicamentos originais não estava intimamente convencida das suas possibilidades de êxito em caso de litígio"[490]. No âmbito deste entendimento, o TG mencionou o Acórdão do Supreme Court of the United States de 17 de junho de 2013 no Processo 12–416 – Federal Trade Commission v. Actavis, Inc., *et al.* no qual foi considerado "que a presença de um pagamento compensatório significativo num acordo de transação em matéria de patentes podia constituir uma alternativa viável para a fragilidade de uma patente, sem que um órgão jurisdicional deva efetuar uma apreciação aprofundada da validade desta patente"[491].

Referiu o TG que no caso vertente "as partes nos acordos controvertidos preferiram substituir os riscos inerentes ao normal desenrolar do funcionamento da concorrência e ao estado de incerteza que rodeava

[486] Parágrafo 343 do Acórdão T-472/13.

[487] *Idem.*

[488] Parágrafo 344 do Acórdão T-472/13.

[489] Parágrafo 352 do Acórdão T-472/13.

[490] Parágrafo 353 do Acórdão T-472/13.

[491] Parágrafo 353 do Acórdão T-472/13.

a validade das patentes de processo da Lundbeck, assim como a questão de saber se os produtos que as empresas de genéricos pretendiam comercializar violavam estas patentes, ou não, pela certeza de que estas não entrariam no mercado durante a vigência destes acordos, através de pagamentos compensatórios significativos que correspondiam aproximadamente aos benefícios que teriam obtido se tivessem entrado no mercado"[492]. Sendo que com estas ações "as partes nos acordos controvertidos puderam partilhar uma parte dos benefícios de que a Lundbeck continuou a beneficiar, em detrimento dos consumidores que continuaram a pagar preços mais elevados do que aqueles que teriam pago em caso de entrada dos genéricos no mercado"[493].

Considerou o TG que resultava da Decisão Lundbeck que os acordos controvertidos eram equiparáveis a acordos de exclusão do mercado, o que consubstancia uma das restrições mais graves da concorrência[494]. Sendo que a Comissão tomou em consideração "as patentes de processo das recorrentes, mas considerou que estas, mesmo presumindo que eram válidas, não permitiam excluir toda a concorrência relativa ao [...] citalopram"[495]. Pelo que considerou o TG que a Comissão "não estava obrigada a examinar os efeitos concretos dos acordos controvertidos na concorrência, nomeadamente a questão de saber se, na falta destes acordos, as empresas de genéricos teriam entrado no mercado sem violar alguma das patentes da Lundbeck, para poder demonstrar a existência de uma restrição da concorrência por objetivo, na aceção do artigo 101º, nº 1, TFUE, uma vez que dispunham de possibilidades reais e concretas a este respeito e eram concorrentes potenciais da Lundbeck no momento da celebração dos acordos controvertidos"[496].

Concluiu o TG que "a Comissão considerou corretamente que os acordos controvertidos se assemelhavam a acordos de exclusão do mercado entre concorrentes e que eram suscetíveis de produzir efeitos negativos na concorrência, sem que fosse necessário, para efeitos da aplicação do artigo 101º, nº 1, TFUE, demonstrar que tinham produzido tais efeitos"[497].

[492] Parágrafo 429 do Acórdão T-472/13.
[493] *Idem.*
[494] Cfr. parágrafo 435 do Acórdão T-472/13.
[495] Parágrafo 435 do Acórdão T-472/13.
[496] Parágrafo 437 do Acórdão T-472/13.
[497] Parágrafo 476 do Acórdão T-472/13.

Atendendo ao supra exposto, o TG considerou que improcedia o argumento das recorrentes de que a Comissão não tinha comprovado que os acordos controvertidos podiam ser considerados suficientemente nocivos para a concorrência.

Considerou o TG que "o critério do âmbito de aplicação da patente assenta na apreciação subjetiva das recorrentes relativamente ao âmbito de aplicação das suas patentes e da validade destas, ao passo que um órgão jurisdicional nacional ou uma autoridade competente poderia ter tido um ponto de vista diferente"[498]. Pelo que "quando as recorrentes alegam que os produtos que as empresas de genéricos pretendiam comercializar violavam as suas patentes ou entravam no âmbito de aplicação material, temporal e territorial destas, trata-se na realidade apenas de especulações que se baseiam nas suas próprias apreciações subjetivas, uma vez que não contestam o facto de que, no momento da celebração dos acordos controvertidos, nenhum órgão jurisdicional nacional ou autoridade competente tinha estabelecido que estes produtos violavam alguma das suas patentes de processo"[499].

Concluiu o TG que a "Comissão não cometeu qualquer erro de direito ao rejeitar o critério do âmbito de aplicação da patente enquanto critério pertinente para examinar os acordos controvertidos à luz do artigo 101º, nº 3, TFUE"[500] dado que o "critério pertinente no caso em apreço era o conceito de restrição por objetivo, tal como desenvolvido pela jurisprudência dos órgãos jurisdicionais da União"[501].

O TG referiu que "a Comissão tinha efetivamente o direito de ter em conta a intenção das recorrentes no momento da celebração dos acordos controvertidos, uma vez que a jurisprudência reconhece que a intenção das partes pode constituir um elemento relevante para estabelecer a existência de uma restrição por objetivo na aceção do artigo 101º, nº 1, TFUE"[502].

O TG referiu que "embora os acordos controvertidos não excedessem o âmbito de aplicação das patentes das recorrentes, constituíam restrições da concorrência por objetivo na aceção do artigo 101º, nº 1,

[498] Parágrafo 491 do Acórdão T-472/13.

[499] Parágrafo 494 do Acórdão T-472/13.

[500] Parágrafo 499 do Acórdão T-472/13.

[501] *Idem.*

[502] Parágrafo 523 do Acórdão T-472/13.

TFUE, uma vez que consistiram em acordos que visavam adiar a entrada das empresas de genéricos no mercado, em troca de pagamentos compensatórios significativos [...], que transformaram a incerteza relativa a tal entrada na certeza de que esta não teria lugar durante a vigência dos acordos controvertidos"[503].

O TG sufragou o entendimento da Comissão e concluiu os acordos controvertidos no âmbito do mercado do *citalopram* possuíam caráter restritivo da concorrência pelo objetivo.

13.3.2. Análise crítica

Os acordos controvertidos em apreço destinavam-se a resolver amigavelmente atuais ou potenciais litígios de patentes entre, por um lado, uma empresa de medicamentos de referência e, por outro lado, empresas de medicamentos genéricos. Pelo que esta questão se insere na temática dos acordos *pay for delay*. O *acordo pay for delay* (*pagar para atrasar*) consiste num acordo entre empresas de medicamentos de referência e empresas de genéricos, no contexto de um litígio de infração de patentes e, eventualmente, de ação de invalidação dessas patentes, nos termos do qual as empresas de genéricos assumem a obrigação de não entrar no mercado com o fármaco genérico até determinado momento, ou seja, a entrada do genérico no mercado é atrasada. Importando determinar se no caso concreto se verificaram legítimos acordos de transação ou acordos *pay for delay* anticoncorrenciais.

A propósito da temática dos acordos *pay for delay* importa analisar a jurisprudência fixada pelo TJ no Acórdão C-307/18, a que já nos referimos supra (*vd.* §13.2.2), relativamente aos critérios para que um acordo de transação de um litígio entre o titular de uma patente farmacêutica e um fabricante de medicamentos genéricos seja contrário ao direito da concorrência da UE.

O TJ referiu, no Acórdão C-307/18, que acordos entre empresas subsumem-se à proibição estatuída no art. 101º, nº 1 do TFUE apenas quando **a)** o comportamento das empresas revele a existência de colusão, ou seja, um acordo entre empresas, uma decisão de associação de empresas ou uma prática concertada, **b)** essa colusão afete de modo

[503] Parágrafo 539 do Acórdão T-472/13.

desfavorável e sensível a concorrência no mercado interno e **c)** a colusão se verifique entre empresas em situação de concorrência efetiva ou potencial[504].

O TJ considerou, no Acórdão C-307/18, que a caracterização de um acordo como restritivo da concorrência por objetivo pressupõe que tal acordo revele "um grau suficiente de nocividade para a concorrência para que se possa considerar que não há que examinar os seus efeitos, uma vez que determinadas formas de prática concertada podem ser consideradas, pela sua própria natureza, prejudiciais ao bom funcionamento do jogo normal da concorrência"[505]. Relativamente ao setor farmacêutico em concreto, este revela-se "especialmente sensível ao adiamento da entrada no mercado da versão genérica de um medicamento original. Ora, tal adiamento conduz à manutenção de um preço de monopólio no mercado do medicamento em causa, que é consideravelmente superior ao preço a que seriam vendidas as versões genéricas deste se tivessem entrado no mercado e que tem consequências financeiras significativas, se não para o consumidor final, pelo menos para os organismos de segurança social"[506]. Relativamente ao caso *sub judice* no Acórdão C-307/18, o TJ referiu que a "qualificação de «restrição por objetivo» deve ser adotada quando resulte da análise do acordo de resolução amigável em causa que as transferências de valores previstas por este se explicam apenas pelo interesse comercial, tanto do titular da patente como do alegado contrafator, em não concorrer com base no mérito"[507] dado que se o titular da patente "efetuar uma transferência significativa de valor a favor dos fabricantes de genéricos, sem outra contrapartida para além do seu compromisso de não entrar no mercado e de não contestar a patente, tal indica, na falta de outra explicação plausível, que não foi a perceção [...] da força da patente, mas a perspetiva dessa transferência de valor que [...] incitou [o fabricante de genéricos] a renunciar à entrada no mercado e à contestação da patente"[508].

A propósito da transferência de valor da empresa de medicamentos de referência para a empresa de genéricos, cumpre referir o entendi-

[504] Cfr. parágrafos 31-32 do Acórdão C-307/18.

[505] Parágrafo 67 do Acórdão C-307/18.

[506] Parágrafo 70 do Acórdão C-307/18.

[507] Parágrafo 87 do Acórdão C-307/18.

[508] Parágrafo 89 do Acórdão C-307/18.

mento do Supreme Court of the United States, veiculado no Acórdão de 17 de junho de 2013 no Processo 12–416 – Federal Trade Commission v. Actavis, Inc., *et al.*, que considera que o montante elevado da transferência assinala o caráter anticoncorrencial do acordo na medida em que um valor elevado, que não tem correspondência com os custos do litígio, indica a probabilidade da patente ser inválida e indica também a disposição do titular da patente em questão de partilhar os lucros monopolistas com a empresa de genéricos.

Relativamente à qualificação de um acordo de transação de um litígio como restritivo da concorrência, como os acordos *sub judice* no Acórdão C-307/18, o TJ referiu que "os efeitos restritivos da concorrência podem ser tanto reais como potenciais, mas, em qualquer caso, devem ser suficientemente sensíveis"[509] e que "Para a apreciação dos efeitos de uma prática colusória à luz do artigo 101º TFUE, é necessário analisar o jogo da concorrência no quadro real em que se produziria se não existisse o acordo controvertido"[510], não sendo necessária "qualquer conclusão definitiva em relação às possibilidades de sucesso do fabricante de medicamentos genéricos no processo relativo à patente ou à probabilidade de celebração de um acordo menos restritivo"[511].

Como se pode ver, o Acórdão C-307/18 trouxe considerações muito relevantes para a análise de legítimos acordos de transação em comparação com acordos *pay for delay* anticoncorrenciais.

Passemos agora a analisar os acordos controvertidos *sub judice* no Acórdão 472/13, tendo em conta a jurisprudência do TJ no Acórdão C-307/18.

Os acordos controvertidos revelaram a existência de colusão na medida em que se verificou a formalização de contratos entre a Lundbeck e cada uma das empresas de genéricos envolvida no caso *sub judice* com o propósito de assumirem obrigações recíprocas com vista a resolver o diferendo sobre a alegada violação das patentes da Lundbeck. Pelo que se encontra preenchido o primeiro requisito de **existência de colusão** apontado pelo TJ, no Acórdão C-307/18, para a qualificação dos acordos como proibidos pelo art. 101º do TFUE.

[509] Parágrafo 117 do Acórdão C-307/18.

[510] Parágrafo 118 do Acórdão C-307/18.

[511] Parágrafo 119 do Acórdão C-307/18.

Os acordos controvertidos conduziram à não entrada no mercado das empresas de genéricos com a versão genérica do fármaco *citalopram* mediante o pagamento de contrapartidas financeiras pela Lundbeck, pelo que os acordos comtemplavam a exclusão de concorrentes da Lundbeck do mercado. Acresce que, além de renunciarem à entrada no mercado, as empresas de genéricos assumiram a obrigação de não contestar a validade das patentes da Lundbeck. Este deferimento da entrada no mercado da versão genérica do fármaco para momento após terminar a vigência dos acordos controvertidos e a não contestação da validade das patentes da Lundbeck tiveram como consequência a "manutenção de um preço de monopólio no mercado do medicamento em causa"[512], facto que o TJ, no Acórdão C-307/18, apontou como sendo, por si só, prejudicial ao bom funcionamento do jogo normal da concorrência e, como tal, restritivo da concorrência.

Adicionalmente, é possível concluir que as partes nos acordos controvertidos celebraram estes com vista a não concorrer com base no mérito na medida em que a transferência de valor da Lundbeck para as empresas de genéricos teve unicamente como contrapartidas a obrigação das empresas de genéricos de não entrarem no mercado e de não contestarem as patentes da Lundbeck, circunstância apontada pelo TJ, no Acórdão C-307/18, como indicativa de restrição da concorrência por objetivo.

Cumprindo salientar que um dos fatores determinantes para considerar os acordos controvertidos como tendo finalidade anticoncorrencial, tendo as partes a finalidade de não concorrer com base no mérito, foi o facto de a própria Lundbeck duvidar da validade das suas novas patentes, *i.e.*, que estas preenchessem os requisitos de novidade e atividade inventiva para a concessão do registo[513]. Daqui decorre que o TJ atribuiu relevância à intenção das partes ao celebrarem os acordos controvertidos.

Pelo que se encontra preenchido o segundo requisito de colusão que **afete de modo desfavorável e sensível a concorrência no mercado interno** apontado pelo TJ, no Acórdão C-307/18, para a qualificação dos acordos como proibidos pelo art. 101º do TFUE.

[512] Parágrafo 70 do Acórdão C-307/18.

[513] *Vd.* §6 supra sobre os requisitos de registo de patentes farmacêuticas.

Relativamente a acordos amigáveis de resolução de litígios de patentes importa referir que a certeza conferida por um acordo é um objetivo fundamental perante o risco de um litígio, pelo que os acordos promovem os interesses dos titulares de direitos de patente ao eliminarem os riscos que estes correm no contexto de litígios referentes a violação de patente. Com efeito, estes acordos permitem evitar litígios que consomem recursos de ambas as partes e que deste modo podem ser canalizados para atividades produtivas e benéficas para a concorrência no mercado[514]. Pelo que este tipo de acordos não pode ser qualificado *prima facie* como anticoncorrencial apenas porque se verifica uma transferência de valor entre as partes. Refira-se, a este respeito, a posição de Hovenkamp que considera que pagamentos relativamente pequenos e outras compensações, mediante o compromisso de não entrada no mercado, devem ser vistos como benignos[515].

Adicionalmente, não concordamos com o entendimento do TG que, consideramos, postula que as patentes são direitos artificiais que não carecem de ser respeitados até que sejam sujeitas a procedimentos de invalidação e passem esse filtro mantendo-se válidas. De facto, como já referimos supra (*vd.* §6) as patentes devem observar os requisitos de registo para serem concedidas e produzir efeitos. Pelo que o ato de concessão do registo da patente valida que tais requisitos foram preenchidos pela invenção submetida a registo e o referido ato de concessão consubstancia um *ato constitutivo de um direito oponível erga omnes* e que, como tal, tem de ser respeitado[516] sob pena de serem despoletados, pelo respetivo titular, os procedimentos legais adequados. Veja-se neste sentido o Acórdão C-179/16 que analisámos supra (*vd.* §11) no qual o TJ salientou que "a circunstância de os produtos farmacêuticos serem fabricados ou vendidos de maneira ilícita"[517] obstaria a "considerar como substituíveis ou permutáveis esses produtos"[518] do lado da oferta, bem como, do lado da procura, significando isto que produtos que infringem

[514] Neste sentido, Batchelor *et al.* – "*Lundbeck provides more questions*".

[515] Cfr. Hovenkamp, Herbert J. – "*Sensible Antitrust Rules for Pharmaceutical Competition*", in *University of San Francisco Law Review: Vol. 39, Issue 1, Artigo 1*, p. 24-25.

[516] Neste sentido, Cappellari, Silvio – "*Reverse Payment Settlements in the EU – Finding the Right Dosage*", in *Competition Law International, Vol. 7, Nº 2*, 2011, p. 30.

[517] Parágrafo 52 do Acórdão C-179/16.

[518] *Idem.*

o direito de patente de outrem não podem ser considerados para efeitos da análise concorrencial.

Pelo que a circunstância de um litígio sobre a validade de uma patente ser resolvido mediante um acordo amigável não é indício da invalidade da patente, é sim demonstrativo do interesse do titular da patente de eliminar o risco e incerteza relativamente ao litígio no qual tem mais interesses em causa do que a outra parte que, em rigor, encetou um conjunto de atividades com o objetivo de testar a força do direito de patente de uma empresa de medicamentos de referência.

Cumpre referir a Comunicação da Comissão relativa a orientações sobre a aplicação do artigo 101º do TFUE aos acordos de transferência de tecnologia (2011/C 11/01)[519] que refere, sob a epígrafe "Cláusulas de não contestação em acordos de resolução de litígios", que "No contexto de um acordo de resolução de litígios, as cláusulas de não contestação são geralmente consideradas não abrangidas pelo artigo 101º, nº 1, do Tratado. Tais acordos pressupõem que as partes acordam entre si não contestar *ex post* os direitos de propriedade intelectual que estiveram na origem do litígio. Na realidade, o verdadeiro objetivo do acordo consiste em resolver os litígios existentes e/ou evitar futuros litígios"[520]. Não obstante, a referida Comunicação refere que tais cláusulas de não contestação podem, em certas circunstâncias, ser anticoncorrenciais, devendo, como tal, ser analisadas[521]. Daqui se extrai que o conteúdo de acordos de resolução de litígios de patentes, que é apontado pela Comissão e pelo TG como indicativo de restrição da concorrência por objetivo, *não é necessariamente restritivo* da concorrência. Pelo que é necessário avaliar o contexto como um todo e não apenas tirar conclusões do conteúdo do acordo.

Adicionalmente, é importante atender ao facto de que o direito de patente confere um monopólio de exploração comercial e o inerente direito de impedir terceiros de fazerem uso do objeto da patente, conforme já vimos supra (*vd.* §7.1.1)[522]. Pelo que impedir o exercício do

[519] JO C 89 de 28/03/2014.

[520] Parágrafo 242 da Comunicação da Comissão relativa a orientações sobre a aplicação do artigo 101º do TFUE aos acordos de transferência de tecnologia (2011/C 11/01).

[521] Parágrafo 243 da Comunicação da Comissão relativa a orientações sobre a aplicação do artigo 101º do TFUE aos acordos de transferência de tecnologia (2011/C 11/01).

[522] Aliás, o TJ já se pronunciou neste sentido ao referir que "o simples facto de obter o benefício do direito exclusivo concedido pela lei, direito cuja substância consiste em poder impe-

monopólio comercial da invenção protegida equivale a nulificar o núcleo do direito de patente[523]. Neste sentido, consideramos que a categorização de acordos de resolução de litígios de patentes como anticoncorrenciais não pode ser efetuada *prima facie*, carecendo de uma análise contextual e substancial.

Não obstante as discordâncias supra, mantemos que se verificou o requisito de colusão que afete de modo desfavorável e sensível a concorrência no mercado interno com referência aos acordos controvertidos em apreço.

Por fim, as empresas de genéricos e a Lundbeck estavam em relação de concorrência potencial, conforme já analisado supra (*vd.* §13.2.2), pelo que se encontra preenchido o terceiro requisito, **colusão que se verifique entre empresas em situação de concorrência efetiva ou potencial**, apontado pelo TJ, no Acórdão C-307/18, para a qualificação dos acordos como proibidos pelo art. 101º do TFUE.

Neste sentido, não obstante as discordâncias que manifestámos em relação a determinados entendimentos da Comissão e do TG, consideramos acertada a análise da Comissão e do TG, no sentido de os acordos controvertidos em apreço comportarem restrição da concorrência por objetivo e sendo, como tal, proibidos pelo art. 101º, nº 1 do TFUE.

13.4. Ganhos de eficiência dos acordos controvertidos

13.4.1. Análise do Tribunal Geral

O TG referiu que a Comissão analisou satisfatoriamente os argumentos das recorrentes[524] e a possibilidade de aplicação do art. 101º, nº 3 do TFUE aos acordos controvertidos[525] e referiu também que competia à parte que invoca a aplicação da norma em apreço comprovar que se verificam os requisitos necessários para beneficiar de isenção[526].

dir a fabricação e a venda dos produtos protegidos por terceiros não autorizados, não pode ser visto como uma forma abusiva de eliminação da concorrência" (parágrafo 15 do Acórdão do TJ de 5 de outubro de 1988 no Processo 53/87 – CICRA e Maxicar c. Renault.).

[523] Neste sentido, Cappellari – "*Reverse Payment Settlements in the EU*", p. 29-30.

[524] Cfr. parágrafo 712 do Acórdão T-472/13.

[525] Cfr. parágrafo 706 do Acórdão T-472/13.

[526] Cfr. parágrafo 710 do Acórdão T-472/13.

Considerou o TG que "as recorrentes se limitaram a afirmar de forma geral que as transações em matéria de patentes preservavam o incentivo à inovação, baseando-se num estudo económico, sem explicar, todavia, de que modo é que os acordos controvertidos contribuíram para criar tal incentivo no caso em apreço"[527]. Além de que era "manifesto que os acordos controvertidos, que previam adiar a entrada dos genéricos no mercado através de pagamentos compensatórios"[528] e, como tal, "não eram indispensáveis para preservar o incentivo à inovação das recorrentes"[529].

O TG também considerou que as recorrentes não comprovaram "de que modo as restrições da concorrência que decorriam destes acordos [controvertidos] eram indispensáveis para alcançar" o objetivo de permitir evitar custos com eventuais processos judiciais ou em que medida era reservado aos consumidores uma parte equitativa dos benefícios que seriam alegadamente obtidos[530].

Considerando o supra exposto, o TG sufragou o entendimento da Comissão e concluiu pela não verificação dos requisitos do art. 101º, nº 3 do TFUE.

13.4.2. Análise crítica

A propósito da temática dos acordos *pay for delay* importa analisar a jurisprudência fixada pelo TJ no Acórdão C-307/18, a que já nos referimos supra (*vd.* §13.2.2), relativamente a efeitos pró-concorrenciais promovidos por um acordo de transação de um litígio entre o titular de uma patente farmacêutica e um fabricante de medicamentos genéricos, sendo o acordo contrário ao direito da concorrência da UE.

Relativamente a eventuais efeitos pró-concorrenciais de um acordo neste contexto, o TJ referiu, no Acórdão C-307/18, que "admitindo que [tais efeitos] são comprovados, relevantes e específicos do acordo em causa, devem ser suficientemente significativos, de modo a suscitar dúvidas razoáveis quanto ao caráter suficientemente nocivo para a concorrência do acordo de resolução amigável em causa e, por conseguinte, do

[527] Parágrafo 713 do Acórdão T-472/13.

[528] Parágrafo 714 do Acórdão T-472/13.

[529] *Idem.*

[530] Cfr. parágrafo 719 do Acórdão T-472/13.

seu objetivo anticoncorrencial"[531] para afastar a qualificação de restrição da concorrência.

Sendo que, referiu o TJ no Acórdão C-307/18, "efeitos, cujo caráter próconcorrencial é mínimo ou mesmo incerto, não podem ser suficientes para suscitar dúvidas razoáveis [...] quanto ao caráter suficientemente nocivo para a concorrência de um acordo de resolução amigável"[532].

Passemos agora a analisar os efeitos pró-concorrenciais alegados pelas recorrentes no caso *sub judice* no Acórdão 472/13, tendo em conta a jurisprudência do TJ no Acórdão C-307/18.

Consideramos que a argumentação das recorrentes não poderia proceder na medida em que representava uma antítese da situação factual.

Ora, como ficou demonstrado, a própria Lundbeck duvidava da validade das suas novas patentes, ou seja, tinha plena consciência de que não havia uma verdadeira invenção, nova e implicando atividade inventiva, subjacente aos pedidos das novas patentes. Não obstante, apresentou os pedidos de patente e muniu-se dos mesmos para celebrar acordos de transação com as empresas de genéricos.

Neste sentido, a transação foi pautada pela utilização de patentes que não implicavam inovação, pelo que não se compreende a argumentação das recorrentes que alegaram que transações em matéria de patentes preservavam o incentivo à inovação quando os factos demonstraram que os acordos de transação em questão foram possibilitados por patentes que consubstanciavam inexistência de inovação.

Consideramos que, dada a incoerência da argumentação das recorrentes, nunca poderia proceder este pedido.

Adicionalmente, consideramos que os acordos em apreço não poderiam ser tidos como pró-concorrenciais na medida em que conferiam às recorrentes a possibilidade de eliminar a suscetibilidade de concorrência relativamente aos produtos em causa dado que durante o tempo de inoperância das empresas de genéricos as recorrentes teriam tempo suficiente para encetar a prática de *product hopping* (*saltar de um produto para outro*), também designado de *product switching* (*trocar de produto*), do *citalopram* (produto de primeira geração) para o *escitalopram* (produto de segunda geração) que estava protegido por patentes em vigor e era in-

[531] Parágrafo 107 do Acórdão C-307/18.

[532] Parágrafo 110 do Acórdão C-307/18.

dicado para o tratamento de patologias que podiam ser tratadas com o *citalopram*[533]. Isto faria com que os consumidores ficassem fidelizados ao *escitalopram* (produto de segunda geração) antes do início da comercialização da versão genérica do *citalopram* (produto de primeira geração) pelas empresas de genéricos em questão. Quando estas empresas de genéricos entrassem no mercado não poderiam disponibilizar o *escitalopram* (produto de segunda geração) porque o mesmo estaria protegido por patentes em vigor, pelo que estas empresas de genéricos não poderiam competir com as recorrentes.

Cumpre salientar que a introdução no mercado de um produto de segunda geração e captação de clientela daí decorrente não consiste por si só numa conduta anticoncorrencial, designadamente, porque o novo produto pode consistir num real melhoramento do produto original e, nesse sentido, representar o normal funcionamento de um mercado concorrencial[534]. É o circunstancialismo do presente caso, no qual se verificaram os acordos controvertidos *em simultâneo* com a introdução no mercado do produto de segunda geração, que faz com que estejamos perante um caso de concorrência por outros meios que não o mérito e, como tal, consubstanciando um *product hopping* anticoncorrencial[535].

Atendendo ao supra exposto, consideramos acertada a análise da Comissão e do TG.

13.5. Acórdão do Tribunal de Justiça C-591/16 P – Lundbeck c. Comissão Europeia

A Lundbeck recorreu para o TJ peticionando a anulação do Acórdão T-472/13. O recurso foi apoiado pela European Federation of Pharmaceutical Industries and Associations.

Nenhum dos fundamentos da Lundbeck e da European Federation of Pharmaceutical Industries and Associations foi acolhido, pelo que foi negado provimento ao recurso na íntegra.

533 *Vd.* §4.2.2 e §12.5.2 supra e §16.2.4 infra sobre o conceito de *product hopping/switching* e os conceitos de produto de primeira geração e produto de segunda geração.

534 Neste sentido, Gallasch, Sven – "*A new dimension to EU pharma antitrust product hopping and unilateral pay for delay*", in *European Competition Journal, Vol. 12, Nº 1*, Routledge Taylor & Francis Group, 2016, p. 137-158, p. 151.

535 Neste sentido, ob. ult. cit., p. 152.

Do Acórdão em apreço do TJ, cumpre salientar o seguinte:

"88 Além disso, importa salientar que as conclusões pela existência de uma concorrência potencial entre a Lundbeck e cada um dos fabricantes de medicamentos genéricos em causa apoiamse num conjunto de indícios concordantes [v., neste sentido, Acórdão de 30 de janeiro de 2020, Generics (UK) e o., C307/18, EU:C:2020:52, nº 44] que traduz a tomada em consideração pelo Tribunal Geral não só das possibilidades reais e concretas para cada um dos referidos fabricantes de obter as AIM ou as autorizações equivalentes mas igualmente, como resulta do nº 181 do acórdão recorrido, de um conjunto de fatores que tenham em conta a situação específica de cada fabricante de medicamentos genéricos no momento de concluir os acordos controvertidos bem como o facto de a Lundbeck se ter comprometido em acordos com fabricantes de medicamentos genéricos ainda não presentes no mercado [v., neste sentido, Acórdão de 30 de janeiro de 2020, Generics (UK) e o., C307/18, EU:C:2020:52, nºs 55 a 57].",

"113 No que respeita a acordos semelhantes de resolução amigável de litígios relativos a uma patente de processo de fabrico de um princípio ativo que caiu no domínio público concluídos entre um fabricante de medicamentos originais e vários fabricantes de medicamentos genéricos e que tenham tido por efeito adiar a entrada no mercado de medicamentos genéricos em contrapartida de transferências de valores de caráter monetário ou não monetário do primeiro em proveito dos segundos, o Tribunal de Justiça decidiu que tais acordos não podem ser considerados, em todos os casos, como «restrições por objetivo» na aceção do artigo 101º, nº 1, TFUE [Acórdão de 30 de janeiro de 2020, Generics (UK) e o., C-307/18, EU:C:2020:52, nºs 84 e 85].

114 Todavia, a qualificação de «restrição por objetivo» deve ser acolhida quando resulta do exame do acordo de resolução amigável em questão que as transferências de valores previstas por este se explicam unicamente pelo interesse comercial tanto do titular da patente em causa como do alegado infrator em não competir com base nos méritos, na medida em que acordos mediante os quais os concorrentes substituam cientemente os riscos da concorrência por uma cooperação prática entre eles são manifestamente abrangidos pela qualificação de «restrição por objetivo» [v., neste sentido, Acórdão de 30 de janeiro de 2020, Generics (UK) e o., C-307/18, EU:C:2020:52, nºs 83 e 87].",

"131 Para efeito da qualificação de «restrição por objetivo» de um dado acordo, apenas importam as características próprias deste [v., neste sentido, Acórdão de 30 de janeiro de 2020, Generics (UK) e o., C 307/18, EU:C:2020:52, nºs 84 e 85], do qual deve ser deduzida a eventual nocividade particular para a concorrência, se necessário em resultado de uma análise pormenorizada desse acordo, dos seus objetivos e do contexto económico e jurídico em que se insere.",

"137 Com efeito, a simples alegação não fundamentada de efeitos pró concorrenciais dos acordos controvertidos não pode ser suficiente para excluir a classificação de «restrição por objetivo» destes [v., neste sentido, Acórdão de 30 de janeiro de 2020, Generics (UK) e o., C 307/18, EU:C:2020:52, nº 110].".

13.6. Conclusões

Da análise efetuada pelo TG, é possível concluir que a existência e o exercício de direitos de propriedade intelectual não são incompatíveis com a aplicação do direito da concorrência. Neste caso as normas concorrenciais não restringiram o conteúdo dos direitos de propriedade intelectual, limitando-se a demarcar a fronteira entre o legítimo exercício de tais direitos e práticas anticoncorrenciais alicerçadas em tais direitos, no caso concreto, direitos de patente sobre o processo de produção do fármaco *citalopram*.

No caso vertente, a aplicação das normas concorrenciais permitiu comprovar o exercício de direitos de propriedade intelectual como o meio, em sede contratual, para operar uma restrição da concorrência por objeto que é proibida nos termos do art. 101º, nº 1 do TFUE.

Consideramos que no caso vertente se verificou a prática **anticoncorrencial** de acordo *pay for delay* na medida em que os acordos controvertidos entre a Lundbeck e as empresas de genéricos contemplavam a obrigação de não entrada no mercado com a versão genérica do fármaco *citalopram* mediante o pagamento de significativas contrapartidas monetárias.

PARTE IV
INTERAÇÃO ENTRE DIREITO DA PROPRIEDADE INTELECTUAL E DIREITO DA CONCORRÊNCIA NA UNIÃO EUROPEIA

§ 14. FRONTEIRA ENTRE O DIREITO DA PROPRIEDADE INTELECTUAL E O DIREITO DA CONCORRÊNCIA

14.1. Inovação enquanto denominador comum

O que é a *inovação*? O dicionário apresenta-nos as definições de "ato de fazer algo de uma forma diferente"[536] e "coisa nova"[537]. Estas definições não são totalmente esclarecedoras, não obstante, permitem indiciar que a característica de novidade é ínsita ao conceito de *inovação*, e daqui, atendendo ao âmbito do nosso estudo, podemos extrapolar para o facto de a característica de *novidade* permitir a diferenciação face ao que já existe no mercado.

Miguel Moura e Silva considera que a *inovação* compreende a "actividade ou conjunto de actividades e processos que levam ao aproveitamento da criação [i.e., solução nova] (no processo produtivo, na organização da empresa ou na comercialização de novos produtos)"[538], e prossegue o Autor referindo que este é um conceito abrangente que inclui "o aproveitamento económico de novos produtos; novos processos produtivos; novos mercados; e novas estruturas de organização

[536] DICIONÁRIO PORTUGUÊS – Ensino Português no Estrangeiro, Porto Editora, 2014, p. 375.

[537] *Idem.*

[538] Silva, Miguel Moura e – *Inovação, Transferência de Tecnologia e Concorrência: Estudo Comparado do Direito da Concorrência dos Estados Unidos e da União Europeia*, Almedina, Coimbra, 2003, p. 28.

económica"[539], considerando o Autor que este conceito contempla "os diferentes esforços no sentido da diferenciação da oferta"[540]. De acordo com Miguel Moura e Silva existem diferentes tipologias de inovação, em concreto, inovação tecnológica que respeita ao processo tecnológico e que se concretiza em novos produtos e processos de produção, inovação respeitante a novas formas de organização empresarial e inovação referente à reputação da empresa ou dos respetivos produtos e serviços[541]. Considerando o Autor que as três formas de inovação identificadas têm em comum o facto de o respetivo conteúdo se revelar na forma de conhecimento[542] e, prossegue o Autor, que tal conhecimento pode ser apropriado através dos direitos de propriedade intelectual[543].

Não concordamos com a definição de inovação proposta por Miguel Moura e Silva porque considerarmos que o aproveitamento económico é uma das etapas da inovação, pelo que esta etapa não consome todo o conceito de inovação.

Lawrence Dooley e David O'Sullivan consideram que inovação consiste no "processo de fazer mudanças, grandes e pequenas, radicais e incrementais, a produtos, processos e serviços que resulta na introdução de algo novo para a organização que acrescenta valor para os clientes e contribui para o conhecimento acumulado da organização"[544].

Consideramos que *inovação* consiste no ato ou conjunto de atos criativos e/ou modificativos de produtos, processos e serviços originando uma realidade tangível ou intangível que é intrinsecamente nova e é disponibilizada ao consumidor proporcionando utilidades distintas comparativamente ao que já existia. Neste sentido, consideramos que a inovação é um *processo contínuo* que inicia com o primeiro ato criativo e/ou

[539] *Idem.*

[540] *Idem.*

[541] Cfr. ob. ult. cit., p. 29. A propósito da referência de Miguel Moura e Silva à inovação respeitante a novas formas de organização empresarial, refira-se que Evaristo Mendes considera que a *empresa* é, ela própria, um bem imaterial que resulta do exercício da liberdade de empresa, sendo a *empresa* uma "organização produtiva de mercado criada para o desenvolvimento da atividade e continuamente adaptada a tal função" (Mendes – "*Liberdade de Empresa*", p. 228).

[542] Cfr. Moura e Silva – *Inovação, Transferência de Tecnologia e Concorrência*, p. 29.

[543] *Idem.*

[544] Dooley, Lawrence, e O'Sullivan, David – *Applying Innovation*, SAGE Publications, 2008, p. 5.

modificativo e termina com o último ato de disponibilização ao usuário dos produtos e serviços (incluindo grossistas, retalhistas e consumidores finais). A inovação pode ser *exponencial*, representado uma nova realidade que implica mudanças profundas, ou *incremental*, representando uma nova realidade que contempla mudanças superficiais, existindo vários níveis de inovação entre os dois polos. A inovação, nos diversos níveis entre os dois polos, poderá ser apropriada em exclusivo através do regime dos direitos de propriedade intelectual. A inovação referente a produtos, processos e serviços irá, inevitavelmente, refletir-se na organização empresarial e na reputação da empresa e dos respetivos produtos e serviços. Sendo certo que inovação, entendida nestes termos, não se confunde com os requisitos de novidade e atividade inventiva para efeitos de registo de patente, conforme já analisado supra (*vd.* §6.1).

O regime da propriedade intelectual tem como finalidade, *inter alia*, promover a inovação socialmente útil, bem como, contribuir para a difusão da inovação e conhecimento ao dispor da sociedade[545]. A atribuição de direitos de propriedade intelectual sobre a inovação concretizada tem a sua fundamentação no facto de a atribuição de tais direitos funcionar como fator de estímulo de forma a promover a inovação que contribua para o avanço económico e tecnológico[546]. Neste sentido, a propriedade intelectual, representando a apropriação individual da inovação, é utilizada como fator de diferenciação no mercado junto dos consumidores.

Segundo Joseph A. Schumpeter, nos seus estudos do desenvolvimento do sistema capitalista[547], a concorrência interage com a inovação. O *processo de criação destrutiva* preconizado por Schumpeter[548], enquanto motor de desenvolvimento do sistema capitalista, que é visto como um processo evolucionário[549], é originado por intermédio da inovação que se assume como o principal veículo para o processo evolutivo de

[545] Cfr. Moura e Silva – *Inovação, Transferência de Tecnologia e Concorrência*, p. 69-70 e 77-78.

[546] Cfr. Moura e Silva – *"Protecção de programas de computador"*, p. 282.

[547] Estas teses surgiram na sua obra *Theorie der Wirtschaftlichen Entwicklung*, Duncker & Humbolt, Leipzig, 1912 e em *Capitalism, Socialism, and Democracy*, Harper, New York, 1942.

[548] A expressão original do Autor na língua inglesa é "process of creative destruction" referida em Schumpeter, Joseph A. – *Capitalism, Socialism & Democracy*, Taylor & Francis, 2003, p. 83.

[549] Ob. ult. cit., p. 82.

introdução de novos produtos e processos produtivos no mercado[550]. Para SCHUMPETER o impulso do motor do sistema capitalista consiste na inovação concretizada em "novos bens de consumo, novos métodos de produção ou de distribuição, novos mercados, novas formas de organização industrial que a empresa capitalista cria"[551]. Para SCHUMPETER a indústria concentrada[552] e inserida num ambiente altamente competitivo[553], no qual surgiam picos de práticas monopolísticas, favorecia a inovação. Neste sentido, para SCHUMPETER, a concorrência está intimamente ligada com a inovação.

KENNETH ARROW viria também a estudar o tema da interação da inovação com a concorrência[554], em concreto, os incentivos para inovar em mercados monopolistas e competitivos e, contrapondo-se a SCHUMPETER, ARROW considerou que a menor concentração da indústria favorecia a inovação na medida em que empresas monopolistas têm menos incentivos para inovar do que empresas num mercado competitivo pois auferem lucros monopolistas e terão menos a ganhar com a inovação pois já

[550] Em SCHUMPETER – *Capitalism, Socialism & Democracy*, p. 83, o Autor refere que "The opening up of new markets, foreign or domestic, and the organizational development from the craft shop and factory to such concerns as U.S. Steel illustrate the same process of industrial mutation—if I may use that biological term—that incessantly revolutionizes the economic structure *from within,* incessantly destroying the old one, incessantly creating a new one. This process of Creative Destruction is the essential fact about capitalism. It is what capitalism consists in and what every capitalist concern has got to live in.".

[551] Ob. ult. cit., p. 82-83.

[552] Em SCHUMPETER – *Capitalism, Socialism & Democracy*, p. 82, o Autor refere que "As soon as we go into details and inquire into the individual items in which progress was most conspicuous, the trail leads not to the doors of those firms that work under conditions of comparatively free competition but precisely to the doors of the large concerns [...] and a shocking suspicion dawns upon us that big business may have had more to do with creating that standard of life than with keeping it down.".

[553] Em SCHUMPETER – *Capitalism, Socialism & Democracy*, p. 87, o Autor refere que "both as a fact and as a threat, the impact of new things—new technologies for instance—on the existing structure of an industry considerably reduces the long-run scope and importance of practices that aim, through restricting output, at conserving established positions and at maximizing the profits accruing from them".

[554] O estudo foi vertido, designadamente, na sua obra "*Economic Welfare and the Allocation of Resources for Invention*", in *The Rate and Direction of Inventive Activity: Economic and Social Factors*, Universities-National Bureau Committee for Economic Research, Committee on Economic Growth of the Social Science Research Council, Princeton University Press, 1962, p. 609-626.

detêm grande parte do mercado e respetivos lucros proporcionados[555]. Neste sentido, também para ARROW, a concorrência está intimamente ligada com a inovação, mas de uma perspetiva diferente da posição de SCHUMPETER.

JONATHAN B. BAKER considera que a concorrência consiste num incentivo poderoso à inovação fazendo com que as empresas não só inovem como também produzam mais e cobrem menos[556]. BAKER elenca quatro princípios que relacionam a concorrência e a inovação, nomeadamente:

- a concorrência na inovação em si mesma incentiva a inovação, *i.e.*, concorrência entre empresas que pretendem desenvolver o mesmo produto ou processo,
- a concorrência entre competidores que produzem um produto existente incentiva as empresas a diminuir os custos, aumentar a qualidade ou desenvolver produtos melhores,
- as empresas que perspetivam enfrentar mais concorrência no mercado do produto após a inovação têm diminutos incentivos para investir em I&D,
- as empresas terão um incentivo acrescido para inovar se ao fazê-lo conseguirem desincentivar competidores potenciais de investir em I&D[557].

BAKER conclui que, da aplicação combinada dos quatro princípios em apreço, resulta que a intervenção do direito da concorrência poderá promover a concorrência por inovação e a concorrência no mercado do produto pré-inovação[558].

CARL SHAPIRO considera que a pressão concorrencial intensificada provoca o investimento na melhoria da eficiência, bem como, a descen-

[555] Em ARROW – "*Economic Welfare*", p. 620, o Autor refere que "The preinvention monopoly power acts as a strong disincentive to further innovation". Em ARROW – "*Economic Welfare*", p. 622, o Autor também refere que "The only ground for arguing that monopoly may create superior incentives to invent is that appropriability may be greater under monopoly than under competition. Whatever differences may exist in this direction must, of course, still be offset against the monopolist's disincentive created by his preinvention monopoly profits.".

[556] Cfr. BAKER, Jonathan B. – "*Beyond Schumpeter vs. Arrow: How Antitrust Fosters Innovation*", in *Antitrust Law Journal, Vol. 74*, American Bar Association, 2007, p. 587.

[557] Cfr. ob. ult. cit., p. 579-583.

[558] Cfr. ob. ult. cit., p. 576.

tralização o que, por sua vez, origina maior diversidade de inovação[559]. SHAPIRO considera que é promovida a inovação por parte de empresas já presentes no mercado se tais empresas temerem que, devido à ausência de melhorias, o seu produto correrá o risco de deixar de ser o líder de mercado, considerando também o Autor que é promovida a inovação por parte de novas empresas no mercado se tais empresas, disponibilizando um produto superior, tiverem a possibilidade de obter vendas lucrativas e uma posição dominante no mercado por algum tempo[560]. SHAPIRO considera que, em termos de política de concorrência, as posições de SCHUMPETER e de ARROW são reconciliáveis e integráveis na medida em que ARROW estava correto, ao considerar que novos operadores desinteressados quanto ao estado do mercado são fundamentais para o processo de inovação, e na medida em que SCHUMPETER também estava correto, ao considerar que a perspetiva de obter um monopólio temporário consiste num incentivo à inovação para empresas já presentes no mercado, bem como, para novas empresas[561].

Da análise das posições dos economistas supra mencionados é possível concluir que existe, de facto, uma relação de causalidade entre a concorrência e a inovação no sentido de um mercado concorrencial promover a inovação como fator de diferenciação junto dos consumidores para capturar o máximo de clientes e superar as restantes empresas que atuam no mercado. Neste sentido, temos que o direito da concorrência, ao proteger as condições concorrenciais do mercado, promove a inovação que decorre da existência de vários intervenientes no mercado. Temos também que a propriedade intelectual, ao conferir o direito exclusivo sobre a inovação gerada, promove a inovação que decorre da expetativa de obtenção de retorno financeiro possibilitada pela exclusividade comercial de um produto e/ou serviço. Pelo que podemos concluir que tanto o direito da propriedade intelectual como o direito da concorrência promovem a inovação e a competitividade no mercado e, como tal, o progresso tecnológico e a divulgação do conhecimento, bem como, o bem-estar económico e social.

559 Cfr. SHAPIRO, Carl – "*Competition and Innovation: Did Arrow Hit the Bull's Eye?*", in LERNER, Josh, *et al.* (Editor), *The Rate and Direction of Inventive Activity Revisited*, University of Chicago Press, 2012, p. 382.

560 Cfr. ob. ult. cit., p. 400.

561 *Idem.*

14.2. Direito da Concorrência como *lex specialis*?

Já vimos o que é inovação e como a mesma se relaciona com a concorrência. Agora importa responder à seguinte questão: o que é a *concorrência*? O dicionário apresenta-nos as definições de "oposição de interesses entre pessoas que têm um objetivo comum"[562], "rivalidade"[563] e "competição entre produtores, comerciantes ou empresas"[564]. Por sua vez, *competir* leva-nos à definição de "entrar em concorrência com"[565] e "disputar; rivalizar"[566]. Estas definições não são esclarecedoras, não obstante, permitem indiciar que à concorrência é intrínseco um processo de rivalidade entre diversos adversários, *i.e.*, concorrentes, que competem entre si.

Desde logo, cumpre esclarecer que a concorrência não visa proteger um processo de rivalidade no âmbito do qual as empresas competem de forma primitiva e o prémio final é o monopólio[567].

O conceito de concorrência é estruturado em torno do conceito da liberdade e, preliminarmente, pode ser identificado como um "sistema de tomada descentralizada de decisões, através da garantia de liberdade de actuação dos sujeitos económicos"[568] o que promove a "interação anónima da oferta com a procura"[569]. De facto, a liberdade dos agentes económicos no mercado é um componente central da noção de concorrência o que, em termos práticos, se concretiza na liberdade de acesso aos mercados, liberdade de comportamentos comerciais no lado da oferta e a liberdade de escolha no lado da procura[570]. Pelo que para um mercado se assumir como competitivo deve ser garantida a liberdade de atuação no mercado de todos os agentes económicos. Neste sentido, consideramos que o conceito de *concorrência enquanto bem jurídico* prote-

[562] DICIONÁRIO PORTUGUÊS, p. 178.

[563] *Idem*.

[564] *Idem*.

[565] Ob. ult. cit., p. 174.

[566] *Idem*.

[567] Cfr. MOURA E SILVA – *Direito da Concorrência*, p. 30.

[568] CORDEIRO, António Menezes – "*Concorrência e direitos e liberdades fundamentais na União Europeia*", *Regulação e Concorrência*, Almedina, Coimbra, 2005, p. 9.

[569] MOURA E SILVA – *Direito da Concorrência*, p. 31.

[570] Cfr. MORAIS, Luís Domingos Silva – *Empresas Comuns Joint Ventures no Direito Comunitário da Concorrência*, Dissertação de Doutoramento em Direito, Almedina, Coimbra, 2006, p. 460-461.

gido que é[571] poderá ser definido, de uma forma muito lata, como a *liberdade de atuação no mercado de modo autónomo, bem como, na relação com outros agentes económicos para realizar operações de compra e venda nas melhores condições.* Temos então que a proteção do bem jurídico concorrência tem como finalidade a manutenção das condições normais de funcionamento do mercado no qual há liberdade de atuação dos agentes económicos no sentido de poderem agir de modo autónomo e de modo coletivo com a liberdade de determinarem os parâmetros das operações de compra e venda de produtos ou de prestações de serviços. Não pretendemos com isto esgotar a definição do complexo conceito de concorrência sobre o qual não nos debruçamos em detalhe por não ser o objeto do presente estudo.

Para atingir estes objetivos de proteção do bem jurídico concorrência é necessária a intervenção estatal sob a forma de um conjunto de normas relativas à concorrência, não se pretendendo com isto instituir mercados sujeitos a controlo estatal, pretendendo-se sim garantir um nível adequado de proteção à referida liberdade de atuação no mercado[572]. O conjunto de normas em apreço tem a finalidade de atuar em relação a constrições à concorrência por meio de comportamentos de agentes económicos, em termos individuais ou coletivos, bem como, por meio de apoios estatais a empresas ou setores de atividade[573]. Sendo certo que a proteção da concorrência deve ser articulada com a livre iniciativa económica, com a igualdade, bem como, com o direito de propriedade[574].

Relativamente aos fundamentos da defesa da concorrência, a orientação dominante na doutrina e no âmbito da prática das autoridades de concorrência confere o primado à promoção da eficiência económica[575].

O direito da concorrência comporta os três conceitos de eficiência, nomeadamente: **a)** a eficiência na afetação de recursos que consiste na alocação de recursos à utilização de maior valor, **b)** a eficiência produtiva que consiste na redução dos custos de produção e **c)** a eficiência

[571] Cfr. Moura e Silva – *Direito da Concorrência*, p. 150.

[572] Cfr. Silva Morais – *Empresas Comuns Joint Ventures*, p. 466.

[573] Cfr. Santos, António Carlos dos, *et al.* – *Direito Económico*, 7ª edição, Almedina, 2014, p. 306-307.

[574] Cfr. Menezes Cordeiro – "*Concorrência e direitos*", p. 28.

[575] Cfr. Moura e Silva – *Direito da Concorrência*, p. 129.

dinâmica que consiste na afetação de recursos determinada pelo produtor no âmbito das suas capacidades de produção[576].

A eficiência dinâmica preconiza a avaliação da eficiência numa lógica dinâmica e contínua com base em fatores que se verificam ao longo do tempo.

À eficiência dinâmica contrapõem-se a eficiência estática, formada pela eficiência na afetação de recursos e pela eficiência produtiva, que preconiza a avaliação da eficiência numa lógica estática e momentânea com base em fatores que se verificam num dado momento.

O direito da concorrência visa garantir a liberdade de atuação no mercado de modo a promover a eficiência económica[577], ou seja, a afetação de recursos na modalidade de eficiência dinâmica. Sendo que ao ser protegida a eficiência dinâmica, protege-se reflexamente o consumidor na medida em que este terá à sua disposição mais produtos e prestações de serviços no mercado, sendo o leque de opções disponíveis determinado pelo normal funcionamento do mercado e não por uma entidade em posição monopolista que pode exercer poder de mercado para determinar as prestações disponíveis no mercado.

Neste sentido, o direito da concorrência visa proteger os mercados para, dessa forma, proteger os produtos/serviços e, reflexamente, os consumidores[578], assegurando a eficácia da liberdade de atuação no mercado. Sendo certo que o direito da concorrência não se confunde com o direito do consumidor que visa proteger o consumidor aquando da realização de operações comerciais, não tendo por fim a promoção da eficiência económica.

Cumpre referir que no âmbito da política da concorrência da UE, a concorrência é instrumentalizada, *i.e.*, não é um fim por si mesmo, mas sim um meio para alcançar a organização socioeconómica prevista nos tratados instituidores da UE, sendo que a defesa da concorrência constitui um objetivo essencial da UE[579]. Os objetivos da política da concorrência europeia são de diversa índole, em concreto, constitucional, político-social e económico. O objetivo constitucional reporta-se à integração europeia, no âmbito da qual a realização do mercado interno

[576] Cfr. Moura e Silva – *Direito da Concorrência*, p. 145-148.

[577] Cfr. Silva Morais – *Empresas Comuns Joint Ventures*, p. 465.

[578] Cfr. Moura e Silva – *Direito da Concorrência*, p. 150.

[579] Cfr. Pais – *Entre Inovação e Concorrência*, p. 63.

é um objetivo assegurado por, designadamente, normas de defesa da concorrência que impedem a criação de obstáculos de natureza privada às liberdades de circulação e impedem também a compartimentação do mercado interno em mercados nacionais[580], bem como, a afetação da livre concorrência no seio do mercado de cada Estado-membro. O objetivo político-social reporta-se à promoção do interesse público concretizado em interesses socioeconómicos e políticos de liberdade económica[581]. O objetivo económico reporta-se à integração económica apontada pelos tratados constitutivos da UE e à afetação eficiente dos recursos, bem como, à proteção do bem-estar dos consumidores, garantindo, designadamente, liberdade de escolha, preços mais baixos e maior qualidade e diversidade de produtos e serviços, sendo o consumidor entendido como todos os usuários dos produtos e serviços (incluindo grossistas, retalhistas e consumidores finais)[582].

Podemos concluir que o direito da concorrência, conforme o entendemos supra, não consiste em *lex specialis* no sentido de derrogar a aplicação do regime da propriedade intelectual ou de um regime normativo geral, consiste sim num princípio-regra de organização económica de acordo com o princípio de "uma economia de mercado aberto e livre concorrência", consagrado nos arts. 119º e 120º do TFUE, que detém um papel central na política económica e monetária da UE mas que o legislador pode limitar ou excluir, bem como, condicionar ao cumprimento de objetivos de interesse público[583].

14.3. Propriedade Intelectual como *lex specialis*?

A pergunta sobre o que é a *propriedade intelectual* já foi respondida supra (*vd.* Introdução), não obstante, reproduzimos aqui que a propriedade intelectual consiste no produto da atividade criativa do intelecto humano que se apresenta como afirmativo da capacidade inventiva humana que pode ser materializada sob as formas de *afirmação técnica*[584]

[580] Cfr ob. ult. cit., p. 64.

[581] Cfr. ob. ult. cit., p. 72.

[582] Cfr. ob. ult. cit., p. 72-82.

[583] Cfr. ob. ult. cit., p. 30.

[584] A expressão é de COUTO GONÇALVES referida em COUTO GONÇALVES – *Manual de Direito Industrial*, p. 28.

(patente, modelo de utilidade, topografias de circuitos integrados), *afirmação estética*[585] (desenho, modelo) *afirmação distintiva*[586] (marcas, logotipos, indicações geográficas, denominações de origem) e *afirmação expressiva*[587] (obras literárias, científicas e artísticas). O direito da propriedade intelectual consiste na proteção jurídica que recai sobre a propriedade intelectual.

Conforme já referimos supra (*vd.* Introdução), não existe um regime jurídico de patentes da UE, pelo que os direitos de patente nacionais dos Estados-membro prevalecem, devendo os mesmos respeitar os princípios orientadores da UE.

A propriedade intelectual, na sua condição de direito exclusivo, consubstancia uma limitação ao princípio da concorrência livre por imitação[588] e tem a sua *ratio* na tese utilitarista[589] que preconiza que a exclusividade conferida por este regime constitui um incentivo para os criadores desenvolverem e obterem a inovação que beneficiará a sociedade em geral por implicarem progresso económico, científico, tecnológico e cultural[590], bem como, uma maior oferta no mercado para satisfazer as necessidades humanas.

Neste sentido, a propriedade intelectual protege os criadores da concorrência imitadora dos *free-riders* (*aproveitadores*) a qual pode ter um impacto negativo na inovação ao reduzir ou mesmo eliminar o estímulo de investimento em I&D.

Conforme temos vindo a referir, o regime jurídico da propriedade intelectual procura alcançar um equilíbrio entre a proteção adequada para incentivar inovações e garantir o acesso a essa inovação[591]. De facto, uma

[585] *Idem.*

[586] *Idem.*

[587] A expressão é nossa, usamo-la por considerar que o autor de obras intelectuais *expressa, i.e., manifesta* o seu intelecto nas obras que cria.

[588] Cfr. Moura e Silva – *Direito da Concorrência*, p. 43 e Martinez Perez, Miriam – "*Derecho de Patentes Versus Derecho de Defensa de la Competencia en la Unión Europea: ¿Una Relación de Complementariedad?*", in *Cuadernos de Derecho Transnacional, Vol. 10, Nº 1*, Área de Derecho Internacional Privado de la Universidad Carlos III de Madrid, 2018, p. 379.

[589] A teoria do direito natural e a doutrina dos direitos de personalidade também são avançadas por diversos autores como fundamento para o direito da propriedade intelectual (cfr. Pais – *Entre Inovação e Concorrência*, p. 46-60).

[590] Cfr. Moura e Silva – *Direito da Concorrência*, p. 43 e Pais – *Entre Inovação e Concorrência*, p. 46-60.

[591] Cfr. Moura e Silva – *Inovação, Transferência de Tecnologia e Concorrência*, p. 69-70.

das limitações do direito de propriedade intelectual consiste no facto de a proteção estar dependente de o conhecimento associado à propriedade intelectual ficar disponível para o benefício da sociedade em geral[592].

É comum os direitos exclusivos serem equiparados à existência de um monopólio ou de uma posição dominante, contudo, não existe uma correspondência exata entre um direito de exclusivo e um monopólio em sentido económico dado que o poder de mercado associado a um direito de propriedade intelectual apenas existe enquanto não for disponibilizado um produto substituto[593] ou poderá não existir poder de mercado de todo na medida em que a prestação disponibilizada no mercado não conseguiu capturar clientes. O direito da propriedade intelectual confere sim um monopólio legal com referência a uma manifestação específica de propriedade intelectual[594], protegendo da concorrência por imitação mas não da concorrência por substituição que é legítima[595].

Podemos concluir que o direito da propriedade intelectual, conforme o entendemos supra, não consiste em *lex specialis* no sentido de derrogar a aplicação do regime do direito da concorrência ou de um regime normativo geral, consiste sim num princípio-regra de atribuição de direitos sobre formas concretas de manifestação de propriedade intelectual.

14.4. Direito da Propriedade Intelectual e Direito da Concorrência – objetivos conflituantes?

Como vimos supra (*vd.* §14.3), o direito de propriedade intelectual confere o direito exclusivo ao respetivo titular durante a vigência do registo, restringindo desse modo o acesso à utilização desse conhecimento por parte de terceiros. Como também vimos supra (*vd.* §14.2), o direito da concorrência promove a concorrência e o acesso ao mercado. Neste sentido, temos que as normas da propriedade intelectual protegem interesses individuais e as normas da concorrência protegem o acesso mercado o que é inerentemente conflituante com a exclusividade conferida pela propriedade intelectual. Pelo que existe um aparente conflito entre estes dois mecanismos jurídicos.

[592] Cfr. Arezzo – *"Intellectual Property Rights"*, p. 493.

[593] Neste sentido, Moura e Silva – *"Protecção de programas de computador"*, p. 283, Moura e Silva – *O Abuso de Posição Dominante*, p. 456 e Arezzo – *"Intellectual Property Rights"*, p. 494.

[594] Neste sentido, Martinez Perez – *"Derecho de Patentes"*, p. 381-382.

[595] Neste sentido, Arezzo – *"Intellectual Property Rights"*, p. 495.

Este conflito deve ser resolvido a favor dos direitos de propriedade intelectual ou da concorrência por imitação? Por um lado, existe o interesse de incentivar a inovação e, por outro, existe o interesse de promover um mercado competitivo. Esta questão é o âmago da interseção dos regimes do direito da propriedade intelectual e do direito da concorrência[596].

A favor da promoção da inovação realizada pela propriedade intelectual, MIGUEL MOURA E SILVA refere, apontado como exemplo o caso de medicamentos, que na ausência da I&D que originou a invenção o novo fármaco não existiria, pelo que o direito exclusivo consubstancia um incentivo para empregar esforços de I&D no desenvolvimento de novos medicamentos e, nesse sentido, na ausência da possibilidade de obter patentes, porventura o fármaco não teria sido desenvolvido ou tivesse sido desenvolvido apenas após alguns anos[597].

A favor de um mercado competitivo, há o argumento de ser necessário controlar os preços praticados pelos titulares de direitos de propriedade intelectual[598]. Em resposta, a favor da propriedade intelectual, surge a teoria da recompensa que postula que o regime da propriedade intelectual assenta no pressuposto de obtenção do direito exclusivo que se traduzirá numa vantagem concorrencial, pelo que não pode haver ingerência com o exercício do direito exclusivo[599].

Mas serão os objetivos da propriedade intelectual e do direito da concorrência verdadeiramente conflituantes? Consideramos que não pelos motivos que passamos a explicar.

Consideramos que estes ramos de direito são complementares dado que prosseguem objetivos sinérgicos na medida em que, como vimos supra (*vd.* §14.2), a concorrência ao proteger o acesso ao mercado de todos os interessados incentiva a inovação na medida em que os concorrentes se esforçam para obter a diferenciação face à oferta existente no mercado, pelo que tanto o direito da concorrência como o direito da propriedade intelectual promovem a inovação de forma a beneficiar os consumidores e a sociedade em geral. Adicionalmente, a existência de

596 Cfr. MOURA E SILVA – *Inovação, Transferência de Tecnologia e Concorrência*, p. 66.

597 Cfr. MOURA E SILVA – *Direito da Concorrência*, p. 148.

598 Cfr. MOURA E SILVA – *"Protecção de programas de computador"*, p. 285.

599 Cfr. MOURA E SILVA – *Inovação, Transferência de Tecnologia e Concorrência*, p. 74.

direitos de propriedade intelectual fomenta a concorrência na medida em que há competição para introduzir os mesmos produtos ou serviços no mercado de modo a capturar os clientes dos concorrentes, ou seja, verifica-se a concorrência por substituição que é justamente a concorrência promovida pela propriedade intelectual[600], como por exemplo a inovação incremental, o *design around* (*contornar invenções patenteadas*) ou aproveitamento de espaços tecnológicos não cobertos pelos direitos de exclusivo existentes. Acresce que o direito da propriedade intelectual protege o interesse individual de forma imediata ao conferir o direito exclusivo sobre a criação e protege o interesse coletivo de forma mediata ao assegurar o acesso ao conhecimento e ao promover a inovação que beneficia a sociedade em geral. Pelo que o regime da propriedade intelectual equilibra a proteção necessária para incentivar a inovação com a garantia de divulgação e utilização das criações. Neste sentido não se pode atribuir ao direito da concorrência a exclusiva função de promover a concorrência, bem como, não se pode atribuir ao direito da propriedade intelectual a exclusiva função de promover a inovação na medida em que ambos os normativos têm objetivos sinérgicos[601].

Em rigor, uma economia de mercado concorrencial, integra o sistema dos direitos exclusivos sobre o resultado da atividade produtiva, mormente o sistema da propriedade intelectual, na medida em que este sistema é fundado, designadamente, na lealdade concorrencial[602], na identificabilidade dos agentes económicos e respetiva oferta no mercado[603] e na instituição de uma política de desenvolvimento tecnológico aberta a todos os intervenientes no mercado de forma a estimular a inovação e, nesse sentido, o progresso económico e social[604]. Pelo que o sistema da propriedade intelectual, enquanto integrante da economia de mercado concorrencial, fomenta a concorrência a nível tecnológico e a nível de inovação[605].

[600] Neste sentido, Arezzo – "*Intellectual Property Rights*", p. 506.

[601] Cfr. Shankar, Gitanjali, Gupta, Nitika – "*Intellectual Property and Competition Law: Divergence, Convergence, and Independence*", in *NUJS Law Review, Vol. 4, Nº 1,* National University of Juridical Sciences, Kolkata, 2011, p. 119.

[602] Cfr. art. 1º do CPI-2018 e cfr. Mendes – "*Liberdade de Empresa*", p. 260.

[603] Cfr. Mendes – "*Liberdade de Empresa*", p. 260.

[604] Cfr. ob. ult. cit., p. 262.

[605] *Idem.*

Neste sentido, perante a interseção dos regimes do direito da propriedade intelectual e do direito da concorrência, para avaliar o bem-estar do consumidor, a análise não se pode circunscrever à concorrência em matéria de preços, sendo também necessário avaliar o efeito que uma eventual decisão terá nos incentivos para a inovação a longo prazo[606].

A existência de direitos exclusivos encontra justificação na lógica da eficiência dinâmica da concorrência[607] que preconiza a afetação de recursos determinada pelo produtor no âmbito das suas capacidades de produção que podem ter origem, designadamente, em direitos de exclusividade relativos a uma patente, pelo que a atribuição de direitos de propriedade intelectual pode ser considerada como uma restrição da concorrência tendo em vista a prossecução da eficiência económica a longo prazo mediante uma perda a curto prazo que consiste no eventual lucro monopolista obtido pelo titular dos direitos de propriedade intelectual em questão[608].

Existem duas posições relativamente a como a propriedade intelectual pode promover a eficiência dinâmica, que, conforme já referimos, se contrapõe à eficiência estática. A **primeira posição** considera que o direito da concorrência não se deve imiscuir no exercício do direito exclusivo, mesmo se tal direito criar posição dominante, dado que uma ingerência afetaria o incentivo à inovação[609]. A **segunda posição**, a chamada *teoria da complementaridade*, considera que o direito da propriedade intelectual e o direito da concorrência partilham a mesma finalidade de promover a eficiência dinâmica que só será atingida se o direito da concorrência conservar o acesso ao mercado e manter pressão concorrencial sobre os titulares de direitos de propriedade intelectual para competirem com produtos melhorados[610].

A Comissão adotou a teoria da complementaridade ao entender, na Comunicação da Comissão – Orientações sobre a aplicação do artigo 101º do TFUE aos acordos de transferência de tecnologia (2014/C

606 Cfr. Arezzo – "*Intellectual Property Rights*", p. 504.

607 Cfr. Moura e Silva – *Direito da Concorrência*, p. 148.

608 Cfr. Moura e Silva – *O Abuso de Posição Dominante*, p. 457.

609 Cfr. Drexl, Josef – "*Is there a 'more economic approach' to intellectual property and competition law?*" in Drexl, Josef (org.), *Research Handbook on Intellectual Property and Competition Law*, Edward Elgar Publishing Limited, 2008, p. 35-36.

610 *Idem.*

89/03)[611], que o "O facto de a legislação relativa à propriedade intelectual conceder direitos de exploração exclusivos não significa que os direitos de propriedade intelectual sejam excluídos da aplicação do direito da concorrência. [...] Por outro lado, também não significa que exista um conflito intrínseco entre os direitos de propriedade intelectual e as regras da União em matéria de concorrência. Com efeito, estes dois corpos legislativos têm o mesmo objetivo fundamental, que é promover o bem-estar dos consumidores e a afetação eficaz dos recursos. A inovação constitui um componente essencial e dinâmico de uma economia de mercado aberta e competitiva. Os direitos de propriedade intelectual favorecem uma concorrência dinâmica, incentivando as empresas a investir no desenvolvimento de produtos e de processos novos ou melhorados. O mesmo sucede com a concorrência, na medida em que pressiona as empresas a inovar. Por esta razão, tanto os direitos de propriedade intelectual como a concorrência são necessários para promover a inovação e garantir que esta é explorada em condições competitivas."[612]. Consideramos que a interação entre a propriedade intelectual e o direito da concorrência não pode ser vista em termos tão simplistas porque verificam-se, de facto, situações em que o exercício dos direitos de propriedade intelectual constitui uma infração aos arts. 101º e 102º do TFUE como vimos supra (*vd.* §11, §12, §13), não obstante, este entendimento da Comissão tem o mérito de reconhecer que o sistema da propriedade intelectual e o sistema da concorrência promovem, em simultâneo, a inovação.

De acordo da teoria da complementaridade, o direito da concorrência intervém no âmbito do exercício dos direitos de propriedade intelectual quando se colocam questões concorrenciais e de forma a atuar como mecanismo de correção e assegurar que os direitos não são exercidos de modo que exceda o respetivo âmbito, o que se pode verificar, por exemplo, em sede do exercício contratual destes direitos quando são estipuladas restrições da concorrência que excedem o objeto da proteção do exclusivo[613]. Sendo que a intervenção das normas concorrenciais

[611] JO C 89/3 de 28/03/2014.

[612] Parágrafo 7 da Comunicação da Comissão – Orientações sobre a aplicação do artigo 101º do TFUE aos acordos de transferência de tecnologia (2014/C 89/03).

[613] Cfr. Shankar, Gupta – "*Intellectual Property and Competition Law*", p. 120-121.

deverá respeitar, e não frustrar, a função da propriedade intelectual de estímulo à inovação[614].

Conforme refere Josef Drexl, a proibição da concorrência por imitação incentiva os competidores a concorrer com produtos e serviços melhores que não infringem direitos de propriedade intelectual preexistentes, *i.e.*, incentiva a concorrência por substituição, o que por sua vez, incentiva os titulares de direitos de propriedade intelectual a investirem na inovação de forma a disponibilizarem produtos e serviços melhores[615]. O direito da propriedade intelectual e o direito da concorrência são os mecanismos regulatórios com a função de preservar este funcionamento do mercado.

Neste sentido, propugnamos que a interação do direito da concorrência e do direito da propriedade intelectual se realiza com base numa relação de *complementaridade lógica* no sentido de o direito da propriedade intelectual promover a inovação o que promove a concorrência por substituição o que, por sua vez, resulta na promoção do funcionamento do mercado em condições concorrenciais na medida em que as prestações disponíveis no mercado estão em ininterrupta evolução e surgem constantemente novos operadores económicos que introduzem novos e melhores produtos e serviços no mercado. A complementaridade lógica existe na medida em que o direito da propriedade intelectual promove a inovação e concorrência por substituição, o que desemboca no objetivo do direito da concorrência de ser o normal funcionamento do mercado a ditar a oferta existente no mercado.

A aplicação prática desta relação de complementaridade lógica consiste no facto de se resolver o aparente conflito entre o direito da propriedade intelectual e o direito da concorrência na medida em que havendo complementaridade lógica não haverá antagonismo entre estes corpos normativos. Neste sentido, perante um caso em que se verifique o exercício de um direito de patente, a aplicação das normas da concorrência a esse exercício não vai resultar na contração desse direito de patente, *i.e.*, a aplicação das normas da concorrência não consubstanciará ingerência no *objeto específico*[616] desse direito de propriedade intelectual.

[614] Cfr. Moura e Silva – *Inovação, Transferência de Tecnologia e Concorrência*, p. 77-78.

[615] Cfr. Drexl – *"Is there a 'more economic approach'"*, p. 45.

[616] *Vd.* §15.1 infra sobre o objeto específico da patente.

Constatado está que o direito da propriedade intelectual e o direito da concorrência não prosseguem objetivos conflituantes, importa referir que ambos devem ser interpretados de acordo com o princípio da livre concorrência de modo a que seja atingida a finalidade de promoção da inovação, e inerente desenvolvimento económico-social, prosseguidos por ambos.

14.5. Conclusões

Conforme a análise supra, temos que não existe conflitos entre os sistemas da propriedade intelectual e da concorrência, existindo sim uma relação de complementaridade lógica na medida em que a propriedade intelectual promove o dinamismo da concorrência ao estimular o desenvolvimento de novos e melhores produtos e processos e o direito da concorrência promove a inovação como fator de diferenciação dos concorrentes. Pelo que a propriedade intelectual promove a inovação o que, por sua vez, promove a concorrência[617] o que, por sua vez, promove a inovação. Neste sentido, tanto o direito de propriedade intelectual como o direito da concorrência afiguram-se essenciais para promover a inovação e garantir a respetiva exploração comercial em termos concorrenciais. Existe um equilíbrio entre os dois sistemas que deve ser mantido sob pena de ser privilegiado o incentivo à inovação em detrimento da promoção do mercado competitivo ou vice-versa e, como tal, prejudicar a eficiência dinâmica[618].

Estando constatado que os sistemas da propriedade intelectual e da concorrência não se contradizem, passamos agora à análise da aplicação do Direito da Concorrência a práticas (anti)concorrenciais que envolvem patentes farmacêuticas.

617 Neste sentido, MOURA E SILVA – *"Protecção de programas de computador"*, p. 283.
618 Cfr. MOURA E SILVA – *Inovação, Transferência de Tecnologia e Concorrência*, p. 69.

§ 15. APLICAÇÃO DO DIREITO DA CONCORRÊNCIA A PRÁTICAS (ANTI)CONCORRENCIAIS QUE ENVOLVEM PATENTES FARMACÊUTICAS

15.1. Anticoncorrencialidade e subsunção às normas concorrenciais

Conforme temos vindo a referir, o direito da concorrência da UE não se imiscui com o registo e concessão de direitos de propriedade intelectual, limitando-se a disciplinar o exercício destes direitos ao não admitir que se verifique um *exercício anticoncorrencial* dos mesmos de modo a que seja colocada em causa a eficácia das normas da concorrência e que se verifiquem entraves à realização do mercado interno, foi este o pronunciamento no Acórdão Consten e Grundig[619], sendo que foi com esta decisão que surgiu, pela primeira vez, na jurisprudência da UE a distinção entre a *existência* de direitos de propriedade intelectual e o *exercício* de direitos de direitos de propriedade intelectual[620].

Com o Acórdão do TJ de 8 de junho de 1971 no Processo 78/70 – Deutsche Grammophon c. Metro-SB-Grossmärkt, foi estabelecido um critério de identificação do *núcleo do direito de propriedade intelectual* que não é passível de compressão em função da realização do mercado inter-

[619] Cfr. parágrafos 94-96 do citado Acórdão do TJ de 13 de julho de 1966 nos Processos apensos 56/64 e 58/64 – Consten e Grundig c. Comissão.

[620] Também neste sentido o Acórdão do TJ de 8 de junho de 1971 no Processo 78/70 – Deutsche Grammophon c. Metro-SB-Grossmärkt, parágrafos 10-11.

no e inerente liberdade de circulação de mercadorias, consistindo esse núcleo no *objeto específico* do direito de propriedade intelectual[621]. Isto significa que o direito da concorrência não se imiscui no núcleo fundamental do direito de propriedade intelectual que consiste no *objeto específico* concedido pelo direito nacional dos Estados-membro. Contudo, é admitida a aplicação do direito da UE às matérias que não integram esse núcleo fundamental[622].

Consideramos que o *objeto específico* do direito de propriedade intelectual refere-se ao conteúdo deste direito, ou seja, o *monopólio de exploração comercial referente à invenção patenteada*, o que visa recompensar o investimento realizado no desenvolvimento do referido ativo[623]. Neste sentido o Acórdão do TJ de 31 de outubro de 1974 no Processo 15/74 – Centrafarm BV c. Sterling Drug Inc. ao referir que "No domínio das patentes, o objecto específico da propriedade industrial é o de assegurar ao titular, como forma de recompensar o esforço criador do inventor, o direito exclusivo de utilizar uma invenção destinada ao fabrico e ao primeiro lançamento em circulação de produtos industriais, quer directamente, quer mediante a concessão de licenças a terceiros, bem como o direito de se opor a qualquer violação do referido direito"[624]. No mesmo sentido o Acórdão do TJ de 14 de julho de 1981 no Processo 187/80 – Merck c. Stephar ao referir que "a substância do direito de patente reside essencialmente em atribuir ao inventor um direito de exclusivo para a primeira colocação no mercado"[625] e que "Esse direito de primeira colocação de um produto no mercado permite ao inventor a obtenção

[621] Cfr. parágrafo 11 do citado Acórdão do TJ de 8 de junho de 1971 no Processo 78/70 – Deutsche Grammophon c. Metro-SB-Grossmärkt.

[622] Neste sentido MIGUEL MOURA E SILVA ao referir que "O simples facto de uma empresa exercer um direito de Propriedade Intelectual não significa que esse exercício escape ao âmbito de aplicação das regras de concorrência do TFUE. A jurisprudência europeia recorre, como vimos, ao critério do objeto específico do direito para delinear um núcleo insuscetível de compressão pela aplicação das regras do TFUE – sejam elas liberdades de circulação ou de concorrência – mas permitem, quanto aos aspectos que não integram esse cerne, a plena aplicação do direito da União" (MOURA E SILVA – *Direito da Concorrência*, p. 825).

[623] *Vd.* §7 supra para análise desenvolvida relativamente ao conteúdo do direito de patente.

[624] Parágrafo 9 do Acórdão do TJ de 31 de outubro de 1974 no Processo 15/74 – Centrafarm BV c. Sterling Drug Inc..

[625] Parágrafo 9 do Acórdão do TJ de 14 de julho de 1981 no Processo 187/80 – Merck c. Stephar.

de recompensa pelo seu esforço criativo, ao conferir um monopólio para exploração do seu produto"[626].

Consideramos que o exercício do *objeto específico* do direito de propriedade intelectual se concretiza na ***inovação concorrencial*** que consiste na ***utilização comercial no mercado, em exclusividade, dos produtos ou processos que permitem a diferenciação face aos concorrentes.*** A *inovação concorrencial* é a inovação que se atinge através da operacionalização da *complementaridade lógica* entre o direito da propriedade intelectual e o direito da concorrência e que é merecedora de tutela pelos dois corpos normativos. A *inovação concorrencial* forma o *objeto específico* do direito de patente farmacêutica, *i.e.*, o ***núcleo intangível do direito exclusivo.***

Atendendo ao supra exposto, temos então que a *existência* de direitos de propriedade intelectual não é conflituante nem é posta em causa em função das proibições estatuídas pelos arts. 101º e 102º do TFUE. É o *exercício* destes direitos de exclusivo que poderá incorrer nas referidas proibições em virtude da verificação das práticas anticoncorrenciais contempladas pelas disposições normativas em questão, subsumindo-se, tais práticas, à aplicação das referidas normas[627].

Conforme pronúncia do TJ no Acórdão de 31 de outubro de 1974 no Processo 15/74 – Centrafarm BV c. Sterling Drug Inc., o **art. 101º do TFUE** será aplicável com as inerentes cominações quando o *exercício* do direito de propriedade intelectual consista no objeto, meio ou consequência de uma prática restritiva da concorrência[628], sendo necessário determinar se tal *exercício* se integra no *objeto específico* do direito ou se, pelo contrário, extravasa tal *objeto específico.*

Cumpre referir a Decisão da Comissão 74/432/EEC de 24 julho 1974 relativa a um procedimento nos termos do art. 85º do TCE (atual art. 101º do TFUE) no Processo IV/28.374 – Advocaat Zwarte Kip na qual foi esclarecido que a aplicação do art. 101º do TFUE não visa acordos cujo objeto consista em direitos de propriedade intelectual, visa sim o acordo de compartimentação de mercados incluído no referido acordo. Pelo que a aplicação do art. 101º do TFUE é dirigida a acordos, decisões

[626] Parágrafo 10 do Acórdão do TJ de 14 de julho de 1981 no Processo 187/80 – Merck c. Stephar.

[627] Cfr. SOUSA E SILVA – *Direito Comunitário e Propriedade Industrial*, p. 199.

[628] Cfr. parágrafos 39 e 40 do citado Acórdão do TJ de 31 de outubro de 1974 no Processo 15/74 – Centrafarm BV c. Sterling Drug Inc..

de associação e práticas concertadas anticoncorrenciais que possam estar incluídas em instrumentos jurídicos referentes ao *exercício* do *objeto específico* do direito de propriedade intelectual.

O **art. 102º do TFUE** será aplicável com as inerentes cominações quando o *exercício* do direito de propriedade intelectual consistir no instrumento para a exploração abusiva de posição dominante[629], sendo necessário determinar se tal *exercício* se integra no *objeto específico* do direito ou se, pelo contrário, extravasa tal *objeto específico*. A este respeito cumpre referir o Acórdão do TJ de 23 de maio de 1978 no Processo 102/77 – Hoffmann-La Roche c. Centrafarm no qual foi clarificado que o *exercício* do direito de propriedade intelectual por parte de empresa que detém posição dominante no mercado não é contrário ao art. 102º do TFUE, em virtude da existência da posição dominante, se o *exercício* em questão não for usado como instrumento de exploração abusiva da referida posição[630]. Pelo que a existência de um direito de exclusivo e o respetivo exercício por parte de empresa com posição dominante não justificam por si só a aplicação das cominações do art. 102º do TFUE.

Atendendo ao supra exposto, a interação entre patentes farmacêuticas e direito da concorrência surge do confronto entre, por um lado, a finalidade das normas da concorrência de eliminar entraves ao funcionamento do mercado interno e, por outro lado, o exercício do direito de patente de medicamento de forma que excede o seu *objeto específico* no âmbito de práticas comerciais que se podem revelar anticoncorrenciais por comportarem a restrição da concorrência por objeto ou por efeito ou por consubstanciarem abuso de posição dominante. Neste âmbito avultam os comportamentos das empresas de medicamentos de referência em relação aos seus ativos de propriedade intelectual conjugados com a sua interação com empresas de medicamentos genéricos.

Ora, é no contexto das práticas supra referidas que se colocam as questões concorrenciais, visto que no âmbito destas práticas, às quais subjazem direitos de patentes de medicamento, poderão ser encetadas condutas que resultem na afetação do comércio entre os Estados-membro e tenham por objeto ou efeito a restrição ou falseamento da concor-

[629] Cfr. Sousa e Silva – *Direito Comunitário e Propriedade Industrial*, p. 183 e 201.

[630] Cfr. parágrafo 16 do citado Acórdão do TJ de 23 de maio de 1978 no Processo 102/77 – Hoffmann-La Roche c. Centrafarm.

rência no mercado interno, e é nestes termos que surge a interconexão entre medicamentos, patentes e concorrência.

HOVENKAMP refere que a maior parte das questões concorrenciais no setor farmacêutico diz respeito ao uso indevido de patente, a acordos anticoncorrenciais de resolução de litígios ou a acordos de licença[631].

Já a Comissão refere que as práticas anticoncorrenciais no sector de medicamentos consistem, essencialmente, no *evergreening*, nos acordos *pay for delay* e na *vexatious litigation*[632].

Acrescentamos ao elenco identificado pela Comissão a obtenção de direitos exclusivos por via da propriedade intelectual, os acordos de licença e distribuição dos quais resultem determinado tipo de obrigações e a *patent linkage*.

Importa referir que a parca aplicação das proibições concorrenciais se deve, em parte, ao facto de a produção e comercialização de fármacos ser altamente regulamentada na UE, contudo, tal regulamentação não envolve diretamente as normas concorrenciais e respetivos objetivos[633]. Não obstante, isto não significa que o direito da concorrência deva ser complacente perante práticas que se revelem prejudiciais à concorrência e ao mercado interno[634].

15.2. Âmbito de aplicação do art. 101º do TFUE

O art. 101º do TFUE estipula que são nulos todos os acordos entre empresas, decisões de associações de empresas e práticas concertadas que tenham por objetivo ou efeito impedir, restringir ou falsear a concorrência no mercado interno, exceto se se verificarem as condições estabelecidas no nº 3 da mesma disposição.

As entidades visadas nesta proibição são, portanto, as empresas, sendo estas entendidas como uma unidade económica como centro de determinação do comportamento da empresa enquanto agente econó-

631 Cfr. HOVENKAMP – "*Sensible Antitrust Rules for Pharmaceutical Competition*", p. 18.

632 As práticas foram identificadas no Relatório Final CE – 2009, nos oito relatórios anuais de monitorização de *patent settlements emitidos de* 2010 a 2016 e no Relatório Final CE – 2009-2017, todos já referidos na supra na Parte I.

633 Neste sentido, HOVENKAMP – "*Sensible Antitrust Rules for Pharmaceutical Competition*", p. 15.

634 Neste sentido, ob. ult. cit., p. 19.

mico e participante do jogo da concorrência[635] e "que exerça uma atividade económica, independentemente do seu estatuto jurídico e modo de [financiamento]"[636] e caracterizada por "uma organização unitária de elementos pessoais, materiais e incorpóreos"[637]. Sendo que o conceito de empresa é objeto de interpretação lata, abrangendo esta, *inter alia*, os inventores[638].

Relativamente aos acordos restritivos da concorrência que se subsumem à previsão normativa, há que distinguir entre os *acordos em sentido estrito* que podem consistir na mera vontade comum de agirem no mercado de determinada forma, não sendo necessária a formalização de qualquer vínculo contratual[639], as *decisões de associação de empresas* que expressam a vontade de adoção de um comportamento determinado no quadro da sua atividade económica[640] e, por fim, as *práticas concertadas* que consistem em formas de coordenação entre empresas que substituem cientemente entre elas os riscos da concorrência[641].

Os acordos e práticas intraempresariais estão excluídos do âmbito das proibições do art. 101º do TFUE, ainda que possam estar sujeitos ao artigo 102º do TFUE.

Para se subsumir ao art. 101º do TFUE, a prática em apreço deve ter o *objetivo* de restringir ou falsear a concorrência, o que se traduz na circunstância dc à prática em questão estar ínsita uma vontade intencional dirigida à realização do facto com todas as suas consequências necessárias e indispensáveis que apresentam um significativo grau de nocividade para a concorrência e, como tal, torna-se desnecessário avaliar os efeitos que decorrem da execução da vontade das partes. Conforme já

635 Cfr. MOURA E SILVA – *Direito da Concorrência*, p. 245 e 261-262.

636 Parágrafo 21 do Acórdão TJ de 23 de abril de 1991 no Processo C-41/90 – Höffner e Elser c. Macroton.

637 Parágrafo 311 do Acórdão do TJ de 13 de junho de 1962 no Processo 17 e 20/61 – Klökner-Werke e Hoesch c. Alta Autoridade.

638 Cfr. PAIS – *Entre Inovação e Concorrência*, p. 203.

639 Cfr. parágrafo 97 do Acórdão do TJ de 6 de janeiro de 2004 nos Processos C-2/01 e C-3/04 P – Bundesverband der Arzneimittel-Importeure eV c. Comissão das Comunidades Europeias.

640 Cfr. parágrafo 64 do Acórdão do TJ de 19 de fevereiro de 2002 no Processo C-309/99 – J. C. J. Wouters c. Algemene Raad van de Nederlandse Orde van Advocaten.

641 Cfr. parágrafo 64 do Acórdão do TJUE de 14 de julho de 1972 no Processo 48/69 – Imperial Chemical Industries Ltd c. Comissão.

referimos supra (*vd.* §11.2.2), em termos concorrenciais, um acordo com objeto restritivo da concorrência traduz-se numa "infração de meios" através dos quais é criado um estado de funcionamento do mercado adverso ao normal funcionamento do mercado em condições concorrenciais[642].

Caso a prática não tenha o objetivo de restringir ou falsear a concorrência, é necessário determinar se a mesma tem *efeitos* restritivos da concorrência o que se traduz na circunstância de ao acordo em questão estar ínsita uma vontade das partes a ser concretizada à qual é inerente um grau de probabilidade razoável de consequências negativas no mercado[643]. Conforme já referimos supra (*vd.* §11.2.2), em termos concorrenciais, um acordo com efeito restritivo da concorrência traduz-se numa "infração de resultados".

Nos casos em que a prática tem o efeito, e não o objeto, restritivo da concorrência é obrigatório proceder à definição do mercado em questão para a aplicação do art. 101º do TFUE ao caso[644], sendo também obrigatória a definição do mercado nos casos em que não é possível determinar se a prática em questão tem objeto ou efeito restritivo da concorrência. Sendo certo que a restrição ou falseamento da concorrência no mercado interno deve ser real ou potencial e apresentar caráter substancial para se subsumir ao art. 101º do TFUE.

15.3. Âmbito de aplicação do art. 102º do TFUE

O art. 102º do TFUE estipula que é proibido às empresas explorarem de forma abusiva uma posição dominante no mercado interno ou numa parte substancial deste, na medida em que tal seja suscetível de afetar o comércio entre os Estados-membro. O referido preceito apresenta uma tipificação exemplificativa das condutas que consubstanciam abuso de posição dominante.

As entidades visadas nesta proibição são, portanto, as empresas, sendo estas entendidas como uma unidade económica conforme já vimos supra (*vd.* §15.2).

[642] Cfr. Silva Morais – *Os conceitos de objecto e efeito*, p. 29.

[643] Cfr. ob. ult. cit., p. 45.

[644] Cfr. Sousa Ferro – *A Definição de Mercados Relevantes*, p. 297.

A mera criação de posição dominante ou detenção da mesma não se integra nas proibições do art. 102º do TFUE, é sim uma condição de aplicação da referida disposição. Sendo certo que sobre a empresa com posição dominante impendem deveres especiais de conduta[645].

O conceito de *posição dominante* é correlacionado ao conceito de poder de mercado, consistindo tal na possibilidade de uma empresa poder aumentar os custos dos seus concorrentes ou de diminuir a sua produção ou aumentar os preços acima do custo marginal, por um determinado período de tempo, permanecendo rentável[646]. Sendo que este conceito é igualmente aplicável aos domínios de concorrência de qualidade e inovação, *i.e.*, a empresa com poder de mercado reduz os níveis de inovação ou de qualidade e, como tal reduz os custos, sem que, contudo, reduza os preços[647].

De facto, o principal meio de exercer poder de mercado é o aumento dos lucros ao subir o preço ao nível do preço de monopólio[648]. A al. a) do art. 102º do TFUE visa impedir este modo de exercício de poder de mercado quer seja através do nível do preço ou da imposição de condições de transação não equitativas[649].

A diminuição da quantidade produzida é uma forma de possibilitar a subida do preço, motivo pelo qual a al. b) do art. 102º do TFUE qualifica de abusiva a conduta que promova a insatisfação da procura ao limitar a produção, a distribuição ou o desenvolvimento técnico em prejuízo dos consumidores[650].

A al. c) do art. 102º do TFUE proíbe a prática de discriminação ao qualificar como abuso de posição dominante a aplicação de condições diferenciadas a prestações equivalentes colocando parceiros comerciais em desvantagem na concorrência. Esta proibição reporta-se à conduta da empresa com posição dominante em função do resultado de desvantagem na concorrência de parceiros comerciais[651].

[645] Cfr. Moura e Silva – *O Abuso de Posição Dominante*, p. 399.

[646] Cfr. Pais – *Entre Inovação e Concorrência*, p. 458, 460.

[647] Cfr. ob. ult. cit., p. 458-459.

[648] Cfr. Moura e Silva – *O Abuso de Posição Dominante*, p. 400.

[649] Cfr. ob. ult. cit., p. 400.

[650] *Idem.*

[651] Cfr. ob. ult. cit., p. 424.

A al. d) do art. 102º do TFUE proíbe a prática da subordinação ou *tying* (*combinar* ou *enlaçar*) que ocorre quando a empresa em posição dominante condiciona a aquisição de um produto, o produto subordinante, à aquisição de outro produto distinto, o produto subordinado, que também é por ela vendido ou por alguém por ela designado[652].

A posição dominante sê-lo-á em relação a um mercado, o mercado relevante. O *mercado relevante* é determinado a partir de três prismas, o produto relevante, a geografia relevante e o período temporal relevante. O *produto relevante* consiste no conjunto qualificado de produtos e/ou serviços considerados permutáveis ou substituíveis pelo consumidor[653]. A *geografia relevante* consiste no conjunto qualificado de áreas substituíveis do lado da oferta e da procura[654]. O *período temporal relevante* consiste no conjunto de períodos temporais substituíveis por outros períodos temporais do lado da oferta e da procura.

A exploração abusiva de posição dominante foi densificada pelo TJ quando este se pronunciou no sentido de este conceito se reportar a práticas de uma empresa que causam prejuízo imediato ao consumidor e mediato ao impedirem uma estrutura de concorrência efetiva[655]. O TJ também se pronunciou no sentido de este conceito compreender "os comportamentos de uma empresa em posição dominante susceptíveis de influenciar a estrutura de um mercado no qual, precisamente na sequência da presença da empresa em questão, o grau de concorrência já está enfraquecido e que têm como consequência impedir, através de meios diferentes daqueles que regem uma competição normal de produtos ou serviços com base em prestações dos operadores económicos, a manutenção do grau de concorrência ainda existente no mercado ou o desenvolvimento desta concorrência"[656].

Sendo certo que a exploração abusiva compreende o *abuso de exploração* que consiste no exercício do poder de mercado em relação a clientes, fornecedores ou consumidores do produto ou serviço em questão,

[652] Cfr. ob. ult. cit., p. 260.

[653] *Vd.* §11.2.2 supra para análise desenvolvida sobre o mercado relevante.

[654] *Idem.*

[655] Cfr. parágrafo 26 do Acórdão do TJ de 21 de fevereiro de 1973 no Processo 6/72 – Continental Can Company Inc. c. Comissão.

[656] Cfr. parágrafo 91 do Acórdão do TJ de 13 de fevereiro de 1979 no Processo 85/76 – Hoffmann-La Roche & Co. AG c. Comissão.

bem como, o *abuso de exclusão* que consiste no exercício do poder de mercado de modo a impossibilitar a preservação de concorrência efetiva por via de comportamentos dirigidos a suprimir concorrentes[657].

A afetação do comércio entre os Estados-membro traduz-se em efeitos anticoncorrenciais reais ou potenciais[658].

Conforme já referimos supra (*vd.* §12.3.2), a existência de um monopólio legal conferido pelos direitos de propriedade intelectual não significa que não é necessário identificar o mercado relevante e demonstrar a existência de posição dominante.

O TJ já se pronunciou no sentido de considerar que é lícito o exercício de direitos de propriedade intelectual, não se podendo considerar este exercício ilícito porque o respetivo titular detém posição dominante no mercado, a menos que o direito de propriedade intelectual seja utilizado como instrumento da exploração abusiva da posição dominante[659].

A hipótese de o exercício de direitos de propriedade intelectual consubstanciar exploração abusiva de posição dominante já tinha sido afirmada pelo TJ em diversas decisões[660]. Não obstante, quando se trate de concorrência pelo mérito, o que inclui o exercício de direitos de propriedade intelectual legitimamente adquiridos, no sentido de haver um genuíno intuito de proteger uma invenção e não um mero propósito de bloquear possíveis concorrentes, não se poderá considerar o comportamento como abusivo[661].

Pelo que o registo e titularidade de direitos de propriedade intelectual, bem como, o respetivo exercício não tem correspondência exata com

[657] Cfr. Moura e Silva – *Direito da Concorrência*, p. 918.

[658] Cfr. Pais – *Entre Inovação e Concorrência*, p. 487.

[659] Parágrafo 16 do Acórdão do TJ de 23 de maio de 1978 no Processo 102/77 – Hoffmann-La Roche c. Centrafarm.

[660] Designadamente, no Acórdão do TJ de 5 de outubro de 1988 no Processo 53/87 – CICRA e Maxicar c. Régie nationale des usines Renault, no Acórdão do TJ de 5 outubro 1988 no Processo C-238/87 – Volvo c. Veng, no Acórdão do TJ de 6 de abril de 1995 nos Processos apensos C-241/91 P e C-242/91 P – RTE e ITP c. Comissão e Magill e no Acórdão do TJ de 29 de abril de 2004 no Processo C-418/01 – IMS Health GmbH & Co. OHG c. NDC Health GmbH & Co. KG..

[661] Neste sentido, Miguel Moura e Silva ao referir que "se o exercício do direito em causa corresponder ao aproveitamento de um benefício inerente ao direito exclusivo, que permite ao seu titular impedir a produção e a venda dos produtos protegidos por terceiros sem a sua autorização, não pode ser visto como um método abusivo de eliminar a concorrência" (Moura e Silva – *"Protecção de programas de computador"*, p. 296).

a existência de posição dominante e respetivo abuso[662]. Neste sentido, é necessário determinar se e em que circunstâncias o art. 102º do TFUE deve ser aplicado a *situações de exercício do direito de patente* validamente registado e *situações de uso do sistema de patentes* no âmbito de estratégias para reforçar ou prolongar o exclusivo em sede de propriedade intelectual.

Relativamente ao *exercício do direito de patente* validamente registado, conforme já referimos supra (*vd.* §15.1), é possível ocorrer um exercício abusivo e que, como tal, incorre na proibição do art. 102º do TFUE, sendo necessária uma análise casuística para determinar se se verifica o exercício abusivo.

Consideramos que o art. 102º do TFUE não poderá ser aplicado indistintamente a todas as situações que consistam ou aparentem consistir em práticas de exploração abusiva de posição dominante alicerçada em patentes, na medida em que poderemos estar perante concorrência pelo mérito baseada e reforçada pela existência de direitos de propriedade intelectual.

Consideramos que o art. 102º do TFUE deve ser aplicado a situações de estratégias que consubstanciem um exercício anticoncorrencial do direito de patente ou um uso anticoncorrencial do sistema de patentes, *i.e.*, uso dos registos de propriedade intelectual com o propósito de criar barreiras à entrada de concorrentes no mercado sem que haja um verdadeiro substrato, *i.e.*, uma invenção merecedora de tutela[663]. Saliente-se, contudo, que consideramos que é legítimo o recurso ao sistema de patentes com o propósito de assegurar o melhor nível de proteção possível para a inovação referente a fármacos.

15.4. Critérios para análise de estratégias (anti)concorrenciais

Da análise dos casos Hoffmann-La Roche, AstraZeneca e Lundbeck retirámos determinadas coordenadas para a apreciação de práticas que possam consistir em estratégias anticoncorrenciais conforme passamos a descrever.

[662] Neste sentido, TUOMINEN, Nicoleta – "*Patenting Strategies of the EU Pharmaceutical Industry: Regular Business Practice or Abuse of Dominance*", in *World Competition, Vol 35, Nº 1*, Kluwer Law International BV, 2012, p. 41.

[663] *Vd.* §16.2.6 infra para análise desenvolvida sobre este tema.

15.4.1. Processo C-179/16 – Hoffmann-La Roche – práticas concertadas entre empresas

Consideramos que o Acórdão C-179/16 tem particular aplicação no contexto de práticas anticoncorrenciais que se refiram à comercialização de medicamentos, com particular destaque para os acordos de licença e distribuição e acordos *pay for delay*. Desta decisão do TJ resultam um conjunto de interpretações que poderão servir de padrão para a apreciação de casos em que seja aplicável o art. 101º do TFUE, bem como, as normas da concorrência em geral.

Desde logo, foi mencionado, o que já resulta de jurisprudência constante do TJ, que a análise para determinar se um acordo é ou não restritivo da concorrência deve atender às suas cláusulas, finalidades prosseguidas, bem como, ao contexto jurídico e económico em que o acordo se insere, designadamente, a natureza dos bens ou serviços afetados e as condições reais do funcionamento e da estrutura do mercado em causa.

Foi esclarecido que, no setor farmacêutico, para efeitos da aplicação do artigo 101º, nº 1 do TFUE, interpretação que também é aplicável às normas da concorrência em geral, o mercado relevante poderá incluir os medicamentos que sirvam as mesmas indicações terapêuticas, existindo, portanto, relação de substituibilidade por proporcionarem as mesmas propriedades terapêuticas, ainda que os mesmos não possuam AIM para o efeito terapêutico em análise no caso *sub judice,* desde que tais fármacos hajam sido submetidos a um exame da conformidade com as normas aplicáveis ao respetivo fabrico e comercialização. Pelo que, conforme resulta desta interpretação do TJ, a análise concorrencial é centrada no exame dos fatores determinantes para a aplicação das normas da concorrência e é agnóstica a questões que são regulamentadas por diferentes ramos do direito, desde que não se verifiquem situações de ilegalidade.

Neste sentido, temos que as indicações terapêuticas constantes das AIM dos fármacos não condicionam a análise concorrencial no que respeita à identificação do mercado relevante e inclusão de produtos no mesmo.

Foi esclarecido que, tendo o art. 101º do TFUE a finalidade de obstar a que duas ou mais empresas coordenem a sua conduta concorrencial com o objetivo de restringir a concorrência entre si mesmas ou em relação a terceiros, as restrições da concorrência acordadas entre as contraentes num acordo de licença não se subtraem à aplicação do art. 101º, nº 1 do TFUE, ainda que não estivessem previstas nesse acordo, mas sendo acessórias ao mesmo. Conforme já referimos supra, consideramos que esta interpretação tem aplicação, não apenas a acordos acessórios, mas a acordos em geral, e respetivas cláusulas, que respeitam à comercialização de medicamentos.

Neste sentido, temos que acordos acessórios a acordos de licença e distribuição ou a acordos *pay for delay*, e ainda, acessórios a acordos em geral, que comportem restrição da concorrência por objetivo ou por efeito subsumem-se ao art. 101º, nº 1 do TFUE.

Foi também mencionado, o que de resto já resulta de jurisprudência constante do TJ, que as partes de um acordo não podem exonerar-se da prática da infração estatuída no art. 101º, nº 1 do TFUE alegando que o acordo não tinha como finalidade a afetação das condições concorrenciais do mercado.

15.4.2. Processo T-321/05 – AstraZeneca – abuso de posição dominante

Consideramos que o Acórdão T-321/05 tem particular aplicação no contexto de práticas anticoncorrenciais que se refiram a condutas tendentes à aquisição de exclusividade comercial, com particular destaque para o direito de patente, CCP e AIM, bem como, ao *enforcement* judicial de direitos de exclusividade comercial. Desta decisão do TG resultam um conjunto de interpretações que poderão servir de padrão para a apreciação de casos em que seja aplicável o art. 102º do TFUE, bem como, as normas da concorrência em geral.

Desde logo, é reafirmado que a titularidade e o exercício de direitos de propriedade intelectual podem consubstanciar um indício pertinente da presença de posição dominante, contudo, tal posição não é proibida, sendo somente proibido o seu uso abusivo.

Decorre do Acórdão T-321/05 que o pedido de registo de patentes ou CCPs e o exercício destes direitos, bem como, o uso seletivo do sistema de AIM, podem constituir um ato de exploração abusiva de posição dominante, nos termos do art. 102º do TFUE, em função das circunstâncias concretas do pedido de registo e do exercício do direito em questão, não consubstanciando este tipo de conduta concorrência pelo mérito. Neste sentido, este caso resultou no facto de serem acrescentadas novas categorias de abusos ao art. 102º do TFUE e constitui um indício de que a Comissão e o TJ da UE estão dispostos a identificar novas tipologias de abuso ao abrigo da disposição em apreço[664].

Consideramos que decorre do Acórdão T-321/05 que é necessária uma análise casuística, nos termos da legislação da propriedade intelectual, para determinar se um pedido de registo de patente não implica novidade e atividade inventiva e consiste, de facto, num falso invento destinado a prolongar artificialmente um direito de exclusivo. Sendo este raciocínio também aplicável ao CCP no que diz respeito aos requisitos para a sua concessão. Sendo que em relação à AIM a ponderação deverá ser sobre os motivos factuais e legais para o uso do sistema com particular destaque para os casos de uso seletivo.

Decorre do Acórdão T-321/05 que em situações em que seja necessário efetuar uma análise casuística, em primeira linha, ou seja, no *momento do pedido de registo*, devem ser aplicadas as normas da propriedade intelectual e, em segunda linha, ou seja, no *momento do exercício do direito de exclusivo*, devem ser aplicados outros ramos do direito, designadamente, o direito da concorrência. Salientamos que o pedido de um CCP pode ser considerado como sendo o exercício do direito de exclusivo na medida em que representa a concretização da possibilidade de prolongar o prazo de vigência da patente, ou seja, ao pedido e exercício das prerrogativas de um CCP é inerente uma *conexão sequencial obrigatória* ao direito de patente. Relativamente à AIM, deve ser aplicada a regulamentação a ela referente no que diz respeito ao uso deste sistema, devendo a situação factual de tais pedidos ser objeto de enquadramento jurídico nos termos da regulamentação própria deste sistema e de outros ramos de direito, designadamente, o direito da concorrência.

Decorre também do Acórdão T-321/05 que a possibilidade de exploração abusiva de direitos de exclusivo é independente de o pedido de registo ter cumprido os requisitos de registo ditados pelas normas da propriedade intelectual e de ter havido a concessão do registo.

Consideramos que fará todo o sentido analisar patentes ou CCPs registados, no âmbito do exercício do direito de exclusivo, nos termos das normas concorrenciais independentemente de o pedido ter passado o filtro das normas da propriedade industrial dado que, conforme vimos supra (*vd.* §14), o direito da concorrência tem como uma das finalidades a pro-

[664] Neste sentido, NEGRINOTTI – "*The AstraZeneca Case*, p. 4.

moção da inovação, assim como o direito da propriedade intelectual, pelo que se justifica que estes ramos de direito sejam aplicados em relação de complementaridade sem que um tenha precedência sobre o outro[665].

Do Acórdão T-321/05 também resulta que é necessário um critério para discernir os pedidos de patentes, CCP e AIM, bem como, patentes, CCP e AIM registadas que não constituem concorrência pelo mérito. Da abordagem do TG pode-se extrair que, em primeiro lugar, é necessário identificar o efeito que a conduta tem na concorrência, que no caso AstraZeneca foi o retardamento da entrada de genéricos no mercado e a inerente demora da concorrência de preços. Em segundo lugar é necessário determinar se há justificações ou propósitos legítimos para considerar a conduta lícita, que no caso AstraZeneca seria a existência de uma invenção merecedora de tutela das normas da propriedade industrial ou o direito de obter os CCPs ou, ainda, motivos factuais para alterações às AIM registadas. Pelo que, decorre do Acórdão T-321/05, e conforme afirmado pelo TG, que o propósito do requerente do registo e/ou alterações do registo é determinante para a qualificação da conduta como abusiva na medida em que permite concluir se o pedido de registo e/ou alterações do registo consubstancia concorrência pelo mérito ou concorrência por meio de estratagemas. Pelo que a intenção subjacente ao pedido de registo permite concluir se existe o intuito de restringir a concorrência através da criação de barreiras à entrada de concorrentes no mercado.

[665] Neste sentido, ob. ult. cit., p. 9. A este respeito, Josef Drexl refere que "aplicar o direito da concorrência a pedidos conformes ao direito de patentes também parece correto visto que, se for seguida a abordagem da Comissão, um examinador de patentes não conseguirá detetar o propósito anticoncorrencial de usar a patente exclusivamente para fins de bloqueio com base no pedido. Tal informação só está tipicamente disponível em documentos internos da empresa requerente e só podem ser detetados com o uso de poderes de investigação de uma agência de concorrência" (Drexl, Josef – *"Astrazeneca and The EU Sector Inquiry: When Do Patent Filings Violate Competition Law?"*, *Max Planck Institute for Intellectual Property & Competition Law Research Paper No. 12-02*, 2012, disponível no website SSRN em https://papers.ssrn.com/sol3/papers.cfm?abstract_id=2009276##, consultado a 05/09/2019, p. 21-22.). Também a este respeito, Stefano Barazza considera que entre o direito da propriedade intelectual e o direito da concorrência existe uma relação de justaposição horizontal sem que um tome precedência em relação ao outro, referindo-se o Autor a esta realidade ao tratar o tema de acordos *pay for delay* no âmbito do Acórdão T-472/13 (Barazza, Stefano – *"Pay-for--Delay Agreements in the EU Pharmaceutical Industry: Patent Law and Competition Law in Light of Lundbeck"*, in *European Pharmaceutical Law Review (EPLR), Vol. 1, Nº 1*, Lexxion, 2017, p. 21).

Não concordamos com a Comissão nem com o TG relativamente à possibilidade de meros pedidos de patentes ou CCPs poderem constituir uso abusivo de posição dominante na medida em que consideramos que o pedido de registo de direitos de propriedade intelectual é matéria que deve ser analisada sob o regime jurídico da propriedade intelectual que é e deve ser agnóstico relativamente às intenções do requerente do registo, avaliando apenas se estão reunidos os requisitos de patenteabilidade[666]. Neste sentido, preconizamos que um pedido de registo de *patente isoladamente considerado* não poderá consubstanciar um ato anticoncorrencial. Não obstante, consideramos que há circunstâncias excecionais em que o pedido de registo de patente único ou no âmbito de patenteamento estratégico[667] pode consubstanciar uso abusivo do sistema de patentes. Estas *circunstâncias excecionais* consistem na verificação de uma outra conduta que consubstancia um ato anticoncorrencial e que é encetado no mesmo âmbito, *i.e.*, no mesmo plano global que o pedido de registo de patente sendo esse pedido de patente instrumentalizado para a realização dessa outra conduta, ou seja, os dois atos são praticados em conjunto, sendo a verificação dessa outra conduta que faz com o pedido de patente seja um ato anticoncorrencial[668]. É o conjunto das condutas que deverá ser sancionado pelas normas da concorrência, sendo o efeito prático da consideração do conjunto das condutas o agravamento do desvalor atribuído a essas condutas o que terá efeitos no montante da coima a ser fixada. Neste sentido, consideramos que é necessário atender às circunstâncias do caso em concreto e a condutas adicionais por parte da empresa em causa o que, cumulativamente com o pedido de registo, poderão justificar a qualificação do pedido registo em causa como abuso de posição dominante.

Cumpre referir que o resultado da aplicação do art. 102º terá como consequência a imposição de coimas e não se pronunciará sobre a invalidação do direito de patente na medida em que, como vimos supra (*vd.* §8.2), a invalidação de direitos de propriedade intelectual nacio-

[666] Neste sentido, Kjølbye, Lars – "*Article 82 EC as Remedy to Patent System Imperfections: Fighting Fire with Fire?*", in *World Competition, Vol 32, Nº 2*, Kluwer Law International BV, 2009, p. 181.

[667] *Vd.* §16.2.1 infra sobre o conceito de patenteamento estratégico.

[668] *Vd.* §16.2.6 infra para análise desenvolvida sobre este tema.

nais é da competência exclusiva das entidades públicas capacitadas dos Estados-membro, cenário que será alterado, como vimos supra (*vd.* §7.2.2, §8.3, §9.1.3) com a entrada em funções do Tribunal Unificado de Patentes e respetiva competência para decidir, *inter alia*, sobre a validade de patentes europeias *clássicas* e patentes europeias *com efeito unitário*.

15.4.3. Processo T-472/13 – Lundbeck – acordos *pay for delay*

Consideramos que o Acórdão T-472/13 tem particular aplicação no contexto de práticas anticoncorrenciais que se refiram à comercialização de medicamentos, com particular destaque para acordos de licença e distribuição e acordos *pay for delay*, bem como, para o *enforcement* judicial de direitos de exclusividade comercial.

Este caso foi pioneiro na medida em que consistiu no primeiro caso de acordo *pay for delay* sujeito à aplicação de medidas sancionatórias por parte da Comissão e, subsequentemente, do TG, nos termos do art. 101º do TFUE. Pelo que poderemos retirar desta decisão do TG um conjunto de interpretações que poderão servir de padrão para a apreciação de casos em que seja aplicável o art. 101º do TFUE, bem como, as normas da concorrência em geral.

Consideramos, desde logo, que decorre do Acórdão T-472/13 que é necessária uma análise casuística para aferir se um determinado acordo entre partes concorrentes atuais ou potenciais consiste num acordo restritivo da concorrência por objetivo ou efeito. Sendo que a análise deve atribuir relevância à intenção das partes na celebração do acordo, bem como, ao teor das disposições do acordo, aos objetivos que visa atingir e ao contexto económico e jurídico em que o mesmo se insere. A natureza dos bens ou dos serviços afetados e as condições reais do funcionamento e da estrutura do mercado ou dos mercados em causa também são critérios relevantes para a análise.

Decorre também do Acórdão T-472/13 que caso o acordo se revele restritivo da concorrência por objetivo não é necessário avaliar os seus efeitos e nas situações em que não se verifique restrição por objeto será necessário determinar se existe restrição por efeito.

O Acórdão T-472/13 permite concluir que acordos *pay for delay* em que haja, no contexto do acordo um substrato de direitos de propriedade intelectual, poderão ser classificados de anticoncorrenciais quando se verifique, cumulativamente, as circunstâncias de: **a)** existência de relação de concorrência potencial entre as partes no acordo, concorrência essa que deve ser comprovada por hipóteses reais e concretas de entrar no mercado, **b)** caducidade de direitos de propriedade intelectual primários e apresentação de pedidos de registo secundários que constituem os direitos exercidos no âmbito do acordo, **c)** estipulação de obrigações de não entrada no mercado havendo capacidade para o fazer e **d)** transferência de valor significativo em contrapartida das obrigações assumidas.

Neste sentido, em acordos de transação ou acordos noutro contexto em que se verifiquem as circunstâncias supra, haverá indícios de os mesmos consubstanciarem restrição da concorrência pelo objetivo, devendo, por isso, ser sujeitos ao disposto no art. 101º do TFUE.

Decorre também do Acórdão T-472/13 que a existência de direitos de propriedade intelectual com referência a um determinado fármaco não preclude a verificação de concorrência potencial relativamente à comercialização desse fármaco.

Os critérios resultantes do Acórdão T-472/13 foram densificados no subsequente Acórdão C-307/18 que veio tratar a mesma matéria. Decorrendo deste último acórdão que os acordos entre empresas se subsumem à proibição estatuída no art. 101º, nº 1 do TFUE apenas quando **a)** o comportamento das empresas revele a existência de colusão, ou seja, um acordo entre empresas, uma decisão de associação de empresas ou uma prática concertada, **b)** essa colusão afete de modo desfavorável e sensível a concorrência no mercado interno e **c)** a colusão se verifique entre empresas em situação de concorrência efetiva ou potencial.

15.5. Conclusões

Conforme temos vindo a referir, consideramos que o exercício de direitos de propriedade intelectual deve estar sujeito ao direito da concorrência, pelo que os critérios orientadores extraídos dos processos supra analisados fornecem as bases para a aplicação das normas concorrenciais neste contexto na medida em que foram pioneiros na análise destes temas.

Consideramos que os critérios em apreço devem ser aplicados atendendo às circunstâncias do caso concreto, *i.e.*, não devem ser aplicados literalmente porque, conforme tivemos oportunidade de referir, consideramos que as decisões do TJ da UE não são isentas de críticas.

Adicionalmente, consideramos que o direito da concorrência deve ser aplicado numa base excecional como corretivo das situações em que se verifique que o exercício de direitos de propriedade intelectual apresenta-se violador das normas da concorrência da UE[669].

[669] Também neste sentido, MIGUEL MOURA E SILVA que considera que "o Direito da Concorrência deve constituir um instrumento de intervenção excecional nos casos em que o exercício de direitos de Propriedade Intelectual for suscetível de contrariar as regras de concorrência do TFUE" (MOURA E SILVA – *Direito da Concorrência*, p. 829).

§ 16. DIREITO DE PATENTE FARMACÊUTICA E PRÁTICAS (ANTI)CONCORRENCIAIS

16.1. Tipologia

Apresentamos infra tipologias de práticas (anti)concorrenciais, associadas a patentes de medicamentos, categorizadas em função do resultado que promovem, nomeadamente, exclusividade comercial, barreiras de entrada no mercado, litígios e acordos de não concorrência.

16.2. Patenteamento estratégico – *Evergreening*

16.2.1. Delimitação conceptual

Esta tipologia de práticas reporta-se à criação e manutenção de monopólios a nível da detenção de direitos com o objetivo de criar uma rede de exclusividade de exploração comercial. Cumpre salientar que a expressão *monopólio* usada com referência a direitos de propriedade intelectual deve ser entendida como *direito exclusivo de exploração comercial* e, neste sentido, não se reporta nem se confunde com a noção de *monopólio económico* sujeito às normas da concorrência.

As empresas de medicamentos de referência, cujas patentes protegem os resultados das suas atividades de I&D, tendo em vista o prolongamento do período de exclusividade conferido pelas patentes sobre os fármacos de referência, desenvolvem estratégias de registo de patentes para poderem gozar de uma maior extensão temporal sem a concorrência por parte de empresas de medicamentos genéricos.

Em termos concretos, estas estratégias permitem aos titulares de patentes manter o exclusivo de propriedade intelectual sobre medicamentos por períodos ininterruptos superiores a vinte anos[670] mediante o registo sequencial e consecutivo de novas patentes que protegem características do mesmo fármaco, o que impossibilita a produção e comercialização de medicamentos genéricos do produto em questão.

Os medicamentos com *elevado valor terapêutico acrescentado*[671], em função do nível de inovação que lhes é inerente, têm, de um modo geral, associada uma estratégia de patenteamento com o objetivo de bloquear entradas por parte de genéricos no respetivo domínio comercial. Saliente-se que "*elevado valor terapêutico acrescentado*" significa um avanço terapêutico que concretiza num "Novo tratamento que beneficia os doentes em comparação com as opções previamente existentes"[672], verificando-se o "preenchimento de uma lacuna ou da insuficiência terapêutica por uma nova (ou melhorada) tecnologia de saúde"[673]. Este *elevado valor terapêutico acrescentado* "pode manifestar-se por maior eficácia, maior segurança e/ou conveniência (ou aplicabilidade) do tratamento ou pela existência de terapêutica para uma entidade clínica que não a tinha"[674].

As estratégias de patenteamento são, conforme já referimos, designadas de *evergreening* e, dado o uso generalizado desta expressão, consideramos que a mesma carece de delimitação conceptual.

Dário Moura Vicente define *evergreening* como sendo a "renovação por períodos de tempo sucessivos, mediante a solicitação pelo respetivo titular de novas patentes sobre atributos individuais do mesmo produto, impedindo desse modo a produção por terceiros de medicamentos genéricos nele baseados"[675].

670 *Vd.* §7.3 supra sobre o período de vigência de patentes.

671 Também se utiliza a designação *valor terapêutico acrescentado* para referir o mesmo conceito (cfr. Ribeiro, Carlos Alberto Fontes – "*Valor Terapêutico Acrescentado*", in Associação Portuguesa de Medicina Geral e Familiar (org.), *Revista Portuguesa de Clínica Geral – Vol. 24 – Nº 6*, 2008, p. 723-728, disponível no website da Associação Portuguesa de Medicina Geral e Familiar em https://doi.org/10.32385/rpmgf.v24i6.10571, consultado a 10/03/2023).

672 Ob. ult. cit. p. 724.

673 Ob. ult. cit. p. 723.

674 *Idem*.

675 Moura Vicente, – *A Tutela Internacional*, p. 29.

Inderjit Singh Bansal *et al.* referem que "A dimensão da expressão monopolista `Evergreening` é um aspeto predominante do patenteamento farmacêutico"[676] e definem *evergreening* como "diferentes maneiras pelas quais os titulares de patentes tiram vantagem indevida da lei e dos processos regulatórios associados para estender o seu monopólio de propriedade intelectual, particularmente, sobre medicamentos 'blockbuster' altamente lucrativos, registando patentes dissimuladas/artificiosas sobre uma invenção já protegida por patentes, pouco antes de expirar o prazo da patente '*mãe*'"[677].

Sandeep Kanak Rathod define *evergreening* como sendo "uma estratégia pela qual os produtores de tecnologia, usando patentes secundárias em série e outros mecanismos, mantêm as suas vendas de produtos protegidas por períodos mais longos do que normalmente seria permitido pela lei"[678], e menciona o Autor que "na indústria farmacêutica, [*evergreening*] refere-se à prática da indústria de estender a exclusividade dos fármacos utilizando disposições particulares no regime jurídico. É um conjunto de métodos estratégicos pelos quais uma empresa titular de patentes de medicamentos protege as vendas/royalties de produtos para além da patente original que cobre a substância farmacêutica ativa"[679].

Ove Granstrand e Frank Tietze definem a prática em apreço ao referir que "Evergreening, de um modo geral, refere-se à extensão da duração de uma posição temporária monopolista ou de domínio de mercado por vários meios ou estratégias"[680], e referem também que "O evergreening baseado em PI [propriedade intelectual] é a estratégia de negócios para estender a duração da proteção efetiva derivada ou derivável de um portfolio de DPIs [direitos de propriedade intelectual] de

[676] Bansal, Inderjit Singh, *et al.* – "*Evergreening – A Controversial Issue in the Pharma Mileu*", in *Journal of International Property Rights, Vol. 14*, 2009, p. 299-306, p. 299.

[677] *Idem.*

[678] Rathod, Sandeep Kanak – "*Ever-Greening: A Status Check in Selected Countries*", in *Journal of Generic Medicines*, 2010, *Vol. 7, 3*, p. 227-242, disponível no website SSRN em https://ssrn.com/abstract=2691251, consultado a 05/09/2019, p. 227.

[679] Ob. ult. cit., p. 227.

[680] Granstrand, Ove, e Tietze, Frank – "*IP strategies and policies for and against evergreening*", in *Centre for Technology Management Working Paper Series, No. 1*, 2015, disponível no website do IfM – Institute for Manufacturing em https://www.ifm.eng.cam.ac.uk/research/ctm/ctm publications/ctmworkingpapers/ip-strategies-and-policies-for-and-against-evergreening/, consultado a 05/09/2019, p. 3.

modo a aumentar a apropriação de uma inovação ou de um conjunto de inovações relacionadas com o negócio ou tecnologias"[681].

Arun Kumar e Arun Nanda definem a prática em questão ao mencionar que "Evergreening refere-se às várias maneiras pelas quais o titular de patente tenta explorar as brechas nas leis de patentes e nos processos regulatórios relacionados de modo a maximizar seu monopólio, especialmente sobre os fármacos mais vendidos, ao registar patentes dissimuladas ou artificiosas sobre a invenção anteriormente patenteada, pouco antes do final da vigência da patente original"[682].

Atendendo às definições supra expostas de *evergreening*, podemos elencar como características da prática de *evergreening* os seguintes aspetos:

- exclusividade comercial sobre um medicamento *blockbuster*, *i.e.*, medicamento que é um sucesso de vendas,
- maximização de monopólio temporário de propriedade intelectual,
- renovação de monopólio por períodos de tempo sucessivos,
- estratégia de patentes primárias e secundárias em série,
- patentes dissimuladas ou artificiosas e
- vantagem indevida da lei e dos processos regulatórios.

Atendendo às características supra elencadas da prática de *evergreening*, consideramos que *evergreening* consiste na ***extensão temporal da exclusividade comercial sobre um medicamento blockbuster por via do regime jurídico da propriedade intelectual***[683] ***mediante o patenteamento estratégico da invenção originária***[684] ***e invenções derivadas***[685] ***no âmbito de uma estratégia empresarial que inicia com a I&D da invenção originária e***

681 Ob. ult. cit., p. 7.

682 Kumar, Arun, e Nanda, Arun – "*Ever-greening in Pharmaceuticals: Strategies, Consequences and Provisions for Prevention in USA, EU, India and Other Countries*", in *Journal of Pharmaceutical Regulatory Affairs: Open Access, 6:185*, DOI: 10.4172/2167-7689.1000185, 2017, disponível no website da Hilaris Publisher em https://www.omicsonline.org/open-access/evergreening-in-pharmaceuticals-strategies-consequences-and-provisions-for-prevention-in-usa-eu-india-and-other-countries-2167-7689-1000185.php?aid=89371, consultado a 05/09/2019, p. 1.

683 As invenções podem ser ou não ser da área farmacêutica, no caso em apreço identificamos os medicamentos *blockbusters* dado que são as patentes de medicamentos que se integram no objeto do presente estudo.

684 *Vd.* §6.1.1 supra sobre o conceito de invenção originária.

685 *Vd.* §6.1.1 supra sobre o conceito de invenção derivada.

invenções derivadas e culmina com a apropriação das invenções através do registo de múltiplas patentes cujos pedidos de registo podem ser apresentados em simultâneo ou num feixe sequencial cronológico.

Salientamos que a noção apresentada de *evergreening* não inclui os supra referidos aspetos de patentes dissimuladas ou artificiosas e vantagem indevida da lei e dos processos regulatórios porque consideramos que estes fatores não estão obrigatoriamente subjacentes à prática de *evergreening*, sendo necessária uma análise casuística para determinar se se verifica um uso indevido do regime jurídico da propriedade intelectual e dos processos regulatórios.

Será a partir da caracterização de *evergreening* supra que iremos analisar as questões com relevância concorrencial que se colocam no âmbito da prática de *evergreening*.

No âmbito do patenteamento estratégico na indústria farmacêutica, os requisitos de registo de novidade[686] e atividade inventiva[687] são, frequentemente, alvo de tentativas de contornos ou desvios com o propósito de obtenção do registo de patentes que, em rigor, não consistem em invenções suscetíveis de proteção por via de registo de patente e consistem sim em barreiras artificiais de entrada de medicamentos genéricos no mercado. É por este motivo que a prática de *evergreening* é associada a patentes dissimuladas ou artificiosas e a vantagem indevida da lei e dos processos regulatórios.

Cumpre referir que a existência de patentes anteriores para o mesmo princípio ativo, substância, composição, método de uso, mecanismo de ação, formulação, formas de libertação ou alvos terapêuticos poderão ser indícios de falso invento, mas não serão prova infalível.

São diversas as estratégias de patenteamento aplicadas pelas empresas de medicamentos de referência que passam, de um modo geral, pelo objeto de proteção de cada pedido de patente, apresentado em simultâneo ou num feixe sequencial cronológico, consistir, *inter alia*, em: **a)** princípio ativo (substância que deverá exercer, no organismo, o efeito farmacológico, imunológico ou metabólico para restaurar, corrigir ou modificar funções fisiológicas ou a estabelecer um diagnóstico médico – cfr. art. 1º, al. 3-A) da Diretiva 2001/83/CE), **b)** processos de produção

[686] *Vd.* §6.1.2 supra sobre o requisito de novidade para o registo de patente.

[687] *Vd.* §6.1.3 supra sobre o requisito de atividade inventiva para o registo de patente.

do princípio ativo, **c)** método de uso do princípio ativo, **d)** mecanismo de ação do princípio ativo, **e)** formulações com o princípio ativo, **f)** formas de libertação do princípio ativo[688].

Apresentamos infra uma categorização de estratégias de patenteamento conforme a prática usual que se observa no setor farmacêutico.

16.2.2. Patentes primárias e secundárias

Esta prática consiste em pedir uma patente, a *primária*, para proteger um aspeto da invenção e, em seguida numa linha cronológica previamente definida, pedir outras patentes, as *secundárias*, para proteger outros aspetos da mesma invenção[689].

Esta linha cronológica de pedidos subsequentes para a mesma invenção, permite obter uma longevidade temporal superior aos vinte anos de duração da patente primária visto que se tratam de patentes com diferentes datas de pedido e, nesse sentido, com uma abrangência temporal distinta.

16.2.3. *Patent "thickets"* ou *"clusters"*

O *patent "thickets"* (*emaranhado de patentes*) ou *"clusters"* (*aglomerado de patentes*) consiste numa "rede densa de direitos de propriedade intelectual sobrepostos que uma empresa deve penetrar de modo a comercializar nova tecnologia"[690]. Esta noção aponta para as circunstâncias em que uma única invenção é protegida por numerosas patentes, cada uma sobre um aspeto particular da invenção e entre todas as patentes pode haver uma sobreposição em termos de funcionalidades dos componentes que protegem, bem como, uma sobreposição dos próprios componentes ou aspetos da invenção.

688 *Vd.* o elenco de invenções indicado a propósito de estratégias de patentes em Bansal, *et al.* – "*Evergreening – A Controversial Issue in the Pharma Mileu*, p. 300.

689 A classificação em questão, não tendo suporte em textos legais, decorre da prática do setor farmacêutico que agrupa as patentes consoante a ordem cronológica de apresentação como "primeiras" e "segundas".

690 Shapiro, Carl – "*Navigating the Patent Thicket: Cross Licenses, Patent Pools, and Standard Setting*", in Jaffe, Adam B., *et al.*, *Innovation Policy and the Economy 1*, Cambridge, MIT Press, p. 120.

Esta *rede de patentes* poderá depender da identificação de novos aspetos da invenção originária[691], *i.e.*, de resultados que vão surgindo ao longo do processo de I&D e, neste sentido, não irá obedecer a uma linha cronológica tão bem definida como a situação das patentes primárias e secundárias supra referidas.

O "*thicket*" ou "*cluster*" de numerosas patentes cria uma incerteza quanto ao âmbito de proteção das patentes da empresa de medicamentos de referência, dado que se torna difícil averiguar o que está e não está protegido pela rede. Este facto leva a que as empresas de medicamentos genéricos optem por aguardar pelo final da validade de todas as patentes que integram a rede e só depois avançar com a comercialização de genéricos, porque, caso contrário, correm o risco de iniciar os procedimentos para a comercialização do fármaco, designadamente, a obtenção da AIM e advirem daí litígios custosos e morosos[692].

16.2.4. Produtos de segunda geração ou *product hopping/product switching*

Esta prática consiste em pedir patentes para desenvolvimentos ou melhorias de medicamentos já existentes e que já eram protegidos por patentes registadas. As melhorias são por vezes supérfluas e não implicam atividade inventiva[693], bem como, não trazem vantagens terapêuticas adicionais, como também não são efetuadas alterações relevantes ao produto já existente.

Não obstante a inexistência de real alteração ao produto inicialmente introduzido no mercado, esta estratégia pode levar a um prolongamento da duração do exclusivo comercial, visto que a nova patente ou patentes conferem um novo período de 20 anos de proteção.

Em simultâneo com a apresentação destes *novos* pedidos de patente, as empresas de medicamentos de referência iniciam estratégias de marketing no sentido de fidelizar os consumidores ao produto de segunda geração antes do início da comercialização da versão genérica da primeira geração do medicamento.

691 *Vd.* §6.1.1 supra sobre o conceito de invenção originária e invenção derivada.

692 Neste sentido, Tuominen – "*Patenting Strategies of the EU Pharmaceutical Industry*", p. 14. *Vd.* §9.1.5 supra sobre o processo de obtenção de AIM.

693 *Vd.* §6.1.3 supra sobre o requisito de atividade inventiva para o registo de patente.

16.2.5. Patentes defensivas

Esta prática consiste em pedidos de registo de patentes, pelas empresas de medicamentos de referência, apenas para bloquear a entrada de concorrentes e sem existir um real interesse de desenvolver ou comercializar as invenções objeto das patentes em questão.

Estas patentes podem ser direcionadas, designadamente, a princípios ativos ou alvos terapêuticos e, de um modo geral, têm como propósito fazer com que outras empresas de medicamentos de referência não canalizem esforços e atividades de I&D para determinadas áreas e produtos terapêuticos.

Esta estratégia pode resultar na criação de uma zona de exclusivo de propriedade intelectual sem que haja o real interesse de levar a cabo I&D e explorar comercialmente os respetivos resultados.

16.2.6. Anticoncorrencial?

As invenções na área farmacêutica podem ser classificadas como originárias ou derivadas ou, na terminologia de outros autores, invenções básicas e invenções de segunda geração[694]. As invenções originárias representam inovação exponencial[695] ao consistirem em produtos ou processos totalmente novos e não conhecidos até ao momento[696]. As invenções derivadas representam inovação incremental[697] ao consistirem em produtos ou processos que se baseiam em invenções originárias e traduzem-se, de um modo geral, em melhoramentos ou aplicações das invenções originárias[698]. As invenções derivadas estão sempre presentes não só na área farmacêutica mas também em outras áreas técnicas[699]. Neste sentido, podemos afirmar que as invenções derivadas, que se revelam importantes para o progresso tecnológico e disponibilização de mais e melhores produtos e serviços no mercado, não seriam possíveis sem a prévia existência das invenções originárias.

[694] Esta é designação usada por Hyewon Ahn em AHN, Hyewon – *Second Generation Patents in Pharmaceutical Innovation*, Nomos Verlagsgesellschaft, 2014, p. 29.

[695] *Vd.* §14.1 supra sobre os conceitos de inovação e inovação exponencial.

[696] Cfr. Ahn – *Second Generation Patents*, p. 29.

[697] *Vd.* §14.1 supra sobre os conceitos de inovação e inovação incremental.

[698] Cfr. Ahn – *Second Generation Patents*, p. 29-30.

[699] Cfr. ob. ult. cit., p. 30.

O núcleo da inovação na indústria farmacêutica reporta-se às novas entidades moleculares que consistem em princípios ativos que nunca foram comercializados sob qualquer forma[700]. As novas entidades moleculares consistem em invenções originárias que requerem, previamente à introdução no mercado, a realização de ensaios pré-clínicos e clínicos, bem como, a preparação de documentação referente aos ensaios, o que se traduz em investimentos consideráveis o que contrasta com os investimentos necessários para introduzir no mercado invenções derivadas[701]. As invenções originárias estão na base da I&D de seguimento da qual decorrem as invenções derivadas que se concretizam em novos processos e produtos que provocam mudanças contínuas na estrutura de mercado, pelo que as novas entidades moleculares consistem em invenções com elevado valor na área farmacêutica[702].

As invenções derivadas podem consistir, *inter alia*, em novos processos de produção de um princípio ativo já conhecido, método de uso de um princípio ativo, mecanismo de ação de um princípio ativo, formulações com um princípio ativo, formas de libertação de um princípio ativo, combinações de princípios ativos e derivados de um princípio ativo tal como formas isoméricas, sais, ésteres, éteres, polimorfos, metabólitos, forma pura, isómeros e combinações de isómeros[703]. Cumpre referir que, na área farmacêutica, a inovação incremental na forma de invenções derivadas assume considerável importância na medida em que pode representar, *inter alia*, o aumento da eficácia de fármacos, a redução de efeitos adversos e a eficácia terapêutica em novas populações de pacientes[704].

Cumpre referir o fenómeno da "*me-too research*" (*pesquisa eu também*) que consiste na I&D encetada por entidades que se deparam com as novas entidades moleculares produzidas pela concorrência[705]. A *me-too research* é desenvolvida em torno da nova entidade molecular e tem

[700] Cfr. ob. ult. cit., p. 37-38.

[701] *Idem.*

[702] *Idem.*

[703] Cfr. BANSAL, *et al.* – "*Evergreening – A Controversial Issue in the Pharma Mileu*, p. 300 e AHN – *Second Generation Patents*, p. 38-39.

[704] DICKEY, Bret, HUANG, Kun, RUBINFELD, Daniel – "*Pharmaceutical Product Hopping: Is There a Role for Antitrust Scrutiny?*", in *Antitrust Law Journal, Vol. 82*, American Bar Association, 2019, p. 685.

[705] Cfr. AHN – *Second Generation Patents*, p. 37-38.

o propósito de produzir um fármaco na mesma classe e para a mesma indicação que a nova entidade molecular[706]. O produto resultante da *me-too research* é apelidado de "*me-too product*" (*produto eu também*)[707] que pode consistir ou não numa nova entidade molecular. O *me-too product* proporciona vantagens na medida em que disponibiliza mais opções terapêuticas para quando o primeiro fármaco não é eficaz ou não é tolerado, bem como, introduz maior diversidade de produtos no mercado e, consequentemente, maior concorrência entre fármacos na mesma classe terapêutica o que produz a diminuição da despesa pública com medicamentos[708]. Adicionalmente, sendo o *me-too product* baseado numa nova molécula, o melhoramento introduzido pode representar um avanço significativo[709] e consistir em inovação exponencial[710].

Perante o circunstancialismo da I&D no setor farmacêutico surge a questão de saber se o patenteamento estratégico ou, na expressão inglesa, *evergreening*, consiste numa estratégia de patentes legítima para o *life cycle management* (*gestão do ciclo de vida*)[711] da inovação farmacêutica e produtos daí resultantes ou se, pelo contrário, consiste numa conduta anticoncorrencial representativa de um uso abusivo do sistema de patentes que, como tal, deve ser sancionada pelo direito da concorrência nos termos do art. 102º do TFUE.

Cumpre referir, desde logo, que a atividade empresarial das empresas de medicamentos de referência é pautada pela necessidade de recuperar os investimentos efetuados em *inter alia*, I&D, obtenção de AIM e campanhas de *marketing*. É neste contexto de recuperação do investimento que surge o patenteamento estratégico como mecanismo para atenuar o *patent cliff*, *i.e.*, descida abrupta da rentabilidade de um medicamento após a caducidade da patente precursora e consequente entrada dos fármacos genéricos no mercado[712].

[706] *Idem*.
[707] *Idem*.
[708] Cfr. ob. ult. cit., p. 56.
[709] *Idem*.
[710] *Vd.* §14.1 supra sobre os conceitos de inovação e inovação exponencial.
[711] A expressão "*life cycle management*" é usada por diversos autores, designadamente, por Hyewon Ahn em Ahn – *Second Generation Patents*, p. 89.
[712] Cfr. Barazza – "*Pay-for-Delay Agreements*", p. 4.

O sistema de patentes confere, relativamente a direitos exclusivos, autonomia de aquisição[713] e autonomia de exploração[714], autonomias essas que podem ser exercidas não só para atingir os objetivos do sistema mas também com a finalidade de restringir a concorrência[715]. O sistema existente nem sempre corresponde aos interesses dos requerentes, de terceiros e da sociedade[716] e tem uma certa tendência a produzir, por vezes, excessos de proteção e, por vezes, défices de proteção[717]. A possibilidade de formação de agregados de patentes em torno de invenções originárias e invenções derivadas reflete o funcionamento do sistema que, em função dos requisitos de patenteabilidade[718], permite a proteção fragmentária de invenções, o que se adequa ao processo de I&D contínuo no sentido de permitir proteger as invenções que vão sendo criadas ao longo do tempo[719].

O direito da concorrência postula que o facto de uma forma legal, designadamente, uma patente, servir de base à restrição da concorrência não obsta à análise concorrencial relativamente à substância e efeitos de tal forma legal, sendo que este postulado também se aplica ao exercício de direitos de propriedade intelectual, pelo que a legitimidade formal do pedido de registo de patente e respetiva concessão não influencia a análise concorrencial[720].

O direito de patente farmacêutica poderá colocar questões com relevância concorrencial em dois momentos distintos, em concreto, **a)** na aquisição do direito e **b)** no exercício do direito. Estes dois momentos relacionam-se estreitamente com a entrada no mercado de medicamentos genéricos e é nesse sentido que surgem as preocupações a nível concorrencial.

Stefano Barazza considera que a aquisição de direitos de propriedade intelectual relativamente a novos processos e novas substâncias

[713] A expressão é de Hanns Ullrich e é referida em Ullrich, Hanns – "*Strategic patenting by the pharmaceutical industry*", in Drexl, Josef (Org), *et al.*, *Pharmaceutical Innovation, Competition and Patent Law – A Trilateral Perspective*, p. 251.

[714] *Idem.*

[715] Neste sentido, ob. ult. cit., p. 257.

[716] Neste sentido, ob. ult. cit., p. 254.

[717] Neste sentido, ob. ult. cit., p. 256.

[718] *Vd.* §6 supra sobre os requisitos de registo de patentes farmacêuticas.

[719] Neste sentido, Ullrich – "*Strategic patenting by the pharmaceutical industry*", p. 257.

[720] Cfr. ob. ult. cit., p. 258.

com eficácia terapêutica acrescida, nos termos previstos na legislação aplicável, tendo estes direitos duração superior à patente da substância original, tem o efeito de permitir a comercialização de novas versões do fármaco e de criar possibilidade de ameaça de litígio a empresas de genéricos com base nas novas patentes[721]. BARAZZA considera que os efeitos em apreço não são *per se* anticoncorrenciais, sendo a aquisição de direitos de propriedade intelectual compatível com o direito da concorrência mas o respetivo exercício não é necessariamente compatível com o direito da concorrência[722].

HANNS ULLRICH considera que, não sendo o patenteamento estratégico necessariamente anticoncorrencial[723], o direito da concorrência é aplicável tanto à aquisição como ao exercício de direitos de propriedade intelectual[724] e, não obstante os melhoramentos progressivos de invenções serem merecedores de tutela, o art. 102º do TFUE é aplicável tanto ao pedido de registo de patente que surge extemporaneamente à conclusão da I&D, da qual desembocou uma invenção, como à acumulação de pedidos de patentes quando se aproxima o fim da vigência da patente que protege o princípio ativo e as principais formas da respetiva apresentação se tais patentes acumuladas são constantemente criadas "à última da hora"[725]. ULLRICH considera que se verifica uso abusivo do sistema de patentes se ocorre a prática recorrente de apresentação de pedidos de patentes extemporâneos à conclusão da I&D e, cumulativamente, a criação de um agregado de patentes de modo a dificultar o acesso ao princípio ativo em questão[726]. Considera ULLRICH que será difícil a verificação e comprovação de um caso deste tipo de abuso[727] e que tal será a exceção[728].

LARS KJØLBYE entende que não pode ser considerado abusivo o recurso ao sistema de patentes para obter uma proteção otimizada para a inovação e considera também que o direito da propriedade intelectual e

[721] BARAZZA – "*Pay-for-Delay Agreements*", p. 4-5.
[722] Ob. ult. cit., p. 4-5.
[723] Cfr. ULLRICH – "*Strategic patenting by the pharmaceutical industry*", p. 265.
[724] Cfr. ob. ult. cit., p. 258.
[725] Cfr. ob. ult. cit., p. 265.
[726] Cfr. ob. ult. cit., p. 266.
[727] *Idem.*
[728] Cfr. ob. ult. cit., p. 270-271.

respetivo procedimento é que devem determinar se um pedido de patente deve ou não ser concedido, não devendo o direito da concorrência pronunciar-se sobre esta matéria[729]. Relativamente a *patent thickets*, o Autor considera que se verifica abuso apenas nos casos em que existam provas que, no momento da submissão da patente, a empresa sabia que o pedido não era válido e este integra-se numa estratégia para excluir a concorrência[730]. Relativamente a patentes secundárias, o Autor considera que é legítimo que o titular de patentes originárias invista em inovação incremental e prolongue vantagens competitivas ao registar patentes, sendo que as condições para obter patentes não são distintas consoante se trate de uma patente de primeira geração ou de segunda geração[731]. Relativamente a patentes defensivas, o Autor considera que não sendo a intenção de explorar a patente um requisito para a concessão do registo, o patenteamento defensivo constitui um meio de concorrer e participar na corrida à inovação o que não é prejudicial à concorrência e na verdade faz parte dela[732].

NICOLETA TUOMINEN considera que a titularidade de direitos de propriedade intelectual e a atividade de patentear não corresponde à existência de posição dominante e respetivo abuso, não obstante o art. 102º do TFUE pode ser aplicado em circunstâncias excecionais e apenas no interesse do bem-estar do consumidor caso contrário a inovação será inibida e a concorrência prejudicada[733]. A Autora considera que será muito difícil demostrar que estratégias de patenteamento são abusivas sobretudo tendo em conta que a aplicação das normas da concorrência pode interferir com o sistema de patentes e respetiva *ratio*[734]. TUOMINEN considera que se uma invenção reúne os requisitos de proteção, *i.e.*, se é nova, implica atividade inventiva e é suscetível de aplicação industrial, o direito da concorrência não deve intervir[735]. Relativamente a *patent thickets*, a Autora considera que o uso do sistema de patentes para

[729] Cfr. KJØLBYE – "*Article 82 EC as Remedy to Patent System Imperfections*", p. 181.

[730] Cfr. ob. ult. cit., p. 182.

[731] Cfr. ob. ult. cit., p. 184.

[732] Cfr. ob. ult. cit., p. 187.

[733] Cfr. TUOMINEN – "*Patenting Strategies of the EU Pharmaceutical Industry*", p. 41 e 46-47.

[734] Cfr. ob. ult. cit., p. 46-47.

[735] Cfr. ob. ult. cit., p. 48-49. *Vd.* §6 supra sobre os requisitos de registo de patentes farmacêuticas.

alcançar a proteção otimizada de uma inovação não é abusivo, não obstante o art. 102º será infringido se, para além da submissão de patentes, se verifique um elemento adicional como por exemplo *vexatious litigation*[736]. Relativamente a patentes secundárias, a Autora considera que se levantam dificuldades quanto à aplicação do art. 102º do TFUE na medida em que a Comissão não tem competência para avaliar as patentes em questão com a finalidade de possibilitar a entrada de genéricos no mercado[737]. Relativamente a patentes defensivas, a Autora considera que esta prática integra a conduta normal de empresas em competição, sendo que a intenção de explorar a patente não é requisito de patenteabilidade nos termos do art. 52º da CPE[738].

Independentemente da posição que se adote quanto à aplicabilidade do direito da concorrência à aquisição de direitos de propriedade intelectual, o facto é que na UE existe extensa jurisprudência quanto ao exercício abusivo de direitos de propriedade intelectual adquiridos de forma legal, contudo, não existe jurisprudência relativamente à subsunção do patenteamento estratégico, ou na expressão inglesa, *evergreening*, ao direito da concorrência, particularmente, ao regime de práticas abusivas sancionadas pelo art. 102º do TFUE.

Consideramos que o *patenteamento estratégico* não implica necessariamente pedidos de registo de patentes dissimuladas ou artificiosas de modo a obter vantagens indevidas da lei. Pelo que o patenteamento estratégico não implicará obrigatoriamente atuação ilícita merecedora de repreensão por parte do Direito.

Relativamente à aquisição de direitos de propriedade intelectual, consideramos que é legítimo o recurso ao regime das normas de propriedade intelectual para assegurar um nível ótimo de proteção de invenções na área farmacêutica, pelo que o pedido de registo de uma única patente ou de várias patentes no âmbito de patenteamento estratégico consubstancia uma **prática lícita**. Consideramos que o registo de patentes, assim como de CCPs, é matéria que deve ser abordada exclusivamente pelas normas da propriedade intelectual e normas regulamentares aplicáveis na medida em que o direito da concorrência prossegue

[736] Cfr. ob. ult. cit., p. 43.
[737] Cfr. ob. ult. cit., p. 43.
[738] Cfr. ob. ult. cit., p. 45-46.

outros fins que não a proteção do exclusivo de invenções. Adicionalmente, a contratação e a atuação conjunta referente a direitos de propriedade intelectual não é proibida nos termos do art. 101º do TFUE, é o impedimento, a restrição ou o falseamento da concorrência que é proibido. Acresce também que, a obtenção de direitos exclusivos sobre invenções e respetivo exercício não é proibido à luz do art. 102º do TFUE, como também não é proibida a existência de uma situação de posição dominante alicerçada em patentes ou outros direitos exclusivos, apenas sendo proibida a exploração abusiva de tal posição na medida em que seja suscetível de afetar o comércio entre os Estados-membro.

Neste sentido, não concordamos com a abordagem da Comissão e do TG no Acórdão T321/05, conforme já referimos supra (*vd.* §15.4.2), na medida em que foi considerado que o pedido de registo de patentes pode consubstanciar um uso abusivo do sistema de patentes. Consideramos que esta posição defendida pela Comissão pretende ser um antídoto à tendência *hiper protecionista* no que diz respeito aos direitos de propriedade intelectual, contudo, consideramos que esta abordagem padece de erros na medida em que a análise do pedido de registo de patentes é e deve ser agnóstica às intenções do requerente, avaliando apenas os requisitos de concessão de registo, não podendo outros ramos do direito qualificar esse ato de pedido de registo como ilícito na medida em que o mesmo consubstancia um recurso legítimo a um regime jurídico que é compatível com os demais ramos de direito.

Não obstante as considerações supra, consideramos que há *circunstâncias excecionais* em que o pedido de registo de uma única patente ou de várias patentes no âmbito de patenteamento estratégico pode consubstanciar uso abusivo do sistema de patentes ao consistir em abuso de exclusão[739]. Estas circunstâncias excecionais consistem na verificação de uma outra conduta que consubstancia um ato anticoncorrencial e que é encetado no mesmo âmbito, *i.e.*, no mesmo plano global que o pedido de registo de patente, ou seja, os dois atos são praticados em conjunto, sendo a verificação dessa outra conduta que faz com o pedido de patente seja um ato anticoncorrencial. Neste sentido, para que se verifique um *ato de pedido de registo de patente anticoncorrencial* é necessário que estejam preenchidos dois requisitos cumulativos, nomeadamente: **a)** é impossível

[739] Conforme já referimos supra em §15.4.2.

obter a concessão do registo por não se verificarem preenchidos os requisitos de patenteabilidade[740] e tal facto é objetivo e apresenta-se evidente e inequívoco e não pode ser ignorado pela empresa requerente do registo e **b)** a empresa adota outra conduta, de qualquer espécie, que é anticoncorrencial sendo o pedido de patente instrumentalizado para a realização desta outra conduta. É o elemento adicional de *outra conduta* que faz com o pedido de patente seja anticoncorrencial, *i.e.*, o pedido foi apresentado no âmbito de uma estratégia, *i.e.*, um plano global para excluir concorrentes do mercado, por meios que não a concorrência pelo mérito, e como tal é **anticoncorrencial**, constituindo uso abusivo do sistema de patentes sancionado pelo art. 102º do TFUE. Nos casos em que se verifica apenas o pedido de registo sem que estejam reunidos os requisitos de patenteabilidade mas ainda assim se verifique a concessão, consideramos que o pedido não é anticoncorrencial e devem atuar os mecanismos próprios do sistema de patentes, designadamente, a invalidação do registo, não devendo o direito da concorrência intervir.

A propósito da aquisição do direito de patente, ainda que não no contexto de práticas de *evergreening*, cumpre referir a posição de EVARISTO MENDES que considera que "os contornos do *direito de apropriação* deste bem [resultado material ou imaterial] implicado na liberdade de empresa são definidos pelo direito de patentes"[741] e, prossegue o Autor, "esta liberdade, com o implicado princípio em apreço, exerce-se nos quadros definidos pela lei, isto é, no âmbito de um sistema produtivo regulado, de que a empresa é a célula básica e de que as patentes são uma componente"[742]. Este Autor refere também que "a proteção das invenções, atendendo à sua relevância sistémica, é definida considerando as patentes uma componente do sistema produtivo"[743] e "a liberdade de inventar e o direito à proteção da invenção [...] Pertencem a qualquer pessoa, singular ou coletiva"[744]. Neste sentido, e em consonância com EVARISTO MENDES, consideramos que a análise relativamente à aquisição de direitos de propriedade intelectual deve sempre ter em conta o facto de as invenções protegidas por patentes, sendo as patentes componente

[740] *Vd.* §6 supra sobre os requisitos de registo de patentes farmacêuticas.

[741] MENDES – "*Liberdade de Empresa*", p. 233.

[742] *Idem.*

[743] *Idem.*

[744] *Idem.*

da economia de mercado concorrencial, derivam do exercício da liberdade de empresa garantida juridicamente e a restrição desta liberdade corresponderia à alteração das condições concorrenciais normais do mercado, ou seja, constituiria uma constrição do bem jurídico concorrência tem como finalidade, *inter alia*, a manutenção das condições normais de funcionamento do mercado[745]. Não obstante, e como também referido por EVARISTO MENDES, o exercício da liberdade de empresa na vertente de apropriação de resultados da atividade, designadamente pelo registo de patentes, deve obedecer à lei, particularmente, às normas da concorrência que postulam "um princípio de efetiva e salutar concorrência [...] e um associado princípio de eficiência económica"[746].

Pelo que é, efetivamente possível, que se verifiquem circunstâncias excecionais que justifiquem a restrição da aquisição de direitos de propriedade intelectual, conforme supra mencionado, contudo, os dois requisitos cumulativos supra enunciados são de difícil, mas não impossível, comprovação pelas autoridades nacionais dos Estados-membro e instituições da UE.

Relativamente ao exercício de direitos de propriedade intelectual, consideramos que, conforme já referimos supra (*vd.* §15.1), pode verificar-se a subsunção às normas da concorrência, sendo o ato de exploração económica do direito **anticoncorrencial** quando o referido ato exceda o *objeto específico* do direito de propriedade intelectual e consista numa infração sancionada pelas normas da concorrência[747]. Quanto à análise de concretizações específicas do exercício (anti)concorrencial do direito de patente farmacêutica, remetemos para as secções que se seguem.

16.3. Acordos de licença e distribuição

16.3.1. Delimitação conceptual

Esta tipologia de práticas reporta-se a direitos de distribuição comercial de medicamentos por via de acordos de licença e distribuição.

[745] *Vd.* §14.2 supra sobre a noção de *concorrência* e os objetivos do direito da concorrência.

[746] MENDES – "*Liberdade de Empresa*", p. 239.

[747] Neste sentido, MARTINEZ PEREZ – "*Derecho de Patentes*", p. 389.

Estes contratos são prática comum e, por norma, consistem em três tipos de situações:

- empresas de pequena dimensão licenciam produtos em desenvolvimento, para indicações terapêuticas específicas, a empresas de grande dimensão como forma de obter financiamento para outras atividades de I&D[748],
- empresas de medicamentos de referência celebram acordos de distribuição com empresas de genéricos antes da perda da exclusividade do medicamento, *i.e.*, caducidade da patente, o que se traduz, em rigor, em acordos de entrada antecipada que permitem antecipar a futura concorrência por parte de empresas de genéricos,
- empresas de medicamentos de referência celebram acordos de licença e distribuição com outras empresas de medicamentos de referência ou com empresas de genéricos para a comercialização de fármacos específicos que podem estar ou não protegidos por direitos de propriedade intelectual, incluindo estes acordos determinados deveres para as partes que se afiguram como tendentes à criação ou manutenção de monopólios de exploração comercial do medicamento objeto do acordo ou outros medicamentos comercializados pela empresa licenciante.

A licença voluntária de utilização de um ativo de propriedade intelectual assenta na autonomia das partes, pelo que tem caráter negocial[749] e o respetivo conteúdo consiste na faculdade de exercer a totalidade ou alguma das faculdades inerentes ao direito de patente[750]. A licença de propriedade intelectual integra a categoria de autorização na medida em que o titular do direito permite, *i.e.*, *autoriza* a outrem "partilhar do exercício do direito"[751] mediante um negócio jurídico. De facto, como refere Pedro Leitão Pais de Vasconcelos, a *autorização* consiste nos "atos especificamente destinados a provocar a legitimidade"[752], neste caso, a legitimidade dos atos, praticados pelo licenciado, de exploração

[748] Cfr. Ahn – *Second Generation Patents*, p. 87-88.

[749] Ascensão, José de Oliveira – "*A «licença» no direito intelectual*", in Almeida, Carlos Ferreira de, *et al.* (Org.), *Contratos de Direito de Autor e de Direito Industrial*, Almedina, 2011, p. 96.

[750] *Idem.*

[751] Ob. ult. cit., p. 97.

[752] Vasconcelos, Pedro Leitão Pais de – *A Autorização*, 2ª Edição, Almedina, 2016, p. 141.

comercial do direito de patente subjacente à licença. Neste sentido, como refere PEDRO LEITÃO PAIS DE VASCONCELOS, a autorização "provoca a constituição de uma posição jurídica num terceiro"[753], neste caso, o licenciado.

Considera OLIVEIRA ASCENSÃO que "como a concessão de licenças de exploração está sujeita a registos, devemos concluir que da licença registada resulta um direito industrial do beneficiário [da licença]"[754]. Não concordamos com o Autor porque a licença em si consiste, como refere o próprio Autor, na faculdade de exploração económica de um bem imaterial sobre o qual recaí um direito de propriedade intelectual, *i.e.*, o licenciado não adquire o direito de propriedade intelectual em si, adquire apenas a autorização para a exploração do direito em questão. Sendo que o registo da licença não é obrigatório para que o contrato de licença tenha eficácia *inter partes* entre licenciante e licenciado, sendo apenas necessário o registo, no caso dos direitos de propriedade industrial, para que o direito de exploração económica do bem seja oponível a terceiros para efeitos de, designadamente, prática de atos reservados por lei ao titular do direito, como por exemplo, a defesa contra exploração indevida, desde que tais faculdades estejam previstas no contrato de licença[755].

A concessão de direitos de exploração económica de propriedade intelectual pode originar circunstâncias anticoncorrenciais, pelo que é necessário assegurar que, no âmbito da celebração e execução destes contratos, seja respeitado o direito da concorrência[756].

A nível destes acordos avultam os acordos de entrada antecipada e os acordos entre empresas de medicamentos de referência, a que nos referimos supra, no âmbito dos quais as partes podem estipular cláusulas que limitem ou disciplinem a atividade comercial de uma ou ambas as partes ao contemplar, *inter alia*, partilha de mercado, fixação de preços e obrigações de compra exclusiva.

[753] *Idem.*

[754] OLIVEIRA ASCENSÃO – "*A «licença» no direito intelectual*", p. 105.

[755] Cfr. MARQUES, João Paulo Fernandes Remédio – "*Contrato de licença de patente*", in ALMEIDA, Carlos Ferreira de, *et al.* (Org.), *Contratos de Direito de Autor e de Direito Industrial*, Almedina, 2011, p. 407.

[756] OLIVEIRA ASCENSÃO – "*A «licença» no direito intelectual*", p. 111.

16.3.2. Anticoncorrencial?

A celebração destes acordos por via dos quais é exercido o direito de patente não consubstancia, *per se*, uma prática anticoncorrencial dado que as partes, no âmbito da sua autonomia privada, dispõem de liberdade de celebração e liberdade de estipulação contratual. Não obstante, serão **anticoncorrenciais** acordos ou respetivas cláusulas que tenham por objetivo ou efeito impedir, restringir ou falsear a concorrência no mercado interno ou consubstancie exploração abusiva de posição dominante, ainda que se refiram ao exercício de direitos de propriedade intelectual em sede contratual. Acordos anticoncorrenciais desta natureza podem ser sancionados nos termos do arts. 101º ou 102º do TFUE, consoante as circunstâncias do caso concreto.

O art. 101º do TFUE será aplicável nos casos em que os acordos tenham objeto ou efeito de criar um estado de funcionamento do mercado adverso ao normal funcionamento do mercado em condições concorrenciais, o que se verifica nos termos que analisámos supra (*vd.* §11 e §13). O *objeto do acordo* reporta-se à atuação das partes que é dirigida à realização de um determinado facto que induz um estado ou funcionamento do mercado. O *efeito do acordo* reporta-se ao resultado produzido no funcionamento do mercado pela atuação das partes.

O art. 102º do TFUE será aplicável nos casos em que os acordos contemplem a aquisição de licenças exclusivas sobre direitos de propriedade intelectual e isso promova o reforço de posição dominante. A prática anticoncorrencial a sancionar neste caso é o abuso de posição dominante. Cumpre referir que a aplicabilidade do art. 102º do TFUE neste contexto resulta da decisão da Comissão no caso Tetra Pak I – Licença BTG[757], que foi confirmada pelo TG[758], relativa à aquisição de licenças exclusivas. A Comissão considerou que a aquisição da licença exclusiva consubstanciou abuso de posição dominante de duas formas. Em primeiro lugar, a aquisição reforçou a posição dominante da adquirente, conferindo-lhe domínio relativamente à tecnologia mais avançada. Em segundo lugar, a aquisição provocou o atraso substancial na entrada de novos concorrentes no mercado onde a concorrência era já escassa.

757 Decisão 88/501/CEE da Comissão, de 26 de julho de 1988, relativa a um processo de aplicação dos artigos 85º e 86º do Tratado CEE [IV/31.043 – Tetra Pak I – Licença BTG].

758 Acórdão do TG de 10 de julho de 1990 no Processo T-51/89 – Tetra Pak Rausing SA c. Comissão.

16.4. *Enforcement* – exercício do direito de ação em tribunal

16.4.1. Delimitação conceptual

O *enforcement* ou *aplicação efetiva* do direito de patente farmacêutica coloca-se quando se verifica um ato ou conjunto de atos que, na perspetiva do titular do direito, consubstanciam atos que careciam de autorização por se inserem no âmbito substancial de proteção da patente[759], *i.e.*, os atos consistem na prática da invenção protegida sem que houvesse o consentimento do titular do direito de patente.

As ações judiciais neste contexto têm por base a titularidade do direito de patente que consiste num direito subjetivo ao qual é inerente uma esfera de proteção, pelo que as condutas que constituam violações dessa esfera apelam à tutela, gerando uma pretensão de cessação da conduta do infrator e uma necessidade de imposição de sanções.

No âmbito da tutela dos direitos de propriedade intelectual, os titulares destes direitos recorrem, tendencialmente, a processos civis porque, designadamente, as sanções civis, como por exemplo a indemnização, revelam-se mais adequadas a acautelar os interesses dos titulares destes direitos.

Ao ilícito civil, abordado no âmbito das referidas ações judiciais, corresponde uma sanção civil que consiste numa prestação coativamente imposta e que pode assumir teor pecuniário. Neste âmbito assumem particular importância as sanções reconstitutivas e compensatórias, destinando-se o primeiro tipo a repor a situação atual hipotética que existiria se não tivesse ocorrido a infração e quando tal não seja possível, opera o segundo tipo de sanção para atribuir uma indemnização que pretende criar um equivalente à situação atual hipotética[760].

No contexto do exercício do direito de ação relativamente a infrações de patentes farmacêuticas é comum a referência a *vexatious litigation* (*litigância vexatória*) para descrever a conduta dos titulares de patentes de medicamentos. A *vexatious litigation* consiste na prática de encetar "litígios predatórios ou abusivos perante tribunais administrativos ou judiciais por empresas que não têm fundamentos razoáveis para as suas

[759] *Vd.* §7.1 supra sobre o âmbito substancial de proteção e §15.1 supra sobre o objeto específico da patente.

[760] Cfr. Rebelo de Sousa – *Introdução ao Estudo de Direito*, p. 275 e ss..

pretensões, mas prevêem que os custos dos litígios serão menores relativamente aos benefícios a serem obtidos com o atraso na entrada de um produto concorrente no mercado durante o período dos litígios"[761]. Esta prática contempla o "uso do sistema regulatório e judicial para infligir mal a concorrentes e ganhar vantagem competitiva"[762], *i.e.*, proposição de ações judiciais infundadas pelos titulares de direitos de propriedade intelectual com o propósito de prejudicar os concorrentes, sendo que estas condutas são executadas, não com o real interesse processual de defender direitos de propriedade intelectual, mas sim com o propósito de impedir ou atrasar a entrada de produtos concorrentes no mercado.

Neste sentido, é necessário distinguir o *exercício do direito de ação enquanto prática lícita* do *exercício do direito de ação enquanto prática anticoncorrencial.*

16.4.2. Anticoncorrencial?

O titular de uma patente que se considere prejudicado nos seus direitos de exclusivo necessitará de obter uma decisão judicial para a classificação da conduta em questão como violadora do direito de patente. No âmbito da ação judicial será analisado se a conduta alegadamente infratora incide realmente sobre a invenção através da comparação da invenção protegida e o produto produzido ou processo utilizado pelo alegado infrator[763].

O *enforcement* judicial de patentes por parte de empresas de medicamentos de referência não consubstancia, *per se*, uma prática anticoncorrencial, dado que é legítimo o recurso aos mecanismos judiciais para a tutela de direitos subjetivos.

Cumpre referir o Acórdão do TG de 17 de julho de 1998 no Processo T-111/96 – ITT Promedia NV c. Comissão em que o TG, perante a "questão de saber se o facto de uma empresa que ocupa uma posição

[761] Silva, Valeria Guimarães de Lima e – "*Sham Litigation in the Pharmaceutical Sector*", in *European Competition Journal, Vol. 7, Nº 3*, Routledge Taylor & Francis Group, 2011, p. 455-504, p. 2.

[762] Lianos, Ioannis, Regibeau, Pierre – *"Vexatious'/'Sham' Litigation in EU and US Antitrust Law: A Mechanism Design Approach"*, in *Antitrust Bulletin, Vol. 62, No. 4*, Centre for Law, Economics and Society Faculty of Laws, UCL, 2017, disponível no website SSRN em https://ssrn.com/abstract=3076073, consultado a 11/04/2020, p. 1.

[763] Cfr. Remédio Marques – *Biotecnologia(s), Vol. I*, p. 721.

dominante num determinado mercado intentar uma acção judicial contra uma empresa concorrente no mercado pode constituir um abuso na acepção do artigo 86º do Tratado [atual art. 102º do TFUE]"[764], tomou em consideração a posição da Comissão que explicou "que, para poder determinar os casos em que tal acção judicial é abusiva, estabeleceu dois critérios cumulativos [...]: é necessário que a acção, em primeiro lugar, não possa ser razoavelmente considerada como tendo por objectivo fazer valer os direitos da empresa interessada e só possa, deste modo, servir para perseguir a outra parte, e, em segundo lugar, que seja concebida no âmbito de um plano que tenha por objectivo eliminar a concorrência"[765]. Tendo o TG sublinhado que "Sendo o acesso à justiça um direito fundamental e um princípio geral que garante o respeito do direito, é apenas em circunstâncias completamente excepcionais que o facto de se intentar uma acção judicial é susceptível de constituir um abuso de posição dominante na acepção do artigo 86º do Tratado [atual art. 102º do TFUE]"[766]. Tendo o TG concluído que "Os dois critérios [supra referidos] devem estar reunidos para se concluir pela existência de um abuso. O facto de se intentar uma acção mal fundamentada não pode, por si só, constituir uma infracção ao artigo 86º do Tratado [atual art. 102º do TFUE], excepto se essa acção prosseguir um fim anticoncorrencial. Do mesmo modo, uma acção que pode razoavelmente ser considerada como uma tentativa de fazer valer direitos em relação a concorrentes não pode ser constitutiva de um abuso, independentemente do facto de se poder inserir num plano destinado a eliminar a concorrência"[767].

Atendendo à jurisprudência supra mencionada, conclui-se que, em *circunstâncias excecionais*, poder-se-á qualificar uma ação como *vexatious* quando se verifique, cumulativamente, que **a)** a ação não tem por finalidade a tutela dos interesses do demandante, mediante a cessação da violação da patente, e consiste, portanto, numa conduta persecutória

[764] Parágrafo 54 do Acórdão do TG de 17 de julho de 1998 no Processo T-111/96 – ITT Promedia NV c. Comissão.

[765] Parágrafo 55 Acórdão do TG de 17 de julho de 1998 no Processo T-111/96 – ITT Promedia NV c. Comissão.

[766] Parágrafo 60 do Acórdão do TG de 17 de julho de 1998 no Processo T-111/96 – ITT Promedia NV c. Comissão.

[767] Parágrafo 56 do Acórdão do TG de 17 de julho de 1998 no Processo T-111/96 – ITT Promedia NV c. Comissão.

do demandado e que **b)** a ação tenha sido concebida no âmbito de um plano que para eliminar a concorrência.

Este teste dificilmente será aplicável aos litígios de patentes farmacêuticas dado que nestes casos há, na maioria das vezes, uma real pretensão do demandante relativamente a uma infração de patente[768]. Adicionalmente, a uma ação judicial para tutela do direito de patente é intrínseca a pretensão de eliminar a concorrência através da imposição do monopólio criado pela patente[769]. Acresce também que a probabilidade de sucesso no litígio em virtude de a patente ser "forte" ou "fraca" não pode constituir parâmetro de avaliação do interesse processual do demandante na medida em que tal apela a um juízo de prognose relativamente à validade da patente em apreço quando o juízo efetuado no procedimento para concessão do registo da patente confere presunção de validade[770] e consiste num ato constitutivo do direito de patente que a Comissão não pode invalidar. Além de que, a Comissão não é sequer capacitada para fazer este juízo sobre a validade da patente. De facto, a concessão do direito de patente "implica a (mera) *presunção jurídica dos requisitos da sua concessão*"[771], contudo, não é às autoridades da concorrência nacionais ou da UE que compete aferir da validade de tal direito em sede de procedimentos administrativos de condutas anticoncorrenciais, havendo um procedimento adequado que é a ação judicial de nulidade[772].

Pelo que consideramos que os dois requisitos propostos no Acórdão ITT Promedia não se adequam aos casos em que os litígios se referem a patentes farmacêuticas e, como tal, não poderão ser usados como critério para classificar uma ação judicial como *vexatious* neste contexto espe-

[768] Neste sentido, Constantine, Simon, Priddis, Simon – "*The Findings and Wider Impact of the EU Pharmaceutical Sector Inquiry*", in *Antitrust, Vol. 24, Nº 2*, Spring, 2010, p. 31.

[769] *Idem.*

[770] Em sentido oposto, Carl Shapiro considera que a patente é um direito de natureza probabilística na medida em que não confere "o direito de excluir", conferindo apenas "o direito de tentar excluir" pela via judicial, o que só sucederá se a patente for considerada válida e se a atividade do demandado se inserir na zona de exclusão da patente (cfr. Shapiro, Carl – "*Antitrust Limits to Patent Settlements*", in *The RAND Journal of Economics, Vol. 34, Nº 2*, Wiley, 2003, p. 395). Também em sentido oposto, Stefano Barazza que considera que a patente tem natureza probabilística e que o procedimento de concessão não confere certeza jurídica relativamente à validade do direito e do objeto de proteção (cfr. Barazza – "*Pay-for-Delay Agreements*", p. 5-6).

[771] Remédio Marques – "*O direito de patentes*", p. 366.

[772] *Idem.*

cífico. Não obstante, a jurisprudência em apreço fornece coordenadas importantes para a apreciação de ações judiciais neste contexto, nomeadamente, o facto de o exercício do direito de ação só poder ser qualificado como abusivo em *circunstâncias excecionais* e o facto de a inclusão da ação num plano destinado a eliminar a concorrência não significar que a conduta é abusiva.

Cumpre referir também o Acórdão do TJ de 16 de julho de 2015 no Processo C-170/13 – Huawei Technologies Co. Ltd c. ZTE Corp. y ZTE Deutschland GmbH em que o TJ considerou que, no contexto de patentes essenciais a normas (*standard essential patents*), "1) O artigo 102º TFUE deve ser interpretado no sentido de que o titular de uma patente essencial a uma norma estabelecida por um organismo de normalização, que se comprometeu irrevogavelmente perante esse organismo a conceder a terceiros uma licença em condições equitativas, razoáveis e não discriminatórias, ditas «FRAND» («fair, reasonable, and non-discriminatory»), não abusa da sua posição dominante na aceção deste artigo ao propor uma ação por violação de patente destinada a obter a cessação da violação da sua patente ou a retirada de produtos para cujo fabrico essa patente foi utilizada, quando: – antes da propositura da ação, por um lado, tiver advertido o alegado infrator da violação que lhe imputa, designando a referida patente e indicando o modo como está a ser violada, e por outro lado, após o alegado infrator exprimir a sua vontade de concluir um contrato de licença em condições FRAND, lhe tiver apresentado por escrito uma proposta concreta de licença em tais condições, precisando, designadamente, a remuneração e as modalidades do seu cálculo, e – o referido infrator continua a explorar a patente considerada e não dá seguimento a esta proposta de modo diligente, em conformidade com os usos comerciais reconhecidos na matéria e de boa fé, o que deve ser determinado com base em elementos objetivos e implica, nomeadamente, a inexistência de qualquer tática dilatória."[773].

Atendendo ao Acórdão Huawei c. ZTE, conclui-se que empresas em posição dominante no contexto de patentes essenciais a normas podem, validamente, recorrer a meios judiciais para a tutela do direito de patente sem que isso seja considerado uma infração concorrencial, desde

[773] Parágrafo 1 do dispositivo do Acórdão do TJ de 16 de julho de 2015 no Processo C-170/13 – Huawei Technologies Co. Ltd c. ZTE Corp. y ZTE Deutschland GmbH.

que a empresa em causa advirta previamente o alegado infrator relativamente a como considera que a sua patente está a ser violada e apresente uma proposta de licença em termos FRAND e não seja possível chegar a acordo mesmo com a intervenção de um terceiro independente. Relativamente à titularidade de direitos de propriedade intelectual em geral, o importante a retirar deste acórdão é o facto de ser legítimo o recurso à tutela jurisdicional efetiva de direitos de propriedade intelectual, podendo o recurso a meios judiciais ser conciliado com a defesa da concorrência no mercado interno.

Consideramos que a ação judicial é emulativa, não existindo interesse processual da parte do demandante, quando se verifique cumulativamente que **a)** o pedido é manifestamente desprovido de fundamentação e tal facto é objetivo e não podia ser ignorado pela parte demandante e **b)** não há uma verdadeira pretensão de cessação da violação de patentes, havendo sim um propósito de eliminar a concorrência por meio de expedientes jurídicos, *i.e.*, meios que não a concorrência pelo mérito. Consideramos que, neste caso, deve ser acionado o mecanismo do abuso de direito[774] e não necessariamente os mecanismos do direito da concorrência. Pode, contudo, verificar-se o caso de serem aplicáveis ambos os corpos normativos em função dos danos provocados, *i.e.*, se para além da lesão dos interesses do demandado houver também uma lesão ao bem jurídico que é a concorrência. Nos casos em que seja de aplicar as normas da concorrência, especificamente o art. 102º do TFUE, além do requisito da ação ser emulativa, é também necessário que se verifiquem os requisitos para a aplicação daquela norma. Sendo certo que a probabilidade de sucesso da ação em virtude de a patente ser "forte" ou "fraca" bem como, o facto de a ação se inserir plano que para eliminar a concorrência não constituírem parâmetros de avaliação da legitimidade do exercício do direito de ação, desde que o referido plano atue por meios que representem concorrência pelo mérito.

Os requisitos supra elencados devem ser estritamente verificados para se concluir pela inexistência de interesse processual e eventual lesão à concorrência.

O *requisito objetivo* de o pedido ser manifestamente desprovido de fundamentação concretiza-se com a inexistência evidente e inequívoca

774 Cfr. Remédio Marques – "*O direito de patentes*", p. 340.

de conduta infratora de patentes de medicamentos do demandante. A comprovação deste requisito é efetuada mediante a comparação entre a atividade alegadamente infratora e o âmbito substancial proteção da patente[775] invocada pela parte demandante, devendo resultar de forma objetiva e manifesta que não havia infração da patente e tal facto não podia ser ignorado pela parte demandante.

Relativamente ao *requisito subjetivo* de não haver uma verdadeira pretensão de cessação da violação da patente, havendo sim um propósito anticoncorrencial de eliminar a concorrência por meios que não a concorrência pelo mérito, consideramos que este requisito decorre da verificação do primeiro requisito na medida em que não havendo conduta infratora não poderá haver a pretensão que cesse algo que não se verifica. Neste sentido, o requisito subjetivo só deve ser analisado se se encontrar preenchido o primeiro requisito.

Consideramos que a verificação dos requisitos objetivo e subjetivo só será possível com a realização do julgamento da causa dado que será no âmbito do julgamento que será efetuado o exame comparativo entre a atividade alegadamente infratora e o âmbito substancial de proteção da patente em causa.

Neste sentido, consideramos que o exercício do direito de ação em tribunal pode consubstanciar uma **prática lícita**, representando o exercício do direito de patente legalmente concedido, ou efetivamente **anticoncorrencial**, nos termos do art. 102º do TFUE, consoante exista ou não interesse processual do demandante, o que deve ser determinado nos termos supra mencionados sem atender à "força" ou "fraqueza" da patente.

16.5. Acordos *pay for delay* ou simples acordos?

16.5.1. Delimitação conceptual

O acordo *pay for delay* (*pagar para atrasar*) consiste num acordo entre empresas de medicamentos de referência e empresas de genéricos, geralmente no contexto de um litígio de infração de patentes e, even-

[775] *Vd.* §7.1 supra sobre o âmbito substancial de proteção da patente.

tualmente, ação de invalidação dessas patentes, nos termos do qual as empresas de genéricos, que seriam potenciais concorrentes, assumem diversos compromissos, designadamente, a obrigação de não entrar no mercado com a versão genérica de um medicamento específico mediante contrapartidas que podem consistir em valores monetários[776]. É no contexto destes acordos que se aplica a expressão *exit payments* (*pagamentos de saída*) às contrapartidas recebidas pelas empresas que assumem o compromisso de *não entrar* ou *sair* do mercado com a versão genérica do medicamento.

Nas situações em que a patente precursora do fármaco de referência já haja caducado, um acordo *pay for delay* pode ter o efeito prático de distender o exclusivo da referida patente, não obstante a caducidade da patente, ao assegurar que nenhuma outra entidade entra no mercado durante um determinado período de tempo[777].

Nas situações em que a patente precursora do fármaco de referência esteja em vigor, este tipo de acordo verifica-se, frequentemente, como acordo de transação no circunstancialismo de *litígios judiciais* entre empresas de medicamentos de referência e empresas de genéricos relativamente a alegadas infrações a patentes farmacêuticas e *pedidos reconvencionais* para apreciação da validade das patentes alegadamente infringidas. Neste contexto, as empresas de medicamentos de referência propõem pôr fim ao litígio mediante determinados compromissos das empresas de genéricos que, na maioria das vezes, inclui a *obrigação de não entrar no mercado* com a versão genérica do fármaco cuja patente ou patentes compõem o objeto do litígio e a *obrigação de não questionar a validade das referidas patentes*, com a contrapartida do *exit payment*[778] que poderá consistir numa parte dos lucros obtidos com a comercialização do referido fármaco pela empresa de medicamentos de referência.

Estes acordos de resolução de litígio podem suceder na fase pré-contenciosa ou na fase contenciosa de litígios de patentes farmacêuticas, havendo sempre, em qualquer dos casos, um contexto de discussão

[776] Abbott, Alden F., Michel, Suzanne T. – "*The Right Balance of Competition Policy and Intellectual Property Law: A Perspective on Settlements of Pharmaceutical Patent Litigation.*", in *IDEA: The Intellectual Property Law Review, Vol. 46, Nº 1*, The Franklin Pierce Center for Intellectual Property at the University of New Hampshire School of Law, 2005, p. 4.

[777] Cfr. Hovenkamp – "*Sensible Antitrust Rules for Pharmaceutical Competition*", p. 24.

[778] Cfr. ob. ult. cit., p. 22.

sobre a validade ou infração de patentes que protegem medicamentos de referência[779].

O resultado destes acordos, com relevância concorrencial, consiste no seguinte: **a)** no facto de ser atrasada a entrada no mercado da versão genérica do fármaco objeto dos acordos e consequentes ganhos para as empresas de medicamentos de referência em prejuízo dos consumidores, **b)** no facto de haver uma redução das alternativas terapêuticas disponíveis no mercado e **c)** no facto de se verificar um aumento da despesa pública com medicamentos em prejuízo dos sistemas nacionais de saúde.

Pelo que nas circunstâncias supra descritas, os acordos *pay for delay* poderão consubstanciar um exercício anticoncorrencial do direito de patente na medida em que a patente precursora em questão poderá já ter caducado ou não reunir os requisitos de registo e, nesse sentido, não assiste ao respetivo titular qualquer direito de exclusivo comercial e inerente direito potestativo de impedir (mesmo que por via contratual) que terceiros explorem comercialmente a invenção em apreço. Sendo que este exercício anticoncorrencial do direito de patente resulta na criação de preços artificialmente elevados possibilitado pela inexistência de concorrência no mercado.

Cumpre referir que estes acordos encerram diversos benefícios, designadamente, para as *partes* envolvidas no litígio ao prevenir ou resolver o dito litígio e eliminar a incerteza[780], para o *mercado* ao possibilitar que as partes resolvam o diferendo e exerçam a sua atividade comercial e, desse modo, compitam eficazmente com os outros concorrentes[781], para o *consumidor* ao possibilitar a disponibilização de mais alternativas no mercado prestadas pelas partes envolvidas no litígio, e para a *sociedade em geral* ao permitir evitar os custos de um julgamento e ao evitar o congestionamento dos tribunais[782].

Não obstante os óbvios benefícios, estes acordos também encerram determinados riscos podendo contemplar, designadamente, fixação de preços de produtos concorrentes, acordos de não concorrência entre as

[779] Cfr. Shapiro – "*Antitrust Limits to Patent Settlements*", p. 392.

[780] Cfr. ob. ult. cit., p. 394. Cfr. Abbott, Michel – "*The Right Balance*", p. 3-4.

[781] Cfr. Shapiro – "*Antitrust Limits to Patent Settlements*", p. 394.

[782] *Idem.*

partes[783] e, consequentemente, restrição da concorrência no mercado, o que possibilitará lucros de monopólio.

Não sendo justificada a proibição destes acordos, dado os benefícios que os mesmos implicam[784], é, contudo, necessário assegurar que estes acordos não consubstanciem infrações às normas da concorrência[785].

16.5.2. Anticoncorrencial?

Conforme já referimos supra (*vd.* §13.3.2), consideramos que os acordos de resolução de litígios de patentes destinam-se a evitar litígios que consomem recursos de ambas as partes e destinam-se também a eliminar a incerteza e o risco para o titular da patente, pelo que, em última análise, estes acordos podem comportar efeitos benéficos para a concorrência na medida em que asseguram que ambas as entidades envolvidas no acordo continuam com as respetivas atividades comerciais com a certeza de não estarem a infringir direitos alheios e de não estarem a sofrer violações dos seus direitos. Pelo que estes acordos não podem ser qualificados *prima facie* como anticoncorrenciais apenas porque se verifica uma transferência de valor entre as partes.

Consideramos que estes acordos se podem verificar no âmbito de estratégias empresariais no contexto de litígios judiciais em dois tipos de circunstancialismos, nomeadamente:

- enquanto *acordo comercial* no qual é estipulada a obrigação de respeitar os direitos de propriedade intelectual da empresa de medicamentos de referência o que implica a retirada ou não entrada no mercado de um fármaco genérico cuja comercialização representa infração de patentes que protegem o medicamento de referência e
- enquanto *acordo pay for delay* mediante o qual se restringe a entrada no mercado de um fármaco genérico impondo à empresa de genéricos limitações que excedem os âmbitos de proteção substancial, geográfico ou temporal da patente ou patentes que protegem o medicamento de referência[786].

[783] *Idem.*

[784] Neste sentido, Hovenkamp – "*Sensible Antitrust Rules for Pharmaceutical Competition*", p. 23.

[785] Neste sentido, Shapiro – "*Antitrust Limits to Patent Settlements*", p. 395.

[786] *Vd.* §7 supra sobre o âmbito de proteção da patente.

Quanto ao **primeiro tipo de acordo**, o exercício do direito de patente consubstancia uma **prática lícita** dado que as limitações impostas contratualmente, à comercialização do fármaco genérico, entre as partes litigantes já decorrem do direito de excluir inerente ao direito de patente. Pelo que a restrição operacionalizada por meio do acordo entre as partes, que pode incluir eventual transferência de valor, decorreria também da existência da patente ou patentes prévias ao exercício da atividade comercial com referência ao fármaco genérico. Sendo que o acordo entre as partes no litígio destina-se a evitar a morosidade da litigância, bem como, o investimento de recursos no processo judicial.

Relativamente ao **segundo tipo de acordo**, a questão apresenta-se com maior complexidade na medida em que é necessário determinar se as limitações contratuais estão ou não incluídas no direito exclusivo inerente ao direito de patente. Conforme já vimos supra (*vd.* §7), a patente confere proteção em termos substanciais, geográficos e temporais, pelo que para determinar se uma cláusula é anticoncorrencial, por contemplar limitações que excedem o âmbito de proteção da patente, é necessário confrontar essa cláusula com o âmbito substancial, geográfico e temporal de proteção da patente. É, portanto, necessário determinar o alcance do direito exclusivo nos termos da legislação de propriedade intelectual.

Cumpre salientar que consideramos que a existência de uma transferência de valor, seja ou não um montante elevado, consiste num facto indiciário mas não probatório de que o acordo em apreço seja anticoncorrencial[787]. Pelo que será sempre necessário determinar o alcance do exclusivo inerente ao direito de patente nos termos da legislação de propriedade intelectual.

Os *âmbitos de proteção geográfico e temporal* são facilmente determináveis bastando atender aos territórios em que a patente foi registada e ao prazo de vinte anos de vigência do registo. Pelo que será **anticoncorrencial** uma cláusula que imponha limitações à comercialização de um fármaco genérico em territórios nos quais a patente não foi registada ou que imponha limitações temporais que excedam o período de vigência do registo da patente ou patentes que protegem o medicamento de referência. Neste caso a restrição da concorrência não decorre do

[787] Neste sentido, TUOMINEN – "*Patenting Strategies of the EU Pharmaceutical Industry*", p. 35.

exercício do direito de patente, decorre sim da transferência de valor efetuada, no âmbito do acordo, pela empresa do medicamento de referência à empresa do medicamento genérico. Uma transferência de valor deste tipo assume a natureza de *pagamento de exclusão* na medida em que assegura a exclusão do fármaco genérico do mercado, o que não seria possível através do exercício do direito de patente[788].

O *âmbito substancial de proteção* consiste na invenção em si e é necessário compará-la com o fármaco genérico ou com o processo para o fabrico desse fármaco para determinar se as limitações contratuais excedem ou não este âmbito de proteção. Consideramos, conforme já referimos supra a propósito do *enforcement* de patentes (*vd.* §16.4), que a "força" ou "fraqueza" da patente não constitui critério de ponderação para a comparação da invenção com o fármaco genérico ou com o processo para o fabrico desse fármaco, como também não constitui critério para aferir da legitimidade da celebração do acordo de resolução do litígio[789]. Consideramos que será **anticoncorrencial** uma cláusula que imponha limitações à comercialização do fármaco genérico quando o referido fármaco não represente violação de patente ou patentes registadas que protegem o medicamento de referência (sejam elas patentes de produto ou de processo), ou seja, haverá anticoncorrencialidade quando não exista correspondência entre o direito exclusivo que poderia ter sido legalmente imposto e as limitações contratualmente impostas. Neste caso a restrição da concorrência não decorre do exercício do direito de patente, decorre sim da transferência de valor efetuada, no âmbito do acordo, pela empresa do medicamento de referência à empresa do medicamento genérico. Uma transferência de valor deste tipo assume a natureza de *pagamento de exclusão* que garante a exclusão do fármaco genérico do mercado, o que não seria possível através do exercício do direito de patente[790].

Consideramos que um acordo, entre as partes de um litígio sobre patentes farmacêuticas, que inclua as supra identificadas cláusulas anti-

[788] Cfr. ABBOTT, MICHEL – "*The Right Balance*", p. 14-15. Estes Autores referem que pagamentos desta natureza conferem ao titular da patente um controlo de mercado que a patente não confere, o que pode distorcer o sistema de patentes enquanto incentivo à inovação.

[789] Neste sentido, TUOMINEN ao referir que estimativas quanto ao resultado de um processo de infração de patente não são suficientes para concluir que o acordo de resolução do litígio é ilegal (cfr. TUOMINEN – "*Patenting Strategies of the EU Pharmaceutical Industry*", p. 35).

[790] *Idem.*

concorrenciais será, efetivamente, um acordo *pay for delay* restritivo da concorrência que se subsume à proibição estatuída no art. 101º do TFUE.

Cumpre referir a posição de Remédio Marques que aponta como possível solução para inviabilizar a verificação de acordos *pay for delay* a imposição de comunicação obrigatória às autoridades de concorrência do conteúdo dos acordos[791]. Concordamos com o Autor na medida em que a solução proposta representaria a aplicação de um sistema que já existe na UE e produz efeitos, em concreto, o sistema de aprovação de concentração de empresas que postula a obrigatoriedade de notificação prévia à Comissão das operações de concentração com dimensão a nível da UE. Neste sentido, consideramos que seria benéfico, para a realização dos fins do direito da concorrência da UE, a aplicação de um sistema de supervisão que instituísse um procedimento de comunicação prévia obrigatória da celebração de acordos no contexto de litígios sobre patentes de medicamentos e, no âmbito deste procedimento, seria incluída uma análise comparativa entre o âmbito substancial, geográfico e temporal da patente e o fármaco genérico ou o processo para o respetivo fabrico para determinar se o acordo em questão contempla ou não limitações contratuais que excedem o âmbito de proteção da patente ou patentes (objeto do litígio) que protegem o medicamento de referência.

16.6. *Patent linkage*

16.6.1. Delimitação conceptual

Patent linkage, i.e., ligação à patente, consiste na prática de a concessão da AIM, o sistema de preço e reembolso, bem como, qualquer aprovação regulatória de um fármaco genérico ser *ligada* ao estado da patente precursora do medicamento de referência[792], sendo que, em termos práticos, para além de ser estabelecida esta *ligação*, poderá mesmo haver *influência obstrutiva* no processo administrativo de concessão de AIM no

[791] Cfr. Remédio Marques – "*O direito de patentes*", p. 373.

[792] Definição apresentada no Relatório Preliminar da Comissão no Inquérito ao Setor Farmacêutico, p. 113, disponível no website da Comissão em https://ec.europa.eu/competition/index_en.html.

sentido de ser impedida ou consideravelmente atrasada a concessão de AIM em função do estado da patente precursora.

A prática de *patent linkage* consiste na intervenção nos procedimentos de obtenção de AIM de medicamentos genéricos com a argumentação de que a AIM a ser atribuída violará patentes precursoras, bem como, violará a exclusividade de dados de ensaios farmacológicos[793]. Estas intervenções em procedimentos administrativos podem ser alvo de recurso judicial, o que provoca o impedimento ou atraso considerável na concessão de AIM ou mesmo a desistência por parte da empresa de medicamentos genéricos.

Conforme já referimos supra (*vd.* §9.1.5), a legislação da UE não prevê o *patent linkage.* Não obstante, pode haver intervenção de interessados no procedimento de concessão de AIM pela via administrativa e pela via judicial que, como vimos supra (*vd.* §4.2.2), é o que sucede na prática.

16.6.2. Anticoncorrencial?

Consideramos, de acordo com o que já expusemos em relação a este tema supra (*vd.* §9.1.5), que o pedido e concessão de AIM para um medicamento genérico não constitui infração de patente ainda que a AIM se refira a um fármaco cujas patentes precursoras estão em vigor no momento do pedido e da concessão da AIM. Isto porque é o ato de comercialização do genérico que infringirá as patentes precursoras e não os *atos preparatórios* para a comercialização do genérico.

Neste sentido, consideramos que é **anticoncorrencial**, nos termos do art. 102º do TFUE, a prática de intervir, pela via administrativa, arbitral ou judicial, nos procedimentos de obtenção de AIM para fármacos genéricos no contexto supra descrito, na medida em que, não tendo ocorrido nenhuma violação de patente, tais práticas destinam-se a atrasar a concessão da AIM e, consequentemente, atrasar a entrada do fármaco genérico no mercado. Pelo que estas práticas consubstanciam atos abusivos nos termos do art. 102º do TFUE, desde que, claro está, se verifiquem todos os requisitos para a aplicação da disposição normativa em apreço.

793 *Vd.* §9.1.5 supra para análise desenvolvida sobre este tema.

16.7. Conclusões

Conforme temos vindo a referir, a existência e o exercício de direitos de propriedade intelectual não são incompatíveis com a aplicação do direito da concorrência. Consideramos que a aquisição de direitos de propriedade intelectual é matéria que deve permanecer sob a alçada do direito da propriedade intelectual, já o exercício dos direitos em apreço pode e deve estar sujeito ao crivo das normas da concorrência como, aliás, está sujeito o normal exercício da atividade empresarial. Não sendo, de todo, incompatível com os objetivos da propriedade intelectual a aplicação das normas da concorrência que, além de terem objetivos comuns com a propriedade intelectual conforme vimos supra (*vd.* §14), não restringem o conteúdo dos direitos de propriedade intelectual, limitando-se, em situações excecionais, a sancionar o exercício de tais direitos quando se verifique que o mesmo é anticoncorrencial, sendo que a aplicação exclusivamente a situações excecionais assegura que não são afetados os objectivos e efeitos produzidos pelo regime da propriedade intelectual.

Cumpre salientar que, conforme refere Hovenkamp, não obstante a forte regulamentação em torno da comercialização de produtos farmacêuticos de referência e respetivos genéricos, "o regime regulatório raramente opera como um «guardião eficaz da função concorrencial»"[794]. Além de que, a maioria das práticas anticoncorrenciais no setor farmacêutico são cometidas por meio de mecanismos da esfera privada dos intervenientes e não sendo, portanto, obrigatório apresentá-los a qualquer tipo de entidade pública para avaliar o respetivo impacto no mercado e na concorrência[795]. Pelo que se revela de extrema importância, para o mercado interno, a aplicação das normas da concorrência ao exercício de direitos exclusivos no setor farmacêutico.

[794] Hovenkamp – "*Sensible Antitrust Rules for Pharmaceutical Competition*", p. 19. Hovenkamp refere-se a esta realidade partindo da referência ao Acórdão do Supreme Court of the United States de 13 de janeiro de 2004 no Processo 124 S. Ct. 872 – Verizon Communications Inc. v. Law Offices of Curtis V. Trinko LLP.

[795] Cfr. ob. ult. cit., p. 19.

CONCLUSÃO: REFLEXÕES FINAIS SOBRE MEDICAMENTOS, PATENTES E CONCORRÊNCIA

Conforme temos vindo a referir, as empresas de medicamentos de referência efetuam investimentos avultados em atividades de I&D que resultam em produtos farmacêuticos inovadores e, nesse sentido, surge a necessidade de proteger este investimento de modo a assegurar o retorno financeiro. A via disponibilizada pelos diversos sistemas jurídicos consiste no regime da propriedade intelectual que permite obter um direito de exclusivo sobre produtos farmacêuticos inovadores. A rentabilidade de fármacos inovadores está, em grande medida, dependente da proteção conferida pelo direito de patente, pelo que, atendendo à incerteza que rodeia a I&D, à medida que aumentam os custos com a I&D, aumenta também a necessidade de proteção através de patente.

As normas da propriedade intelectual, consistindo num regime legal específico para uma área do direito, estão direcionadas à manutenção da competitividade no mercado através do estímulo da inovação, não colocando o enfoque no preço ou na produção a curto prazo. Este corpo normativo dita os requisitos para o registo de patentes, nomeadamente, novidade, carácter inventivo e aplicabilidade industrial, e através da aplicação deste filtro determina quais os pedidos de patentes que consistem em verdadeiras invenções que justificam a concessão do registo, *i.e.*, soluções novas e não meros expedientes para prolongar artificialmente o direito de exclusivo sobre uma determinada invenção. Contudo, a verificação de práticas anticoncorrenciais alicerçadas em patentes farmacêuticas comprova que este filtro das normas da propriedade intelectual não é infalível.

Neste sentido surge a questão de como conciliar o exclusivo conferido pelas normas da propriedade intelectual com o desenvolvimento económico-social. Como responder a este conflito? O regime da propriedade intelectual responde com os requisitos substanciais de registo, nomeadamente, objeto possível, novidade, atividade inventiva e aplicabilidade industrial, com os âmbitos de proteção substancial, geográfico e temporal e com as limitações ao direito de patente. O Direito em geral também responde com limitações, designadamente, as limitações decorrentes de normas da concorrência desleal, de normas do direito da concorrência e de normas do direito civil. Do elenco das limitações em apreço, as que nos ocuparam no presente estudo foram as limitações decorrentes das normas do direito da concorrência da UE.

Existe um aparente conflito entre o direito da propriedade intelectual e o direito da concorrência na medida em que aquele protege a exclusividade e este protege o acesso mercado. A propósito da compatibilização da proteção dos interesses dos concorrentes e o incentivo para a inovação resultante da propriedade intelectual, escreveu Miguel Moura e Silva em 1993 que "A questão de base envolve um juízo de valor sobre qual a protecção necessária para atingir um equilíbrio. Em última análise, esta apreciação cabe ao legislador comunitário e não ao juiz. Resta saber até que ponto o Tribunal de Justiça conseguirá contribuir para a definição de um novo equilíbrio que concilie os interesses em jogo, conjugando a justa medida da protecção necessária para manter ou mesmo acelerar o investimento na inovação com a divulgação dessas inovações e a manutenção de uma estrutura de mercado competitiva."[796].

Consideramos que a promoção da inovação e o estímulo ao desenvolvimento económico-social são objetivos comuns do direito da propriedade intelectual e do direito da concorrência, pelo que não existe incompatibilidade entre estes regimes jurídicos, existindo sim uma relação de complementaridade lógica na medida em que ambos os ramos de direito são essenciais para promover a inovação e garantir a respetiva exploração comercial em termos concorrenciais.

[796] Moura e Silva – *"Protecção de programas de computador"*, p. 302.

A jurisprudência constante do TJ distingue a existência de direitos de propriedade intelectual do exercício de direitos de propriedade intelectual ao qual as cominações do direito da UE são aplicáveis, não podendo o exercício destes direitos consubstanciar objeto, meio ou consequência de restrição, falseamento ou afetação da concorrência no mercado interno.

O direito da concorrência da UE reconhece a distinção entre monopólios no sentido económico e no sentido legal e não assume que direitos de propriedade intelectual conferem automaticamente poder de mercado ao respetivo titular, bem como, reconhece o incentivo à inovação e à concorrência criado pelos direitos de propriedade intelectual. Não obstante, o direito da concorrência deverá intervir contra práticas anticoncorrenciais de qualquer tipologia quando é aparente que se verificará uma lesão à concorrência. O papel do direito da concorrência assume especial importância na medida em que a inovação farmacêutica é protegida com o registo, *inter alia*, de patentes e estas podem vir a ser utilizadas pelos respetivos titulares no âmbito de estratégias para criar barreiras artificiais à entrada de medicamentos genéricos no mercado.

O mero exercício de um direito de propriedade intelectual não representa prática concertada nem abuso de posição dominante proibidos pelos arts. 101º e 102º do TFUE respetivamente. O direito da concorrência não visa proibir a aquisição de direitos de propriedade intelectual na medida em que reconhece que a I&D e consequente registo de propriedade intelectual e exercício do correspondente direito consiste em concorrência pelo mérito. A intervenção do direito da concorrência será relativa ao exercício destes direitos quando se verifique que tal exercício consiste no objeto, meio ou consequência de restrição, falseamento ou afetação da concorrência no mercado interno, sendo a aplicação do direito da concorrência independente do direito da propriedade intelectual.

Consideramos que quando se verifique a instrumentalização de direitos de propriedade intelectual para a prática de atos de restrição, falseamento ou afetação da concorrência no mercado interno deverão ser aplicados os arts. 101º e 102º do TFUE no sentido de reprimir as práticas que se revelem anticoncorrenciais. Contudo, será necessária uma análise casuística para determinar em que situações há o real propósito de excluir concorrentes do mercado através da criação de barreiras artificiais à entrada e distinguir estas das situações em que há um recurso legítimo ao regime das normas da propriedade intelectual para assegurar um nível ótimo de proteção. Esta análise casuística deverá abordar, *inter alia*, as características específicas do mercado farmacêutico, o comportamento dos agentes intervenientes neste mercado, as estratégias de registo de patentes, as estratégias contratuais e as estratégias de litígios.

Da análise dos casos Hoffmann-La Roche, AstraZeneca e Lundbeck retirámos determinadas coordenadas para a apreciação de práticas que possam consistir em condutas anticoncorrenciais. Contudo, estas coordenadas não são de aplicação indistinta e carecem de concretização casuística. O direito da concorrência deverá proceder à aplicação das referidas coordenadas sem asfixiar o nível ótimo de proteção que as empresas farmacêuticas possam lograr com o uso legítimo do regime da propriedade intelectual aplicado às suas invenções, com recurso a estratégias de inovação concorrencial legítimas.

Neste contexto surge a tensão existente entre as empresas de medicamentos de referência e de medicamentos genéricos. De um lado posicionam-se as empresas de medicamentos de referência, cujas preocupações se reportam a conservar o direito de exclusivo dos seus produtos idealizados e materializados em invenções após vários anos de I&D. De outro lado posicionam-se as empresas de medicamentos genéricos, cujos interesses se reportam a introduzir no mercado, sem enfrentar barreiras de qualquer natureza, versões genéricas de fármacos após o término dos direitos de exclusividade da empresa de medicamentos de referência.

Consideramos que os interesses em presença requerem uma solução conciliadora no sentido de se conferir proteção a ambos os lados, pois de outro modo haverá uma perda absoluta de bem-estar. Isto porque se as empresas de medicamentos de referência não adquirirem um período de exclusividade comercial necessário para obter retorno financeiro e lucros, irão cessar as atividades de I&D e deixarão de ser identificadas e disponibilizadas novas terapias e, em simultâneo, as empresas de medicamentos genéricos deixarão de ter novos produtos farmacêuticos para comercializar visto que estas, não criando novos produtos, introduzem no mercado versões genéricas de fármacos de referência desenvolvidos por outras empresas. Os resultados desta perda absoluta de bem-estar serão, *inter alia*, o prejuízo para a saúde pública e para o desenvolvimento científico, bem como, para o desenvolvimento económico-social.

Não obstante o reconhecimento da importância dos direitos de propriedade intelectual relativamente, *inter alia*, à promoção da inovação, será sempre necessário controlar o exercício de poder de mercado que um agente económico possa deter, sobretudo nos casos em que existem práticas concertadas entre empresas envolvendo direitos de propriedade intelectual ou posição dominante derivada da existência de produtos patenteados e para os quais não existam sucedâneos. Sendo que estas situações se verificam na indústria farmacêutica quando o grau de inovação do fármaco é muito elevado no sentido de nunca ter existido essa terapia até ao momento de introdução no mercado do medicamento patenteado. É neste contexto em que a primordial finalidade de um sistema de proteção de propriedade intelectual é obter um equilíbrio ótimo entre a proteção essencial para estimular inovações úteis de um ponto de vista económico e social, bem como, assegurar a divulgação e utilização ótima de tais inovações, que se requer que o direito da concorrência cumpra uma função de controlo no que diz respeito à manutenção de um mercado competitivo em matéria de inovação e de exploração comercial de tais inovações em termos concorrenciais.

BIBLIOGRAFIA

Abbott, Alden F., **Michel**, Suzanne T. – "*The Right Balance of Competition Policy and Intellectual Property Law: A Perspective on Settlements of Pharmaceutical Patent Litigation.*", in *IDEA: The Intellectual Property Law Review, Vol. 46, Nº 1,* The Franklin Pierce Center for Intellectual Property at the University of New Hampshire School of Law, 2005, p. 1-36

Ahn, Hyewon – *Second Generation Patents in Pharmaceutical Innovation,* Nomos Verlagsgesellschaft, 2014

Antunes, Aquilino Paulo da Silva – *O acesso a medicamentos em Portugal: uma análise jurídico-económica,* Dissertação de Doutoramento em Direito, AAFDL Editora, 2020

Arezzo, Emanuela – "*Intellectual Property Rights at the Crossroad Between Monopolization and Abuse of Dominant Position: American and European Approaches Compared*", in *The John Marshall Journal of Information Technology & Privacy Law, Vol. 24, Nº 3, Artigo 3,* The John Marshall Law School, 2006, p. 455-506

Arrow, Kenneth – "*Economic Welfare and the Allocation of Resources for Invention*", in *The Rate and Direction of Inventive Activity: Economic and Social Factors,* Universities-National Bureau Committee for Economic Research, Committee on Economic Growth of the Social Science Research Council, Princeton University Press, 1962, p. 609-626

Arquit, Kevin J. – "*Patent Abuse and the Antitrust Laws*", in *Antitrust Law Journal, Vol. 59, Nº 3,* American Bar Association, 1990-1991, p. 739-748

Ascensão, José de Oliveira – *Concorrência Desleal,* Almedina, 2002

— "*A «licença» no direito intelectual*", in Almeida, Carlos Ferreira de, *et al.* (Org.), *Contratos de Direito de Autor e de Direito Industrial,* Almedina, 2011, p. 93-112

Ascensão, José de Oliveira, **Morais**, Luís Silva – "*A Fixação dos Preços dos Medicamentos Genéricos – Questões de Direito Industrial e Direito da Concorrência*", in Miranda, Jorge (Coordenador), *Estudos em Homenagem ao Prof. Doutor Sérvulo Correia – Vol. III*, Coimbra Editora, 2010, p. 389-451

AA. VV. – *Código da Propriedade Industrial Anotado* (Campinos, António e Gonçalves, Luís M. Couto, Coordenadores), 2ª edição revista e atualizada, Almedina, Coimbra, 2015

AA. VV. – *Lei da Concorrência Anotada*, (**Moniz**, Carlos Botelho, *et al.*), Almedina, 2016

AA. VV. – *Lei da Concorrência Comentário Conimbricense*, (**Porto**, Manuel Lopes, *et al.*, Coordenadores), 2ª edição, Almedina, 2017

Baker, Jonathan B. – "*Beyond Schumpeter vs. Arrow: How Antitrust Fosters Innovation*", in *Antitrust Law Journal, Vol. 74*, American Bar Association, 2007, p. 575-602

— "*'Dynamic Competition' Does Not Excuse Monopolization*", in *CPI Journal, Competition Policy International, vol. 4*, 2008, disponível no website SSRN em https://papers.ssrn.com/sol3/papers.cfm?abstract_id=1285223&download=yes, consultado a 11/04/2020

Bansal, Inderjit Singh, *et al.* – "*Evergreening – A Controversial Issue in the Pharma Mileu*", in *Journal of International Property Rights, Vol. 14*, 2009, p. 299-306

Barazza, Stefano – "*Pay-for-Delay Agreements in the EU Pharmaceutical Industry: Patent Law and Competition Law in Light of Lundbeck*", in *European Pharmaceutical Law Review (EPLR), Vol. 1, Nº 1*, Lexxion, 2017

Batchelor, B., *et al.* – "*Lundbeck provides more questions than answers on pay-for-delay settlements*", in *International Law Office*, disponível no website do International Law Office em https://www.internationallawoffice.com/Newsletters/Competition-Antitrust/European-Union/Baker-McKenzie-LLP/Lundbeck-provides-more-questions-than-answers-on-pay-for-delay-settlements#, consultado a 09/04/2020

Bently, L. and **Sherman**, B. – *Intellectual Property Law*, Fifth Edition, Oxford University Press, 2018

Boscheck, Ralf – "*Constraining Drug Supply: Product Positioning, Patent Protection and Regulatory Standards*", in *World Competition Law and Economics Review, Volume 31, Nº 4*, Kluwer Law International, 2008, p. 485-498

Cappellari, Silvio – "*Reverse Payment Settlements in the EU – Finding the Right Dosage*", in *Competition Law International, Vol. 7, Nº 2*, 2011, p. 27-32

Clift, Charles – "*Data Protection and Data Exclusivity in Pharmaceuticals and Agrochemicals*", in **Krattiger**, A., *et al.* (Editores) – *Intellectual Property Management in Health and Agricultural Innovation: A Handbook of Best Practices, Capítulo 4.9,* MIHR: Oxford, U.K., e PIPRA: Davis, U.S.A., 2007, p. 431-435

COMMUNAUTE ECONOMIQUE EUROPEENNE (org.) – *Le problème de la concentration dans le marché commun, Collection Etudes, Serie Concurrence nº 3,* Bruxelas, 1966

Constantine, Simon, **Priddis**, Simon – "*The Findings and Wider Impact of the EU Pharmaceutical Sector Inquiry*", in *Antitrust, Vol. 24, Nº 2,* Spring, 2010, p. 29-34

Cook, Trevor – *The interface between anti-trust and intellectual property law in Europe,* in *Thomson Reuters Practical Law UK,* Thomson Reuters, 2007, disponível no website da Thomson Reuters Practical Law em https://uk.practicallaw.thomsonreuters.com/1-224-0328?transitionType=Default&contextData=(sc.Default)&firstPage=true&bhcp=1, consultado a 14/04/2020

Cordeiro, António Menezes – "*Concorrência e direitos e liberdades fundamentais na União Europeia*", in **Albuquerque**, Ruy de, *et al.* (Coordenador), *Regulação e Concorrência,* Almedina, Coimbra, 2005, p. 9-28

Correa, Carlos M. – *Trade Related Aspects of Intellectual Property Rights: A Commentary on the TRIPS Agreement,* Oxford University Press, Nova Iorque, 2007

Correa, Carlos M., **Yusuf**, Abdulqawi A. (org.) – *Intellectual Property and International Trade: The TRIPS Agreement,* 2ª edição, Wolters Kluwer, Alphen aan den Rijn, 2008

Cornish, William, *et al.* – *Intellectual Property: Patents, Copyrights, Trademarks & Allied Rights,* 9th Edition, Sweet & Maxwell, 2019

Czapracka, Katarzyna A. – "*Where Antitrust Ends and IP Begins – On The Roots of The Transatlantic Clashes*", in *Yale Journal of Law & Technology, Vol. 9, Nº 1,* Yale Law School Legal Scholarship Repository, 2007, p. 44-108

DICIONÁRIO PORTUGUÊS – Ensino Português no Estrangeiro, Porto Editora, 2014

Dickey, Bret, **Huang**, Kun, **Rubinfeld**, Daniel – "*Pharmaceutical Product Hopping: Is There a Role for Antitrust Scrutiny?*", in *Antitrust Law Journal, Vol. 82,* American Bar Association, 2019, p. 679-699

DOGAN, Stacey L., **LEMLEY**, Mark A. – "*Antitrust Law and Regulatory Gaming.*", in *Texas Law Review, Vol. 87, Nº 4*, University of Texas School of Law, 2009, p. 685-730

DOLIN, Gregory – "*Nonprice competition in 'substitute' drugs: The FTC's blind Spot*", in *Antitrust Bulletin, Vol. 59, Nº 3*, SAGE Publications, 2014, p. 579-591

DOOLEY, Lawrence, e **O'SULLIVAN**, David – *Applying Innovation*, SAGE Publications, 2008

DREXL, Josef – "*Is there a 'more economic approach' to intellectual property and competition law?*" in **DREXL**, Josef (Org.), *Research Handbook on Intellectual Property and Competition Law*, Edward Elgar Publishing Limited, 2008, p. 27-53

— "*Astrazeneca and The EU Sector Inquiry: When Do Patent Filings Violate Competition Law?*", *Max Planck Institute for Intellectual Property & Competition Law Research Paper No. 12-02*, 2012, disponível no website SSRN em https://papers.ssrn.com/sol3/papers.cfm?abstract_id=2009276##, consultado a 05/09/2019

ESPOSITO, Fabrizio, **MONTANARO**, Francesco – "*A Fistful of Euros: EU Competition Policy and Reverse Payments in the Pharmaceutical Industry*", in *European Competition Journal, Vol. 10, Nº 3*, Routledge Taylor & Francis Group, 2014, p. 499-521

EUROPEAN PATENT OFFICE (org.) – *Guidelines for Examination in the European Patent Office*, 2019, disponível no website no European Patent Office em https://www.epo.org/law-practice/legal-texts/guidelines.html, consultado a 05/09/2019

— *Case Law of the Boards of Appeal*, 9ª edição, 2019, disponível no website no European Patent Office em https://www.epo.org/law-practice/case-law-appeals.html, consultado a 10/04/2019

EXTER, André den – "*The Pharmaceutical Sector Inquiry: 'Hamlet' in a Nutshell*", in *European Journal of Health Law*, 17, 2010, Brill | Nijhoff, p. 125-138

FELDMAN, Robin – "*The Interaction of Patents with Contracts and Antitrust*", in *Rethinking Patent Law*, Harvard University Press, 2012, p.136-78.

FERREIRA, Eduardo Paz – *Lições de Direito da Economia*, reimpressão, Associação Académica da Faculdade Direito Lisboa, 2002

FERRO, Miguel Sousa – *A Definição de Mercados Relevantes no Direito Europeu e Português da Concorrência: Teoria e Prática*, Dissertação de Doutoramento em Direito, Almedina, 2015

Freitas, Pedro Caridade – "*Medicamentos genéricos e tutela dos direitos de propriedade intelectual*", in Vicente, Dário Moura, *et. al.* (Coordenador), *Estudos de Direito Intelectual em Homenagem ao Prof. Doutor José de Oliveira Ascensão: 50 anos de vida universitária*, Almedina, 2016, reimpressão, p. 1015-1032

Friedel, Evelyne, **Kuhn**, Mathias – "*Anticompetitive practices in the pharmaceutical sector: An overview of EU and national case law*", in *e-Competitions Bulletin Pharma & Anticompetitive practices, Art. Nº 84289*, 14 junho 2017, disponível em no website de Concurrences Antitrust Publications & Events em www.concurrences.com, consultado a 07/10/2017

Gabble, Ravinder, **Kohler**, Jillian Clare – "*To Patent or Not to Patent? The Case of Novartis' Cancer Drug Glivec in India*" *in Globalization and Health, 10:3*, 2014, disponível no website de NCBI – National Center for Biotechnology Information em https://www.ncbi.nlm.nih.gov/pmc/articles/PMC3884017/, consultado a 05/09/2019.

Gallasch, Sven – "*A new dimension to EU pharma antitrust product hopping and unilateral pay for delay*", in *European Competition Journal, Vol. 12, Nº 1*, Routledge Taylor & Francis Group, 2016, p. 137-158

Garcia, Teresa Silva – "*Patente de invenção – A caminho de um mero monopólio de comercialização*", in Vicente, Dário Moura, *et. al.* (Coordenador), *Estudos de Direito Intelectual em Homenagem ao Prof. Doutor José de Oliveira Ascensão: 50 anos de vida universitária*, Almedina, 2016, reimpressão, p. 1053-1064

Ghidini, Gustavo, *et al.* – "*Abuso del Diritto al Brevetto e Abuso di Posizione Dominante: Il Caso Pfizer*", in *Rivista Italiana di Antitrust, Nº 3 (2014)*, Autorità Garante della Concorrenza e del Mercato, 2014, p. 133-152

Gomez Segade, Jose Antonio – "*Actividad Inventiva y Doctrina de Los Equivalentes*", in Associação Portuguesa de Direito Intelectual (org.), *Direito Industrial – Vol. IV*, Almedina, Coimbra, 2005, p. 41-55

Gonçalves, Luís M. Couto – *Manual de Direito Industrial: Propriedade Industrial e Concorrência Desleal*, 8ª edição – Atualizada de acordo com o Novo Código da Propriedade Industrial, Almedina, 2019

Gorjão-Henriques, Miguel – *Atribuição e Harmonização na União Europeia: o caso dos medicamentos*, Dissertação de Doutoramento em Direito, Almedina, 2018

— *Direito da União – História, Direito, Cidadania, Mercado Interno e Concorrência*, 9ª edição – reimpressão 2020, Almedina, 2019

Gorjão-Henriques, Miguel, **Pinheiro**, Paulo – *Direito do Medicamento*, Coimbra Editora, 2009

Granstrand, Ove, **Tietze**, Frank – "*IP strategies and policies for and against evergreening*", in *Centre for Technology Management Working Paper Series, No. 1*, 2015, disponível no website do IfM – Institute for Manufacturing em https://www.ifm.eng.cam.ac.uk/research/ctm/ctmpublications/ctmworkingpapers/ip-strategies-and-policies-for-and-against-evergreening/, consultado a 05/09/2019

Heinemann, Andreas – "*Abusive Filing of IP Rights*", 2018, disponível no website SSRN em https://papers.ssrn.com/sol3/papers.cfm?abstract_id=3251209, consultado a 14/04/2020

Henriques, Samuel Dias – *O Âmbito da Patente e a Doutrina dos Equivalentes, Coleção de Estudos de Direito Intelectual – Tomo IV*, Almedina, 2019

Hovenkamp, Herbert J. – "*Sensible Antitrust Rules for Pharmaceutical Competition*", in *University of San Francisco Law Review, Vol. 39, Nº 1, Artigo 1,* University of San Francisco School of Law, 2004

Khan, Suliman *et al.* – "*Role of Recombinant DNA Technology to Improve Life*", in *International Journal of Genomics*, Hindawi Publishing Corporation, 2016, disponível no website de NCBI – National Center for Biotechnology Information em https://www.ncbi.nlm.nih.gov/pmc/articles/PMC5178364/, consultado a 17/09/2017

Kjølbye, Lars – "*Article 82 EC as Remedy to Patent System Imperfections: Fighting Fire with Fire?*", in *World Competition, Vol 32, Nº 2*, Kluwer Law International BV, 2009, p. 163-188

Korah, Valentine – "*Merck v Primecrown – The Exhaustion of Patents by Sale in a Member State where a Monopoly Profit Could not be Earned*", in *European Competition Law Review*, *4*, 1997, p. 265-272

Kumar, Arun, e **Nanda**, Arun – "*Ever-greening in Pharmaceuticals: Strategies, Consequences and Provisions for Prevention in USA, EU, India and Other Countries*", in *Journal of Pharmaceutical Regulatory Affairs: Open Access, 6:185*, DOI: 10.4172/2167-7689.1000185, 2017, disponível no website da Hilaris Publisher em https://www.omicsonline.org/open-access/evergreening-in-pharmaceuticals-strategies-consequences-and-provisions-for-prevention-in-usa-eu-india-and-other-countries-2167-7689-1000185.php?aid=89371, consultado a 05/09/2019

Landes, William M., **Posner**, Richard A. – "*Market Power in Antitrust Cases*", in *Harvard Law Review, Vol. 94, Nº 5*, 1980, p. 937-996

Lianos, Ioannis, **Regibeau**, Pierre – *"Vexatious'/'Sham' Litigation in EU and US Antitrust Law: A Mechanism Design Approach"*, in *Antitrust Bulletin, Vol. 62, No. 4*, Centre for Law, Economics and Society Faculty of Laws, UCL, 2017, disponível no website SSRN em https://ssrn.com/abstract=3076073, consultado a 11/04/2020

Maggiolino, Mariateresa, **Montagnani**, Maria Lillà – *"AstraZeneca's Abuse of IPR-Related Procedures – A Hypothesis of Antitrust Offence, Abuse of Rights, and IPR Misuse"*, in *Bocconi Legal Studies Research Paper No. 2298576*, Università Bocconi, 2010, disponível no website SSRN em https://papers.ssrn.com/sol3/papers.cfm?abstract_id=2298576##, consultado a 14/04/2020

Marques, João Paulo Fernandes Remédio – *"Introdução ao Problema das Invenções Biotecnológicas – Algumas Considerações"*, in Associação Portuguesa de Direito Intelectual (org.), *Direito Industrial – Vol. II*, Almedina, Coimbra, 2002, p. 177-333

— *"Propriedade Intelectual, Exclusivos e Interesse Público"*, in Associação Portuguesa de Direito Intelectual (org.), *Direito Industrial – Vol. IV*, Almedina, 2005, p. 199-235

— *Biotecnologia(s) e Propriedade Intelectual*, Dissertação de Doutoramento em Direito, Vol. I e II, Almedina, Coimbra, 2007

— *Licenças (Voluntárias e Obrigatórias) de Direitos de Propriedade Industrial*, Almedina, Coimbra, 2008

— *Medicamentos versus Patentes, Estudos de Propriedade Industrial*, Coimbra Editora, 2008

— *"O direito de patentes, o sistema regulatório de aprovação, o direito da concorrência e o acesso aos medicamentos genéricos"*, in Associação Portuguesa de Direito Intelectual (org.), *Direito Industrial – Vol. VII*, Almedina, 2010, p. 285-373

— *"Contrato de licença de patente"*, in Almeida, Carlos Ferreira de, *et al.* (Org.), *Contratos de Direito de Autor e de Direito Industrial*, Almedina, 2011, p. 395-454

— *"O âmbito de proteção das patentes biotecnológicas – recentes desenvolvimentos na União Europeia"*, in Associação Portuguesa de Direito Intelectual (org.), *Revista de Direito Intelectual Nº 01 – 2015*, Almedina, 2015, p. 225-307

— *Direito Europeu das Patentes e Marcas*, Almedina, 2021

Marques, João Paulo F. Remédio, **Marques**, Roberta Fernandes Remédio – *"A natureza e o licere de pedido de patente de invenção no Brasil – Con-*

corrência desleal e direito da concorrência em matéria de medicamentos genéricos perante (ameaça de) ajuizamento de ação de infração por parte do requerente de pedido de patente de medicamento de referência", in *PIDCC: Revista em propriedade intelectual direito contêmporaneo, Vol. 11, Nº 2*, PIDCC, 2017, p. 1-61, disponível no website da Dialnet em https://dialnet.unirioja.es/servlet/articulo?codigo=6749414, consultado a 11/04/2020

Martinez Perez, Miriam – "*Derecho de Patentes Versus Derecho de Defensa de la Competencia en la Unión Europea: ¿Una Relación de Complementariedad?*", in *Cuadernos de Derecho Transnacional, Vol. 10, Nº 1*, Área de Derecho Internacional Privado de la Universidad Carlos III de Madrid, 2018, p. 372-393

Medeiros, Rui e **Miranda**, Jorge – *Constituição Portuguesa Anotada, Tomo I*, 2ª edição revista, atualizada e ampliada, Wolters Kluwer Portugal sob a marca Coimbra Editora, 2010

Mendes, Evaristo, **Silva**, Paula Costa – "*Liberdade de Empresa e patente de uso*", in Vicente, Dário Moura, *et al.* (Coordenador), *Estudos de Direito Intelectual em Homenagem ao Prof. Doutor José de Oliveira Ascensão: 50 anos de vida universitária*, Almedina, 2016, reimpressão, p. 997-1013

Mendes, Evaristo – "*Liberdade de Empresa, Concorrência e Direito Industrial. Enquadramento Geral*", in Vicente, Dário Moura (Coordenador), *Estudos Jurídicos em Homenagem a Manuel Oehen Mendes: Propriedade Intelectual, Contratação e Sociedade da Informação*, Almedina, 2022, p. 225-262

Morais, Luís Domingos Silva – *Empresas Comuns Joint Ventures no Direito Comunitário da Concorrência*, Dissertação de Doutoramento em Direito, Almedina, Coimbra, 2006

— *Os conceitos de objecto e efeito restritivo da concorrência e a prescrição de infracções de concorrência*, Almedina, Coimbra, 2009

Negrinotti, Matteo Pierangelo – "*The AstraZeneca Case*", *Research Papers in Law No. 4/2007*, College of Europe, 2007, disponível no website do College of Europe em https://www.coleurope.eu/study/european-legal-studies/research-publications, consultado a 14/04/2020

Ohly, Ansgar – "*Three principles of European IP enforcement law: effectiveness, proportionality, dissuasiveness*", disponível no website SSRN em https://papers.ssrn.com/sol3/papers.cfm?abstract_id=1523277, consultado a 12/04/2020

Pais, Sofia Oliveira – *Entre Inovação e Concorrência: em Defesa de um Modelo Europeu*, Dissertação de Doutoramento em Direito, Universidade Católica Editora, 2011

Peterson, Norman C. – "*Advances in Monoclonal Antibody Technology: Genetic Engineering of Mice, Cells, and Immunoglobulins*", in *ILAR Journal, Volume 46, Issue 3,* 2005, p. 314–319

Rathod, Sandeep Kanak – "*Ever-Greening: A Status Check in Selected Countries*", in *Journal of Generic Medicines, Vol. 7, 3,* 2010, p. 227–242 disponível no website SSRN em https://ssrn.com/abstract=2691251, consultado a 05/09/2019

Ribeiro, Carlos Alberto Fontes – "*Valor Terapêutico Acrescentado*", in Associação Portuguesa de Medicina Geral e Familiar (org.), *Revista Portuguesa de Clínica Geral – Vol. 24 – Nº 6,* 2008, p. 723-728, disponível no website da Associação Portuguesa de Medicina Geral e Familiar em https://doi.org/10.32385/rpmgf.v24i6.10571, consultado a 10/03/2023

Santos, António Carlos dos, *et al.* – *Direito Económico,* 7ª edição, Almedina, 2014

Schumpeter, Joseph A. – *Capitalism, Socialism & Democracy,* Taylor & Francis, 2003

Shankar, Gitanjali, **Gupta** – Nitika – "*Intellectual Property and Competition Law: Divergence, Convergence, and Independence*", in *NUJS Law Review, Vol. 4, Nº 1,* National University of Juridical Sciences, Kolkata, 2011, p. 115-132

Shapiro, Carl – "*Navigating the Patent Thicket: Cross Licenses, Patent Pools, and Standard Setting*", in JAFFE, Adam B., *et al.* – *Innovation Policy and the Economy 1,* Cambridge, MIT Press., 2001, p. 119-150

— "*Antitrust Limits to Patent Settlements*", in *The RAND Journal of Economics, Vol. 34, Nº 2,* Wiley, 2003, p. 391 – 411

— "*Competition and Innovation: Did Arrow Hit the Bull's Eye?*", in Lerner, Josh, *et al.* (Editor), *The Rate and Direction of Inventive Activity Revisited,* University of Chicago Press, 2012, p. 361-404

Silva, Miguel Moura e – *"Protecção de programas de computador na Comunidade Europeia – em busca de um equilíbrio entre a protecção da Propriedade Intelectual e o Direito da Concorrência"*, in *Direito e Justiça – Revista de Faculdade de Direito da Universidade Católica Portuguesa, Vol. VII,* 1993, p. 253-310

— *Inovação, Transferência de Tecnologia e Concorrência: Estudo Comparado do Direito da Concorrência dos Estados Unidos e da União Europeia,* Almedina, Coimbra, 2003

— *O Abuso de Posição Dominante na Nova Economia,* Dissertação de Doutoramento em Direito, Almedina, Coimbra, 2010

— *Direito da Concorrência,* AAFDL Editora, Reimpressão, 2020

Silva, Pedro Sousa e – *Direito Comunitário e Propriedade Industrial – O Princípio do Esgotamento dos Direitos*, in *Studia Iuridica 17*, Coimbra Editora, 1996

— *Direito Industrial – Noções Fundamentais*, 2ª edição, Almedina, 2019

Silva, Valeria Guimarães de Lima e – "*Sham Litigation in the Pharmaceutical Sector*", in *European Competition Journal, Vol. 7, Nº 3*, Routledge Taylor & Francis Group, 2011, p. 455-504

Singh, Kshitij Kumar – "*Patentability of Biotechnology: A Comparative Study with Regard to the USA, European Union, Canada and India*" in AA. VV., *Biotechnology and Intellectual Property Rights – Legal and Social Implications*, Springer, New Delhi, 2015, p. 17-110

Sousa, Marcelo Rebelo de, **Galvão**, Sofia – *Introdução ao Estudo de Direito*, 5ª edição, Lex, Lisboa, 2000

Trabuco, Cláudia, **Oliveira**, Isabel Fortuna de – "*Contratos de direitos de propriedade intelectual e direito da concorrência*", in Almeida, Carlos Ferreira de, *et al.* (Org.), *Contratos de Direito de Autor e de Direito Industrial*, Almedina, 2011, p. 127-156

Tuominen, Nicoleta – "*Patenting Strategies of the EU Pharmaceutical Industry Crossroad between Patent Law and Competition Policy*", *Research Papers in Law Cahiers Juridiques, No. 1/2011*, College of Europe, 2011, disponível no website do College of Europe em www.coleurope.eu/website/study/european-legal-studies/research-activities, consultado a 05/09/2019

— "*Patenting Strategies of the EU Pharmaceutical Industry: Regular Business Practice or Abuse of Dominance*", in *World Competition, Vol 35, Nº 1*, Kluwer Law International BV, 2012, p. 27-54

Ullrich, Hanns – "*Strategic patenting by the pharmaceutical industry: towards a concept of abusive practices of protection*", in Drexl, Josef (Org.), *et al.*, *Pharmaceutical Innovation, Competition and Patent Law – A Trilateral Perspective, Capítulo 9*, Edward Elgar, 2013, p. 241–272

— "*Mandatory Licensing Under Patent Law and Competition Law: Different Concerns, Complementary Roles*" in Hilty, R., Liu, KC. (Editores), *Compulsory Licensing, MPI Studies on Intellectual Property and Competition Law, Vol 22*, Springer-Verlag Berlin Heidelberg, 2015, p. 333-375

Vasconcelos, Pedro Pais de, e **Vasconcelos**, Pedro Leitão Pais de – *Teoria Geral do Direito Civil*, 9ª Edição, Almedina, 2019

Vasconcelos, Pedro Leitão Pais de – *A Autorização*, 2ª Edição, Almedina, 2016

Vicente, Dário Moura – *A Tutela Internacional da Propriedade Intelectual*, Almedina, 2019

— "*O Regime Especial de Resolução de Conflitos em Matéria de Patentes (Lei nº 62/2011)*", in Separata da *Revista da Ordem dos Advogados, Ano 72, Volume IV*, 2012, pp. 971-990

Yelpaala, Kojo – "*Owning the Secret of Life: Biotechnology and Property Rights Revisite*d", in *McGeorge Law Rev 32,* 2000, p. 111-220, disponível no website da Mcgeorge School of Law Scholarly Articles em http://scholarlycommons.pacific.edu/facultyarticles/81/, consultado a 17/09/2017

JURISPRUDÊNCIA

União Europeia

Acórdão do TJ de 13 de junho de 1962 no Processo 17 e 20/61 – Klökner-Werke e Hoesch c. Alta Autoridade

Acórdão do TJ de 30 de junho de 1966 no Processo 56/65 – Société Technique Minière (LTM) c. Maschinenbau Ulm GmbH (MBU)

Acórdão do TJ de 13 de julho de 1966 nos Processos apensos 56/64 e 58/64 – Consten e Grundig c. Comissão

Acórdão do TJ de 29 de fevereiro de 1968 no Processo 24/67 – Parke, Davis and Co. c. Probel, Reese, Beintema-Interpharm e Centrafarm

Acórdão do TJ de 9 de julho de 1969, no Processo 5/69 – Franz Völk c. SPRL Ets J. Vervaecke

Acórdão do TJ de 14 de julho de 1972 no Processo 48/69 – Imperial Chemical Industries Ltd c. Comissão

Acórdão do TJ de 8 de junho de 1971 no Processo 78/70 – Deutsche Grammophon c. Metro-SB-Grossmärkt

Acórdão do TJ de 21 de fevereiro de 1973 no Processo 6/72 – Continental Can Company Inc. c. Comissão

Acórdão do TJ de 31 de outubro de 1974 no Processo 15/74 – Centrafarm BV c. Sterling Drug Inc.

Acórdão do TJ de 16 de dezembro de 1975 nos Processos apensos 40/73 etc. – Suiker Unie c. Comissão

Acórdão do TJ de 14 fevereiro de 1978 no Processo 27/76 – United Brands Company c. Comissão

Acórdão do TJ de 23 de maio de 1978 no Processo 102/77 – Hoffmann-La Roche c. Centrafarm

Acórdão do TJ de 13 de fevereiro de 1979 no Processo 85/76 – Hoffmann-La Roche & Co. AG c. Comissão

Acórdão do TJ de 9 de novembro de 1983 no Processo 322/81 – N.V. Nederlandsche Banden-Industrie-Michelin c. Comissão

Acórdão do TJ de 21 de fevereiro de 1984 no Processo 86/82 – Hasselblad (GB) Limited c. Comissão

Acórdão do TJ de 5 de outubro de 1988 no Processo 53/87 – CICRA e Maxicar c. Régie nationale des usines Renault

Acórdão do TG de 10 de julho de 1990 no Processo T-51/89 – Tetra Pak Rausing SA c. Comissão

Acórdão do TJ de 28 de fevereiro de 1991 no Processo C-234/89 – Stergios Delimitis c. Henninger Bräu AG

Acórdão do TJ de 23 de abril de 1991 no Processo C-41/90 – Höffner e Elser c. Macroton GmbH

Acórdão do TJ de 3 de julho de 1991 no Processo C-62/86 – AKZO Chemie BV c. Comissão

Acórdão do TJ de 6 de abril de 1995 nos Processos apensos C-241/91 e C-242/91 P – RTE e ITP c. Comissão e Magill TV Guide Ltd

Acórdão do TG de 8 de outubro de 1996 nos Processos apensos T-24/93 – Compagnie maritime belge *et al.* c. Comissão

Acórdão do TG de 17 de julho de 1998 no Processo T-111/96 – ITT Promedia NV c. Comissão

Acórdão do TG de 6 de julho de 2000 no Processo T-62/98 – Volkswagen AG c. Comissão

Acórdão do TJ de 14 de dezembro de 2000 no Processo C-110/99 – Emsland-Stärke GmbH c. Hauptzollamt Hamburg-Jonas

Acórdão do TJ de 19 de fevereiro de 2002 no Processo C-309/99 – J. C. J. Wouters c. Algemene Raad van de Nederlandse Orde van Advocaten.

Acórdão do TJ de 6 de janeiro de 2004 nos Processos C-2/01 e C-3/04 P – Bundesverband der Arzneimittel-Importeure eV c. Comissão

Acórdão do TG de 8 de julho de 2004 nos Processos T-67/00 etc. – JFE Engineering Corp. c. Comissão

Acórdão do TJ de 21 de fevereiro de 2006 no Processo C-255/02 – Halifax plc c. Commissioners of Customs & Excise

Acórdão do TG de 27 de setembro de 2006 no Processo T-168/01 – GlaxoSmithKline Services Unlimited c. Comissão

Acórdão do TJ de 14 de março de 2013 no Processo C-21/11 – Allianz Hungária Biztosító Zrt, *et. al.* c. Gazdasági Versenyhivatal

Acórdão do TJ de 11 de setembro de 2014 no Processo C-67/13 P – Groupement des cartes bancaires c. Comissão

Acórdão do TJ de 16 de julho de 2015 no Processo C-170/13 – Huawei Technologies Co. Ltd c. ZTE Corp. y ZTE Deutschland GmbH

Acórdão do TG de 8 de setembro de 2016 no Processo T-472/13 – H. Lundbeck A/S e Lundbeck Ltd c. Comissão

Acórdão do TG de 12 de dezembro de 2018 no Processo T-691/14 – Servier SAS, Servier Laboratories Limited e Les Laboratoires Servier c. Comissão

Acórdão do TJ de 30 de janeiro de 2020 no Processo C-307/18 – Generics (UK) Ltd *et al.* c. Competition and Markets Authority do Reino Unido

Estados Unidos da América

Acórdão do Supreme Court of the United States de 17 de junho de 2013 no Processo 12–416 – Federal Trade Commission v. Actavis, Inc., *et al.*

Itália

Acórdão do Consiglio di Stato no Processo Nº 00116/2014REG.PROV. COLL. – Autorità garante della concorrenza e del mercato v. Pfizer Italia s.r.l., Pfizer Health Ab e Pfizer Inc

Portugal

Acórdão do Supremo Tribunal Administrativo de 9 de janeiro de 2013 no Proc. nº 0771/12

Reino Unido

Acórdão do Court of Appeal de 12 de agosto de 1988 no Processo [1990] FSR 181 – Improver *v.* Remington

Acórdão do England and Wales High Court (Patents Court) de 22 de março de 2012 no Processo [2012] EWHC 655 (Pat) – Teva UK Ltd & Ors v. AstraZeneca AB

Acórdão do Supreme Court de 12 de julho de 2017 no Processo [2017] UKSC 48 – Actavis v. Eli Lilly

DECISÕES DA COMISSÃO EUROPEIA

Decisão da Comissão 74/432/EEC de 24 julho 1974 relativa a um procedimento nos termos do art. 85º do TCE no Processo IV/28.374 – Advocaat Zwarte Kip

Decisão 88/501/CEE da Comissão de 26 de julho de 1988 relativa a um processo de aplicação dos artigos 85º e 86º do Tratado CEE [IV/31.043 – Tetra Pak I – Licença BTG].

Decisão da Comissão C (2005) 1757 final de 15 de junho de 2005 relativa a um processo nos termos do art. 82º TCE e do art. 54º do Acordo EEE no Processo COMP/A.37.507/F3 – AstraZeneca

Decisão da Comissão C (2013) 3803 final de 19 de junho de 2013 relativa a um procedimento nos termos do art. 101º do TFUE e do art. 53º do Acordo EEE no Processo AT.39226 – Lundbeck

Decisão da Comissão C (2013) 8870 final de 10 de dezembro de 2013 relativa a um procedimento nos termos do art. 101º do TFUE no Processo AT.39685 – Fentanilo

Decisão da Comissão C (2014) 4955 final de 9 de julho de 2014 relativa a um procedimento nos termos do art. 101º e art. 102º do TFUE no Processo AT.39612 – Perindopril (Servier)

ÍNDICE